Generationenbeziehungen und kulturspezifische Pflege

Hasan Gençel, Dr. phil., geb. 1978, studierte Maschinenbau, Lehramt und Management und promovierte am Institut für Gerontologie und demografische Entwicklung an der Tiroler Landesuniversität (UMIT). Er ist derzeit als Lehrer und Abteilungsleiter an einer Berufsschule in Nürnberg tätig. Des Weiteren war er mehrjährig als Referent in der Lehrerfortbildung aktiv.

Hasan Gençel

Generationenbeziehungen und kulturspezifische Pflege

Herausforderungen am Beispiel türkischstämmiger Familien

Mabuse-Verlag
Frankfurt am Main

Bibliografische Information der Deutschen Nationalbibliothek

Die Deutsche Nationalbibliothek verzeichnet diese Publikation in der Deutschen Nationalbibliografie; detaillierte bibliografische Angaben sind im Internet unter http://dnb.d-nb.de abrufbar.

Informationen zu unserem gesamten Programm, unseren AutorInnen und zum Verlag finden Sie unter: www.mabuse-verlag.de.

Wenn Sie unseren Newsletter zu aktuellen Neuerscheinungen und anderen Neuigkeiten abonnieren möchten, schicken Sie einfach eine E-Mail mit dem Vermerk „Newsletter" an: online@mabuse-verlag.de.

Deutscher Verlagspreis 19

Die vorliegende Arbeit wurde am Institut für Gerontologie und demografische Entwicklung an der Tiroler Landesuniversitat (UMIT) in Hall in Tirol als Dissertation unter dem Titel „Generationenbeziehungen von türkischen Migrantinnen und Migranten aus der Sicht der zweiten Generation" angenommen.

© 2020 Mabuse-Verlag GmbH
Kasseler Str. 1 a
60486 Frankfurt am Main
Tel.: 069 – 70 79 96-13
Fax: 069 – 70 41 52
verlag@mabuse-verlag.de
www.mabuse-verlag.de
www.facebook.com/mabuseverlag

Satz und Gestaltung: Björn Bordon/MetaLexis, Niedernhausen

Druck: Conte, St. Ingbert
ISBN: 978-3-86321-530-9
Printed in Germany

„Das Alter der Eltern darf man nie vergessen.
Erstens, um sich darüber zu freuen.
Zweitens, um sich darüber zu sorgen."

(Konfuzius)

Inhalt

Vorwort 13

1 Einleitung 15

1.1 Hinführung 15
1.2 Zielsetzung und wissenschaftliche Einbettung 16
1.3 Gliederungsansatz 17

2 Theoretische Aspekte 19

2.1 Migrationstheoretische Aspekte 19
2.2 Theoretische Ansätze zur Integration 22
2.3 Generationstheoretische Aspekte 25
2.4 Formen und Modelle der familialen Generationenbeziehungen 28
    2.4.1 Formen der familialen Generationenbeziehungen
    nach Höpflinger 28
    2.4.2 Modell der intergenerationalen Solidarität
    nach Bengtson und Roberts 29
    2.4.3 Modell der intergenerationalen Ambivalenz
    nach Lüscher und Pillemer 32
    2.4.4 Modell der Generationensolidarität nach Szydlik 34
2.5 Theoretische Ansätze zu Generationenbeziehungen
in Migrantenfamilien 36
2.6 Zusammenfassung 40

3 Stand der Forschung 43

3.1 Literaturrecherche 43
3.2 Ergebnisse und Forschungsstand 43
    3.2.1 Assoziative Solidarität 44
    3.3.2 Affektive Solidarität 46
    3.2.3 Funktionale Solidarität 49
3.3 Bewertungen 54

4 Methodologische Aspekte 57

4.1 Vorbemerkung 57
4.2 Qualitative und quantitative Forschung in der Sozialforschung 57
4.3 Triangulation 61
4.4 Heuristik in der qualitativen Sozialforschung 64
4.5 Erhebung und Auswertung in der qualitativen Sozialforschung 66
  4.5.1 Problemzentriertes Interview 66
  4.5.2 Qualitative Inhaltsanalyse 67
4.6 Erhebung und Auswertung in der quantitativen Sozialforschung 71
  4.6.1 Fragebogen 71
  4.6.2 Quantitative Auswertungsmethoden 73
4.7 Forschungsaspekte in der Migrationsforschung 76

5 Forschungsprojekt: Familiale Beziehungen zwischen der ersten und zweiten türkischstämmigen Migrantengeneration in Deutschland 81

5.1 Forschungsziele und Fragestellung 81
5.2 Methoden und Erhebungsinstrumente 82
  5.2.1 Qualitative Studie – Forschungsschritt 1 82
  5.2.2 Quantitative Studie – Forschungsschritt 2 83
5.3 Forschungsgruppe und Forschungsraum 84
  5.3.1 Qualitative Studie – Forschungsschritt 1 84
  5.3.2 Quantitative Studie – Forschungsschritt 2 85
5.4 Ablauf und Durchführung 86
  5.4.1 Qualitative Studie – Forschungsschritt 1 86
  5.4.2 Quantitative Studie – Forschungsschritt 2 86
5.5 Erfassung und Auswertung des Datenmaterials 88
  5.5.1 Qualitative Studie – Forschungsschritt 1 88
  5.2.2 Quantitative Studie – Forschungsschritt 2 89
5.6 Zu erwartende Ergebnisse 89
5.7 Forschungsethische Aspekte 90

6 Darstellung der Ergebnisse 91

6.1 Vorbemerkung 91
6.2 Soziodemografische Daten 91
  6.2.1 Qualitative Studie – Forschungsschritt 1 91
  6.2.2 Quantitative Studie – Forschungsschritt 2 93
6.3 Ergebnisse der beiden Studien 98
  6.3.1 Vorbemerkung 98
  6.3.2 Überblick der Hauptkategorien 98
  6.3.3 Hauptkategorie – Kontakt 99
    6.3.3.1 Ergebnisse der qualitativen Studie 100
    6.3.3.2 Ankerbeispiele – Kontakt 100
    6.3.3.3 Ergebnisse der quantitativen Studie 100
  6.3.4 Hauptkategorie – Aktivitäten 105
    6.3.4.1 Ergebnisse der qualitativen Studie 105
    6.3.4.2 Ankerbeispiele – Aktivitäten 106
    6.3.4.3 Ergebnisse der quantitativen Studie 106
  6.3.5 Hauptkategorie – Beziehung 111
    6.3.5.1 Ergebnisse der qualitativen Studie 111
    6.3.5.2 Ankerbeispiele – Beziehung 112
    6.3.5.3 Ergebnisse der quantitativen Studie 112
  6.3.6 Hauptkategorie – Eigenschaften der Eltern 114
    6.3.6.1 Ergebnisse der qualitativen Studie 114
    6.3.6.2 Ankerbeispiele – Eigenschaften Eltern 115
    6.3.6.3 Ergebnisse der quantitativen Studie 115
  6.3.7 Hauptkategorie – Generationsunterschiede 118
    6.3.7.1 Ergebnisse der qualitativen Studie 118
    6.3.7.2 Ankerbeispiele – Generationsunterschiede 119
    6.3.7.3 Ergebnisse der quantitativen Studie 120
  6.3.8 Hauptkategorie – Unterstützung 125
    6.3.8.1 Ergebnisse der qualitativen Studie 125
    6.3.8.2 Ankerbeispiele – Unterstützung 126
    6.3.8.3 Ergebnisse der quantitativen Studie 126
  6.3.9 Hauptkategorie – Konflikte 133
    6.3.9.1 Ergebnisse der qualitativen Studie 133
    6.3.9.2 Ankerbeispiele – Konflikte 135

6.3.9.3 Ergebnisse der quantitativen Studie   *135*
6.3.10   Hauptkategorie – Sorgen   143
    6.3.10.1 Ergebnisse der qualitativen Studie   *143*
    6.3.10.2 Ankerbeispiele – Sorgen   *144*
    6.3.10.3 Ergebnisse der quantitativen Studie   *144*
6.3.11   Hauptkategorie – Wünsche   147
    6.3.11.1 Ergebnisse der qualitativen Studie   *147*
    6.3.11.2 Ankerbeispiele – Wünsche   *148*
    6.3.11.3 Ergebnisse der quantitativen Studie   *148*
6.3.12   Sonstige statistische Ergebnisse   151
6.4   Zusammenführung der Ergebnisse   164
6.5   Beantwortung der Forschungsfrage   172

7   Diskussion   177

7.1   Diskussionsansatz   177
7.2   Reflexion und kritische Würdigung der methodischen Vorgehensweise   177
    7.2.1   Qualitative Studie – Forschungsschritt 1   177
    7.2.2   Quantitative Studie – Forschungsschritt 2   179
    7.2.3   Methodenevaluierung   181
    7.2.4   Persönliche Erfahrungen des Autors während der Forschung   182
7.3   Ergebnisvergleich mit ausgewählten Studien   183
    7.3.1   Vorbemerkung   183
    7.3.2   Assoziative Solidarität   184
    7.3.3   Affektive Solidarität   186
    7.3.4   Funktionale Solidarität   188
7.4   Diskussion ausgewählter Ergebnisse   193
    7.4.1   Erziehungsverhalten der Eltern   193
    7.4.2   Trennungserfahrungen im Kindes- und Jugendalter   204
    7.4.3   Gesundheit und Pflege der Eltern   210
7.5   Zusammenfassung   216

8   Ausblick   219

8.1   Zusammenschau   219
8.2   Limitationen   220
8.3   Demografisch-gerontologischer Ausblick   221
8.4   Nachgedanken   223

Abbildungsverzeichnis   225

Tabellenverzeichnis   227

Literaturverzeichnis   229

Vorwort

Die vorliegende Abhandlung wurde mit dem Titel „Generationenbeziehungen von türkischen Migrantinnen und Migranten aus der Sicht der zweiten Generation" 2018 am Institut für Gerontologie und demografische Entwicklung an der Tiroler Landesuniversität (UMIT) in Hall in Tirol als Promotion eingereicht. Es handelt sich um ein gerontologisches Forschungsprojekt mit sowohl generationsbezogenem als auch migrationssoziologischem Schwerpunkt im Kontext von Gastarbeiterfamilien aus der Türkei. Die inhaltliche Darstellung greift eine wichtige und zugleich aktuelle Fragestellung von Generationenbeziehungen in Migrationsfamilien auf: Wie beschreibt die zweite türkische Migrantengeneration ihre Beziehung zu ihren Eltern?

Der Autor hat sehr ambitioniert unterschiedliche methodische Zugänge zur Erforschung seines Themas gewählt. Dieser breite Zugang ermöglicht einen Einblick in das Zusammenspiel der unterschiedlichen Erwartungen und Verpflichtungen zweier Generationen in der Migration. Zugleich zeigt es die kulturellen Veränderungen und Prägungen der zweiten Generation zu ihren Eltern und Angehörigen der ersten Generation auf.

Spürbar ist die persönliche Wirkungsgeschichte der Forschungen beim Autor selbst, in der deutlich wird, dass die heuristische Erschließungskraft von aktuellen Themen und Fragestellungen zwischen den beiden Generationen nicht nur auf eine Forschungskulisse zwischen Forscher und Forschungsgegenstand beschränkt bleibt. Der Autor – selbst ein Mitglied der zweiten Generation – legt nicht nur eine aktuelle und methodisch vielfältige Schrift vor. Er ist auch in der Lage, den Anschluss an die gerontologische und migrationstheoretische Forschung vorzunehmen und durch das Fortschreiben der vorhandenen Forschungserkenntnisse die gewonnenen Ergebnisse generationssoziologisch zuzuordnen. Dies geschieht unter folgenden drei Aspekten: das erlebte Erziehungsverhalten der Eltern, der Trennungsschmerz im Kinders- oder Jugendalter und die Sorge und Fürsorge über die Gesundheit der altgewordenen Eltern. In hohem Maße gelingt es ihm, seine Erkenntnisse unabhängig von der aktuellen Tagesdiskussion – zu Migration, familiärer Pflegeverpflichtung oder Fürsorgeerwartung – sowohl kulturspezifisch als auch ethnizitätsbezogen zu sehen und zu deuten.

Es ist eine gelungene Synthese dieser Abhandlung, verschiedene Wissenschaftsblicke so zu verweben, dass sich der gesamte Textkörper ebenso nüchtern wie authentisch präsentiert. Die vorliegende Abhandlung zeugt nicht nur von Fleiß und Brillanz, sie lässt auch ohne Zweifel erkennen, dass sich Dr. Hasan Gençel sicher im wissenschaftlichen Feld zu bewegen weiß.

Univ.-Prof. Dr. Bernd Seeberger
Institut für Gerontologie und demografische Entwicklung
Hall in Tirol, im Dezember 2019

1 Einleitung

1.1 Hinführung

Die erste Migrantengeneration, einst die *Gastarbeiter*, hat überwiegend das Rentenalter erreicht und dies erhöht die Heterogenität der Rentner in Deutschland (Schimany et al. 2012, S. 83 f.; Statistisches Bundesamt 2015, S. 378). Die Forschung beschäftigt sich u. a. auch aus diesem Grund intensiver mit dem interdisziplinären Thema *Alter und Migration* (Myllymäki-Neuhoff 2006, S. 249 ff.). Ältere Migranten haben meist schwierigere Lebenssituationen zu meistern als Einheimische. So beherrschen sie beispielsweise die deutsche Sprache oft ungenügend, besitzen kein breites soziales Netzwerk oder haben eine schlechtere finanzielle Absicherung im Alter. Des Weiteren haben sie zuvor körperlich sehr belastende Tätigkeiten ausgeübt, was vielfach zu einem schlechteren Gesundheitszustand im Alter geführt hat (Frick et al. 2009, S. 41 ff.; Schimany et al. 2012, S. 7; Klaus, Baykara-Krumme 2016, S. 387 ff.). Die Politik hat sich nicht rechtzeitig mit dem Thema beschäftigt (Dietzel-Papakyriakou 2012, S. 440 f.). Lange galt Deutschland für die Verantwortlichen in der Politik als ein Land, welches kein Einwanderungsland ist und so wurde angenommen, dass die Senioren mit Migrationshintergrund zurück in ihr Herkunftsland reemigrieren würden. Ferner wundert es nicht, dass erst seit ca. zwei Dekaden Bemühungen in diesem Bereich zu verzeichnen sind (Baykara-Krumme 2012, S. 22). Auch die Gesundheitseinrichtungen haben sich wie die Politik spät für diese Mitbürger interessiert und waren oder sind zum Teil überfordert. Zwar hat sich die Hilfe für ältere Menschen und das Interesse der Politik an den Bedürfnissen älterer und alter Menschen weiterentwickelt und es gibt überzeugende Konzepte, dennoch ist die interkulturelle Öffnung nicht hinreichend (flächendeckend) umgesetzt (Zeman 2012, S. 451 f.). Aus diesen Gründen kommt es besonders bei den Senioren mit Migrationshintergrund darauf an, dass die familiäre oder intergenerationale Unterstützung vorhanden ist, um diese oben genannten Defizite partiell auszugleichen, zumal in der Zukunft mit erhöhtem Pflegebedarf zu rechnen ist (Oken et al. 2008, S. 415; Olbermann 2013, S. 374). Dabei ist nicht nur die faktische Unterstützung bedeutend, sondern auch das Potenzial bei Bedarf Hilfe zu bekommen (Baykara-Krumme 2012, S. 22). Die Forschung jedoch hat sich lange vor allem mit Generationenbeziehungen zwischen Eltern und ihren noch nicht erwachsenen Kindern beschäftigt. Es gibt nur wenige Untersuchungen, die sich mit den Generationenbeziehungen und -verantwortung älterer Migranten und deren erwachsenen Kindern auseinandergesetzt haben (Baykara-Krumme 2007, S. 1 f.; Schimany et al. 2012, S. 287; Vogel 2012, S. 289). In diesem Zusammenhang ist auch die Frage wichtig, ob die zweite Generation die benötigten Unterstützungsleistungen ihren Eltern geben kann und geben möchte, da sie sich selbst in einer intensiven Lebensphase befindet. In der *Sandwichposition* müssen sie sich um ihre Kinder und um ihre Eltern kümmern. Des Weiteren sind sie im mittleren Alter beruflich stark eingebunden (Borchers, Miera 1993, S. 68 ff.).

Vor diesem Hintergrund versucht dieses Forschungsprojekt, einen Beitrag zu dieser Diskussion zu leisten, indem die Generationenbeziehungen zwischen der ersten Migrantengeneration und deren erwachsenen Kindern (zweite Generation), die im mittleren Alter sind, untersucht wird. Dabei wird in diesem Zusammenhang die Sicht der zweiten Generation analysiert.

1.2 Zielsetzung und wissenschaftliche Einbettung

Das Forschungsprojekt hat das Ziel, Erkenntnisse über die zweite türkische Migrantengeneration, welche heute im mittleren Erwachsenenalter ist, zu explorieren und dabei ihre Beziehungen und ihre Verantwortung für die erste Generation darzustellen. In diesem Zusammenhang soll sie charakterisiert und in ihrem Verhalten beschrieben werden.

Zudem hat das Forschungsprojekt ein Interesse daran, einen Beitrag zur gerontologischen Forschung zu leisten (Dietzel-Papakyriakou 2012, S. 440 f.). Gerontologie beschäftigt sich mit Altern, Alterungsprozessen und -verläufen. In der Altersforschung wird immer mehr erkannt, dass man sich zunehmend mit früheren, vorgelagerten Altersgruppen beschäftigen sollte, um langfristig Auswirkungen für künftige Alterungsansätze zu erkennen und Strategien zu entwickeln. Die Zentrierung auf Geburtskohorten, genannt Generationen, stellt dazu ein Forschungselement dar. Des Weiteren kann das Geburtsverhalten von bestimmten Generationen gut für demografische Interessensgruppen herangezogen werden (Baltes, Baltes 1994, S. 1 ff.; Perrig-Chiello 2007, S. 7). Das Projekt wird am Institut für Gerontologie und demografische Entwicklung durchgeführt.

1.3 Gliederungsansatz

Die vorliegende Dissertation ist folgendermaßen gegliedert: Das zweite Kapitel befasst sich mit den theoretischen Konzepten und Modellen zu den Themen Migration, Integration, Generation, Generationenbeziehungen sowie theoretischen Ansätzen zu Generationenbeziehungen in Migrantenfamilien. Nach einer kurzen Skizzierung der Vorgehensweise bei der angewandten Literaturrecherche im dritten Kapitel, werden anschließend die Forschungsergebnisse nach dem Modell der *Generationensolidarität* nach Szydlik getrennt vorgestellt. Abschließend erfolgt eine Bewertung der Ergebnisse und eine Begründung des Forschungsbedarfs im Bereich Generationenbeziehungen in türkischstämmigen Migrantenfamilien.

Den methodologischen Aspekten widmet sich Kapitel vier. Dabei werden als Erstes die Unterschiede zwischen qualitativer und quantitativer Forschung in der Sozialwissenschaft aufgezeigt. Daraufhin werden die Synthese der beiden Richtungen durch die Möglichkeit der Triangulation vorgestellt und die Heuristik in der qualitativen Sozialforschung beschrieben. Als Erhebungs- und Auswertungsinstrumente in der qualitativen Sozialforschung werden in diesem Zusammenhang das *problemzentrierte Interview* und die *qualitative Inhaltsanalyse* erläutert. Für die quantitative Sozialforschung hingegen werden dabei der *quantitative Fragebogen* und übersichtsweise einige Analysemöglichkeiten dargestellt. Abschließend wird auf einige Forschungsaspekte in der Migrationsforschung eingegangen.

Im fünften Kapitel wird das vorliegende Forschungsprojekt vorgestellt. Dabei werden zunächst die Forschungsziele und Fragestellung aufgezeigt. Im Anschluss daran werden jeweils für die qualitative und quantitative Studie Methoden und Erhebungsinstrumente, Forschungsgruppe und -raum, Ablauf und Durchführung sowie Erfassung und Auswertung des Datenmaterials beschrieben. Des Weiteren werden Forschungsergebnisse aufgezeigt, die der Autor aus diesem Forschungsprojekt erwartet.

Im darauffolgenden Kapitel erfolgt eine Präsentation der gewonnen Ergebnisse der qualitativen und quantitativen Studien. Hierbei bilden die soziodemografischen Daten der beiden Studien, die getrennt aufgezeigt werden, den Anfang. Im Anschluss daran werden die Ergebnisse der beiden Studien in Kategorien beschrieben und miteinander verglichen, während ausgewählte Ergebnisse quantitativ ausgewertet werden. Als Abschluss dieses Kapitels werden die Ergebnisse zusammengeführt und die Forschungsfrage beantwortet.

Das siebte Kapitel dient der Diskussion ausgewählter Ergebnisse, indem zuvor Diskussionsansatz, Reflexion und kritische Würdigung des Methodenansatzes beschrieben und eigene Ergebnisse mit anderen Studienergebnissen verglichen werden.

Im achten und letzten Kapitel werden nach der Zusammenschau die Limitationen dieser Studie reflektiert sowie der weitere Forschungsbedarf aufgezeigt. Die Nachgedanken des Autors bilden den Abschluss der Dissertation.

2 Theoretische Aspekte

In diesem Kapitel werden theoretische Konzepte und Modelle zu den Themen Migration, Integration, Generation, Generationenbeziehungen sowie theoretische Ansätze zu Generationen in Migrantenfamilien dargestellt. Sie bilden die zentralen grundlegenden Konzeptionen dieser Dissertation.

2.1 Migrationstheoretische Aspekte

Im Folgenden wird ein kurzer Überblick zum Migrationsprozess der türkischstämmigen Migranten nach Deutschland skizziert, um dem Leser den historischen Kontext darzustellen.

Die wirtschaftliche Lage nach dem Zweiten Weltkrieg in Deutschland verbesserte sich stetig. Den Höhepunkt stellte das *Wirtschaftswunder* in den 1950er Jahren dar. Auch der Mauerbau führte schließlich dazu, dass die inländischen Arbeitskräfte den Bedarf nicht mehr abdecken konnten. Dies führte dazu, dass die Bundesrepublik zunächst 1955 ein Anwerbabkommen mit Italien schloss, um ausländische Arbeitskräfte zu rekrutieren. Anschließend wurden weitere Verträge mit anderen Ländern geschlossen: 1960 mit Spanien und Griechenland, 1961 mit der Türkei, 1963 mit Marokko, 1964 mit Portugal, 1965 mit Tunesien und 1968 mit Jugoslawien (Schultze 1991, S. 17). Ab 1973 verschlechterte sich die Wirtschaftslage in Deutschland, weshalb auch die Nachfrage an *Gastarbeitern* stark zurückging (Abadan-Unat 2005, S. 73). Infolgedessen wurde am 23. November 1973 der Anwerbestopp beschlossen (ebd., S. 17). In jenem Jahr lebten ca. 4 Millionen Ausländer in der Bundesrepublik (Schimany et al. 2012, S. 18). Zwischen 1961 und 1973 kamen rund 866.000 Arbeitskräfte aus der Türkei nach Deutschland (Mathilde 1999, S. 151). Obwohl ein Teil der ausländischen Arbeitnehmer in ihre Heimat zurückging, stagnierte die Ausländerquote, da viele im Rahmen der Familienzusammenführung ihre Angehörigen aus dem Herkunftsland nachholen konnten (Hoesch 2018, S. 34 ff., 227). Auch die Rückkehrförderung des Staates änderte an dieser Situation nichts (Schultze 1991, S. 20 f.). Somit wurden aus den einstigen *Gastarbeitern*, die nur zeitlich begrenzt in Deutschland arbeiten und wieder in ihre Heimat zurückgehen sollten, Einwanderer (Thelen 2013, S. 64 f.). Die Zahl der türkischstämmigen Migranten in Deutschland stieg ab den 1980er Jahren

u. a. wegen der relativ hohen Geburtenzahl, der Partnerwahl der zweiten Generation im Herkunftsland und aufgrund verstärkter Fluchtmigration aus der Türkei an. 2015 lebten ca. 1,5 Millionen Migranten mit türkischer Staatsangehörigkeit in Deutschland; insgesamt befinden sich fast drei Millionen Migranten mit türkischer Herkunft im Bundesgebiet (Statistisches Bundesamt 2015, S. 62; 2017, o. S.). In der Fachliteratur ist eine allgemein gültige Definition von Migration nicht zu finden (Geis 2005, S. 7; Treibel 2011, S. 19). So versteht beispielsweise Treibel die Migration als einen „[…] auf Dauer angelegten bzw. dauerhaft werdenden Wechsel in eine andere Gesellschaft bzw. in eine andere Region von Einzelnen oder mehreren Menschen" (Treibel, 2011, S. 21). Das Bundesamt für Migration und Flüchtlinge in Deutschland hingegen spricht von Migration, „wenn eine Person ihren Lebensmittelpunkt räumlich verlegt, von internationaler Migration, wenn dies über Staatsgrenzen hinweg geschieht" (BMI, BAMF 2012, S. 12). Die Migration innerhalb einer Staatsgrenze wird auch intranationale Migration oder Binnenmigration genannt (Han 2000, S. 9; Geis 2005, S. 8).

Um die Migration zu erklären wurden zahlreiche Theorien entwickelt (Haug 2000, S. 1 ff.). Sie werden häufig in der Literatur zwischen klassischen und neueren Migrationstheorien unterschieden. Die klassischen Theorien erklären Migration, die nur einmal im Leben eines Subjektes stattfindet, die neueren dagegen mehrere. Des Weiteren werden die klassischen Theorien in der Makro- und Mikroebene klassifiziert. Die nachfolgende Auflistung stellt die bekanntesten Theorien dar und hat keinen Anspruch auf Vollständigkeit.

Klassische Theorien:
1. Gesetze der Wanderung
2. Makroökonomische Ansätze
3. Theorie struktureller und anomischer Spannungen
4. Neoklassische mikroökonomische Theorie
5. Neue Migrationsökonomie
6. Wert-Erwartungs-Theorie

Neuere Theorien:
1. Transnationale Migration
2. Migrationssysteme
3. Soziale Netzwerke

Ravenstein fasste seine Ergebnisse in sieben *Gesetze der Wanderung* zusammen, die er durch die Untersuchung der internationalen Migration in England gewonnen hatte. Er stellte fest, dass die Wanderung nur in kurzen Distanzen und vielfach in Etappen verläuft. Insbesondere werden bei der Wanderung große Städte bevorzugt, wobei jeder Wanderungsfluss gegensätzliche Bewegungen erzeugt. Die Landbevölkerung migriert öfter als die Stadtbevölkerung und Frauen wandern öfter kurze, Männer dagegen längere Strecken. Die meisten Migranten sind alleinstehende Erwachsene. Der häufigste Grund für Wanderung ist ökonomisch bedingt (Ravenstein 1972, S. 51 f.).

Die ökonomischen Theorien (Makroökonomische Ansätze, Neoklassische Mikroökonomische Theorie und Neue Migrationsökonomie) stellen hauptsächlich die wirtschaftlichen Gründe für die internationale Arbeitsmigration in den Fokus. Sie begründen die *Push-Pull-Kräfte* für die Wanderung. Das Herkunftsland kann *Abstoßungskräfte* hervorrufen, wenn die Gegebenheiten nicht den Erwartungen des Akteurs entsprechen. Das Aufnahmeland kann zum Beispiel durch seine attraktiven Löhne und Lebensstandards *Anziehungskraft* ausstrahlen. Die Gründe für die Migration können auf der individuellen und kollektiven Ebene liegen (Haug 2000, S. 2 ff.; Abadan-Unat 2005, S. 27 ff.).

Die *Theorie der strukturellen und anomischen Spannungen* begründet die Migration mit zwei wichtigen Dimensionen: *Macht und Prestige*. Die *Macht* soll den Teilnahmeanspruch einer Person oder Gruppe auf sozialen Werten darstellen, das *Prestige* hingegen den Legitimationsgrad der Gesellschaft auf diesen Anspruch. Wenn zwischen den beiden Dimensionen ein Ungleichgewicht herrscht, so entsteht eine *strukturelle Spannung,* die wiederum zu *anomischer Spannung* führen kann. Die letztgenannte Spannung ist bestrebt die *strukturelle Spannung* zu verringern, die wiederum in Mobilität münden kann (Hoffmann-Nowotny 1970).

Die *Wert-Erwartungs-Theorie* betrachtet die Migrationsentscheidung des Individuums. Hierbei wird eine Kosten-Nutzen-Bilanz gezogen und diverse Faktoren werden miteinander betrachtet und bewertet. So werden beispielsweise persönliche, soziale und wirtschaftliche Variablen mit den nötigen Investitionen und möglichen Hindernissen verglichen, um eine Migrationsentscheidung zu treffen (Esser 1980).

Die *Transnationale Migration* beschreibt die internationale Wanderung, die nicht nur durch dauerhaft einmaligen Wohnortswechsel über die Staatsgrenzen gekennzeichnet ist. Die Migranten leben in verschiedenen Ländern und pendeln meist dauerhaft zwischen diesen. Dies führt dazu, dass sich ökonomische, soziale, kulturelle und politische Netzwerke konstituieren, die wiederum zu transnationalen Lebensräumen führen (Goebel, Pries 2003, S. 35 ff.).

In der *Theorie des Migrationssystems* wird die Migration als Verflechtung der Länder betrachtet, indem nicht nur Wanderung stattfindet, sondern auch der Austausch von Produkten, Ideen, Informationen etc. Dieser gegenseitige Austausch auf vielen Ebenen führt zu komplexen Strukturen, die individuell sehr dynamisch sein können (Haug 2000, S. 17 f.).

Migrationstheorie im Kontext der *Sozialen Netzwerke* stellt den Einfluss der sozialen Beziehungen und Familien in den Vordergrund. Die Migrationswahrscheinlichkeit einer Person oder Gruppe steigt, wenn sie im Herkunftsland oder im Auswanderungsland ein soziales Umfeld hat, welches Migration fördert oder Erfahrungen vorweist. Über dies hinaus können soziale Netzwerke Kettenmigration begünstigen (Han 2000, S. 12; Haug 2000, S. 19 f.). Verwandte oder Bekannte wandern mit oder folgen nach einer Zeit.

Für die *Gastarbeitergeneration* hatte die Migration hauptsächlich ökonomische Gründe (Treibel 2011, S. 151; Thelen 2013, S. 66). Somit kann die Migrationsentscheidung der ersten Migrantengeneration mit ökonomischen Theorien erklärt werden, aber auch mit anderen Theorien wie mit der *Wert-Erwartungs-Theorie* oder mit der Migrationstheorie der *Sozialen Netzwerke* im Kontext der Kettenmigration und Familienzusammenführung.

Nach der Migration beginnt meist die Phase der Integration. Im Kapitel 2.2 werden einige Theorien zur Integration vorgestellt. Der Integrationsprozess kann die Generationenbeziehungen beeinflussen und stellt somit ein wichtiges Thema für die ersten und zweiten türkischstämmigen Migrantenfamilien dar.

2.2 Theoretische Ansätze zur Integration

Der Terminus *Integration* wird in der Soziologie und in der Politik unterschiedlich bestimmt und inzwischen nahezu inflationär verwendet (BMFSFJ 2000, S. 9). So merkt Rita Süßmuth an: „Mit dem Begriff Integration verbinden sich unterschiedliche Vorstellungen und Erwartungen. Es gibt keine einheitliche Definition. Integration versteht sich nach der Auffassung der meisten Experten als Gegenbegriff zu Desintegration, zur Ab- und Ausgrenzung. Es geht um individuelle und gesellschaftliche Teilhabe und Zugehörigkeit" (Süßmuth 2006, S. 138).

Nach dem Verständnis des Bundesamtes für Migration und Flüchtlinge in Deutschland, das besonders die Pflichten der Migranten in den Mittelpunkt stellt, ist Integration: „[...] ein langfristiger Prozess. Sein Ziel ist es, alle Menschen, die dauerhaft und rechtmäßig in Deutschland leben, in die Gesellschaft einzubeziehen. Zuwanderern soll eine umfassende und gleichberechtigte Teilhabe in allen gesellschaftlichen Bereichen ermöglicht werden. Sie stehen dafür in der Pflicht, Deutsch zu lernen sowie die Verfassung und die Gesetze zu kennen, zu respektieren und zu befolgen" (BAMF 2014, o. S.).

Pöttker bezieht die Integrationsdefinition nicht nur auf Individuen, sondern auch auf Gruppen und Institutionen und berücksichtigt dabei die prozessualen Aspekte: „Integration ist der erwünschte soziale Prozess, der die Teile einer Gesellschaft (Individuen, Institutionen, Gruppen) unter Mitwirkung ihres Bewusstseins mehr oder weniger stark zum Ganzen dieser Gesellschaft verbindet, wobei sowohl Ähnlichkeit und Einigkeit der Teile als auch Verschiedenheit und Auseinandersetzung zwischen ihnen in einem zu optimierenden Verhältnis von Bedeutung sind" (Pöttker 2005, S. 40 f.).

Die Integrationsforschung brachte diverse Integrationstheorien hervor. Durch sie können Integrationsprozesse beschrieben und erklärt werden. Einige bekannte Theorien sind:

1. Rassenbeziehungszyklus (Park)
2. Phasenmodell (Gordon)
3. Modernisierungsoptimismus (Esser)
4. Soziale Desintegration (Heitmeyer)

Nach dem Rassenbeziehungszyklus (*race relation cycle*) durchlaufen Migranten fünf zyklische Phasen: Interaktion, Wettkampf, Konflikt, Akkommodation und Integration. In der ersten Phase findet ein Kontakt zwischen den Beteiligten statt, der dann zu Interaktion führt. Die zweite Phase markiert den dauerhaften Wettkampf um die Ressourcen. Anschließend entsteht ein Konflikt zwischen den Gruppen. In der Akkommodationsphase entsteht durch die weitere Interaktionen eine soziale Anpassung und Beziehungsfestlegung, wobei die Beziehungsstruktur zwischen den Migranten und Nicht-Migranten durchaus nicht den gleichen Status haben muss. Diese Ungleichheit wird erst dann in der Integrationsphase beendet, wenn die Migranten ihre ethnische Identifikation aufgeben und die der Mehrheitsgesellschaft annehmen (Park, Burgess 1921, S. 504 ff.; Treibel 2011, S. 87 ff.).

Gordon gliedert Migration in mehrere Dimensionen und sieht die Integration, im Gegensatz zu Park, nicht als einen einzigen Übergangsprozess. Er unterscheidet folgende Dimensionen: kulturelle Integration, strukturelle Integration, Heiratsintegration, Identifikationsintegration, Einstellungsübernahme, Verhaltensübernahme und staatsbürgerliche Integration. Diese Dimensionen werden nicht nacheinander durchlaufen, sondern können parallel beginnen und unterschiedlich schnell beendet werden (Gordon 1964, S. 71 ff.; Wunderlich 2005, S. 40; Fincke 2008, S. 20 ff.). In den klassischen Theorien (Park und Gordon) wird Assimilation und Integration gleichgesetzt.

Esser unterscheidet zwischen den Begriffen Akkulturation, Integration und Assimilation. Akkulturation bedeutet einen sozialen Anpassungs- und Lernprozess des Migranten, um beispielsweise Werte und Normen anzueignen. Unter dem Begriff Integration ist der Zustand des personalen und rationalen Gleichgewichts zu verstehen, den der Migrant mit sich und der Umgebung erreicht hat. Assimilation dagegen ist die vollständige Angleichung des Migranten und das Ablegen der eigenen ethnischen Identität (Esser 1980, S. 20 ff.; Treibel 2011, S. 138).

Für Esser hängt die Integration und Assimilation von den Einwanderern und von der Umwelt (Aufnahmeland) ab. Die Einwanderer können durch ihre Motivation, Orientierung, Kognition etc. den Integrations- und Assimilationsprozess beeinflussen. Dies wird als Sozialintegration definiert. Die Umwelt beeinflusst ebenfalls den Prozess, beispielsweise durch Opportunitäten, Barrieren und Alternativen, was als Systemintegration bezeichnet wird. Somit ist die Integration und Assimilation ein Produkt aus Sozial- und Systemintegration. Der Eingliederungsprozess muss nicht zwingend mit Integration oder Assimilation enden, da Faktoren wie Diskriminierung und Konflikte kontraproduktiv sein können. Des Weiteren unterteilt Esser die Assimilation in vier Bereiche: Kognitive Assimilation (Beherrschung der Sprache, Regeln etc.), strukturelle Assimilation (Gleichverteilung der gesellschaftlichen Ressourcen wie Ausbildung, Beruf), soziale Assimilation (Zugang zur Gesellschaft, beispielsweise Vereine, Nachbarn), identifikative Assimilation (Identifikation, Zugehörigkeitsgefühl) (Esser 1920, S. 221 ff.; Treibel 2011, S. 139 ff.).

Gegenüber der ersten hat die zweite Migrationsgeneration oft in diversen Assimilationsbereichen starke Fortschritte geleistet, etwa Sprachkompetenz (kognitive Assimilation) und Schulabschlüsse (strukturelle Assimilation). Jedoch hat in der zweiten und dritten Generation meist keine vollständige (identifikative) Assimilation stattgefunden (Treibel 2011, S. 153; info research group 2012, S. 18 ff.).

In modernen Gesellschaften ist zum Teil eine Desintegration zu beobachten, welche nicht nur auf die Migranten bezogen ist. Heitmeyer geht davon aus, dass ein erfolgreiches und qualitatives Zusammenleben von Gruppen nicht nur von strukturellen und individuellen Determinanten abhängt, sondern auch von wechselseitigen Einstellungen und der Wahrnehmung der Gesellschaftsteile oder -gruppen. Die Theorie der sozialen Desintegration nach Heitmeyer und Anhut fordert, dass relevante Probleme für Menschen mit und ohne Migrationshintergrund beseitigt werden müssen: Es muss sichergestellt sein, dass der Zugang zum Arbeits- und Bildungsmarkt offen ist (individuell-funktionale Systemintegration). Des Weiteren sollten Teilnahmemöglichkeiten an öffentlichen und gesellschaftlichen Diskussionen und Gestaltungsaktivitäten gewährleistet sein (kommunikativ-interaktive Sozialintegration). Abschließend sollte die Identitätsanerkennung des Individuums durch die soziale Umwelt erfolgen (kulturell-expressive Sozialintegration). Das Verteilungsungleichgewicht dieser drei Bereiche kann zu Desintegration und daraus zu anderen Erscheinungsformen wie Rassismus und Diskriminierung von Minderheiten führen (Heitmeyer, Anhut 2000, S. 48; Heitmeyer 2007, S. 171 ff.). Bei den Integrationsdiskussionen der zweiten Migrationsgeneration in Deutschland werden insbesondere die Theorien von Esser und Heitmeyer betrachtet (Fincke 2008, S. 24).

Die Migration und Integration war meistens ein Familienprojekt. Durch sie wurde die Generationenbeziehung zwischen der ersten und zweiten beeinflusst. Im nächsten Kapitel wird das Thema *Generation* in einem kurzen Überblick vorgestellt.

2.3 Generationstheoretische Aspekte

In der Literatur wird der Generationsbegriff unter anderem in drei diversen Zusammenhängen verwendet (Liebau 1997, S. 20; Höpflinger 1999, S. 6 ff.):

1. genealogische Generation
2. pädagogische Generation
3. historisch-gesellschaftliche Generation

Unter *genealogischer Generation* wird die Familiengeneration verstanden, die das familiäre Nachkommen und die Vorfahren beschreibt. Die *pädagogische Generation* dagegen setzt den Schwerpunkt auf die Rolle des Lehrenden und des Lernenden. Die ältere Generation vermittelt der jüngeren beispielsweise Werte, Normen und Wissen. Sie möchte die jüngere Generation nach ihrer Vorstellung erziehen. Allerdings beeinflusst auch die jüngere Generation die ältere, sodass keine starre und dauerhafte Rollenverteilung beim Lernprozess vorliegt. Der letzte Generationsbegriff bezieht sich auf den Teil einer Gesellschaft, die über Gemeinsamkeiten im sozialen, kulturellen oder im historischen Kontext verfügt. Einige Beispiele hierzu sind die *68er-Generation*, die *Gastarbeitergeneration* etc.

Drei bedeutsame Generationstheorien sind (Sackmann 2004, S. 3 ff.):
1. Theorie historischer Generationen
2. Kohortentheorie
3. Alterssoziologische Generationstheorie

Karl Mannheim beschreibt in seiner Theorie der *historischen Generation*, dass sich durch den Wandel der modernen Gesellschaften Generationenjahrgänge (Generationslagerungen) historisch bedingt ändern, sodass sie eine veränderte Bewusstseinsform entwickeln. Dabei ist die prägende Phase das Jugend- und das frühe Erwachsenenalter. Die Voraussetzung für die Veränderung der Generationen bilden historische Brüche (Mannheim 1964, S. 509 ff.).

Die *Kohortentheorie* von Norman Ryder weist Überschneidungen mit der Theorie Karl Mannheims auf, da in ihr auch der Wandel der Gesellschaft sowie das Jugend- und frühe Erwachsenenalter eine Rolle spielen. Unter Kohorten versteht Ryder das Zeitintervall eines Ereignisses, das eine bestimmte Gruppe erfahren hat, wie beispielsweise Zuwanderungskohorten, Geburtskohorten etc. Der Begriff Generation wird in Bezug auf die Geneologie verstanden. Weiterhin ergänzt Ryder die Bewusstseinsformen mit den Gelegenheitsstrukturen, welche diverse Kohorten mitberücksichtigt. Diese werden insbesondere durch Kohortenstärke und Wandel der Berufsstrukturen beeinflusst (Ryder 1965, S. 843 ff.).

In der *alterssoziologischen Generationstheorie* werden die familiären Generationen wie auch die Alterssicherungssysteme stärker durchleuchtet. Durch die Verbreitung der öffentlichen Versorgungssysteme und die solidarischen Beziehungen zwischen den Generationen kommt es zu gegenseitigem Austausch von Dienstleistungen und Gütern. Hauptziel ist nicht mehr die Sicherung des Lebensstandards der Senioren, sondern die Bildungsförderung der Kinder sowie die Unterstützung der jüngeren Familien in Notlagen (Bengtson, Harootyan 1994; Kohli 1999; Attias-Donfut 2000).

Eine weitere Einteilung der Generationen in der Literatur der jüngeren Zeit wird, insbesondere in der US-Literatur, in Bezug auf Geburtsjahre vorgenommen. So werden Generationen in *Babyboomer* (ca. 1946–1964), *Generation-X* (ca. 1965– 1976), *Generation-Y* (ca. 1977–1994) und *Generation-Z* (ca. ab 1995) eingeteilt und ihnen diverse Charakteristika und Lebenserfahrung zugeschrieben (Scholz 2012, o. S.; Seeberger 2013, S. 11; Schroer 2014, o. S.). Des Weiteren werden die Generationen in Bezug auf diverse Themen oder Phänomene eingeteilt, wie *Generation-@* oder *Generation Praktikum*. Diese Einteilung oder *Etikettierung* wird oft in den wissenschaftlichen Diskussionen kritisch diskutiert (z. B. Höpflinger 2015, S. 2).

Generationen können auch in Bezug auf eine Lebens- oder Altersphase definiert werden. Die Generation, die derzeit im mittleren Alter ist und zwischen ihren Kindern und ihren alternden Eltern steht, wird *Sandwich-Generation* oder *Schaniergeneration* genannt. Einerseits müssen sie für ihre Kinder und Enkelkinder, andererseits für ihre (betagten) Eltern oder Schwiegereltern Verantwortung übernehmen. Diese Konstellation stellt einen besonderen (psychologischen) Abschnitt im Leben dar und kann einerseits sehr dynamisch, andererseits auch belastend sein (Perrig-Chiello 2007, S. 23 ff., 81 ff.).

Die (türkischstämmigen) Einwanderer, die nach Deutschland bis zum Anwerbestopp ausgewandert sind, werden als die erste (Einwanderer-)Generation bezeichnet. In der Literatur gibt es sehr unterschiedliche Definitionen von der zweiten Generation (zum Beispiel Fincke 2008, S. 8). In diesem Forschungsprojekt wird unter der zweiten Generation die Kinder der ersten verstanden, die entweder in Deutschland geboren wurden oder später durch die Familienzusammenführung in die Bundesrepublik kamen (Treibel 2011, S. 129 ff.). Jedoch werden Personen der zweiten türkischen Generation nicht betrachtet, die ab dem 16. Lebensjahr nach Deutschland immigriert sind, um die Binnenvergleichbarkeit in der Gruppe zu erhöhen. Die Migranten in der zweiten Generation wurden schätzungsweise zwischen 1960 und 1985 geboren (zum Beispiel Ottenschläger 2004, S. 32; Fincke 2008, S. 81).

2.4 Formen und Modelle der familialen Generationenbeziehungen

Generationenbeziehungen können unterschiedliche Formen annehmen und sich im Lebenslauf ändern. In diesem Kapitel werden diverse Formen und Modelle der Generationenbeziehungen zusammenfassend erläutert. Zunächst werden vier Formen der familialen Generationenbeziehungen nach Höpflinger (2015) dargestellt. Anschließend werden drei Modelle zur familiären Generationenbeziehungen erläutert, die in der Literatur verstärkt diskutiert wurden (Zeman 2014, S. 67; Hank 2015, S. 464 ff.). Hierbei handelt es sich um die *intergenerationale Solidarität* von Bengtson und Roberts (1991), um die *intergenerationale Ambivalenz* von Lüscher und Pillemer (1998) und um die *Generationensolidarität* von Szydlik (2000).

2.4.1 Formen der familialen Generationenbeziehungen nach Höpflinger

Höpflinger unterscheidet vier Formen der Generationenbeziehung: Solidarität, Konflikt, Segregation und Ambivalenz (2015, S. 10 ff.):

1. Positive Interdependenz (Generationensolidarität)
2. Negative Interdependenz (Generationenkonflikt)
3. Unabhängigkeit/Independenz (Segregation)
4. Ambivalenz

Die *Positive Interdependenz* steht für den intergenerationalen Austausch und die intergenerationale Solidarität. Die Generationen haben eine positive Beziehung zueinander und das Interesse, sich gegenseitig zu stärken, ist vorhanden. In der zweiten Form, der *Negativen Interdependenz,* ist eine negative intergenerationale Beziehung feststellbar, die durch unterschiedliche Werte und Interessen entsteht. Das gegenseitige Gefühl der Solidarität und des Austauschs existiert nicht. In der dritten Grundform *Unabhängigkeit/Independenz* (Segregation) ist eine relative Unabhängigkeit zwischen den Generationen zu verzeichnen. Jede Generation hat ihre eigenen Interessen und ihre eigene Kultur und diese werden in einer weitgehenden Koexistenz gelebt. Die Generationenkonflikte sind nach diesem Modell zwar gering, jedoch sind die Solidarität und Kommunikation gleichermaßen schwach. Die letzte Form der Generationsbeziehung ist die Ambivalenz (Widersprüchlichkeit). Familienmitglieder haben meist gegensätzliche Bedürfnisse und Verhaltensweisen in der Generationenbeziehung. So können Familienmitglieder die Nähe zu ihrer Verwandtschaft suchen und wollen gleichzeitig die Distanz wahren.

2.4.2 Modell der intergenerationalen Solidarität nach Bengtson und Roberts

Die gegenseitige Unterstützung und Verbundenheit von erwachsenen Kindern zu ihren Eltern sind wichtige Bezugspunkte um Generationenbeziehungen zu beschreiben. Das Modell der *Intergenerationalen Solidarität,* das unter anderem an die Modelle von Durkheim (1977) und Tönnies (2005) anlehnt, betrachtet in sechs Dimensionen die unterschiedlichen Strukturen der familiären Solidarität, die anschließend kurz erläutert werden (Bengtson, Roberts 1991, S. 856 ff.):

1. *Assoziative Solidarität:* Diese Dimension betrachtet die Interaktion zwischen den Familienmitgliedern in Bezug auf Kontakt und Aktivitäten. Es werden beispielsweise gegenseitige Besuche, Telefonate und gemeinsame Gespräche beleuchtet.

2. *Affektive Solidarität:* Hierbei spielen die Art und Intensität der gegenseitigen Gefühle der Generationen eine Rolle. So werden Themen wie Wärme, Nähe und Vertrauen betrachtet.

3. *Konsensuale Solidarität:* In dieser Dimension wird der Übereinstimmungsgrad von Werten und Meinungen zwischen den Eltern und Kindern analysiert. Allgemeine Einstellungen und bevorzugte Lebensformen der Familienmitglieder werden berücksichtigt.

4. *Normative Solidarität:* Sie betrachtet die Kongruenz zwischen den Familienmitgliedern in Hinblick auf die jeweiligen normativen und wechselseitigen Unterstützungs- und Verantwortlichkeitsvorstellungen. Diese grundsätzlichen Vorstellungen müssen nicht mit ihren tatsächlichen Verhaltensweisen in Verbindung stehen.

5. *Funktionale Solidarität:* Diese Dimension berücksichtigt die faktischen, wechselseitigen Unterstützungsleistungen zwischen den Familienmitgliedern. Sie wird weiter in finanzielle, emotionale, kognitive sowie instrumentelle Unterstützungsleistungen unterschieden. Die instrumentelle Hilfe beinhaltet beispielsweise Hausarbeiten oder Pflege.

6. *Strukturelle Solidarität:* In dieser Dimension werden Opportunitäten der intergenerationalen Solidarität hinsichtlich der Familienbeschaffenheit wie die Anzahl, die Wohnentfernung und der Gesundheitszustand der Familienmitglieder untersucht.

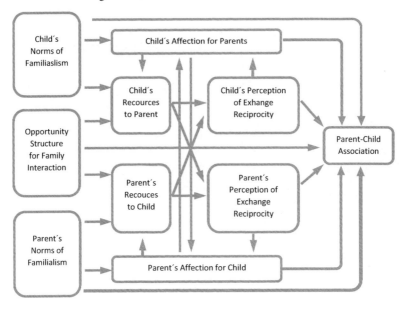

Abbildung 1: Revised Model of Structural Relations between Parent-Child Solidarity Constructs in Older Families (eigene Darstellung nach Bengtson, Roberts, 1991, S. 859)

In der obigen Abbildung sind Beziehungen und Verknüpfungen der Dimensionen zusammenfassend dargestellt (siehe Abbildung 1), die zum Teil vielschichtig und im Wechsel miteinander verbunden sind (Bengtson, Roberts 1991, S. 859). Die strukturellen Bedingungen beispielsweise erleichtern oder erschweren funktionelle sowie assoziative Solidarität. Normative Solidarität beeinflusst die Beziehungen und die (Verpflichtungs-)Gefühle, was sich wiederum auf die Unterstützungsintensität zwischen den Generationen auswirkt (Zeman 2014, S. 67). Darüber hinaus haben Bengtson und Team fünf idealtypische Beziehungsarten ausgearbeitet, welche in der folgenden Tabelle dargestellt sind (siehe Tabelle 1):

Tabelle 1:   *Constructing a Typology of Intergenerational Relations Using Five Solidarity Variables (Silverstein, Bengtson 1997, S. 442 ff.; Steinbach 2010, S. 29, eigene Darstellung)*

Types of Relation-ships	Affect (Close)	Con-sensus (Agree)	Structure (Proxi-mity)	Asso-ciation (Contact)	Gives Help	Receives Help
Tight-knit	+	+	+	+	+	+
Sociable	+	+	+	+	–	–
Intimate but distant	+	+	–	–	–	–
Obliga-tory	–	–	+	+	(+)	(+)
Detached	–	–	–	–	–	–

+ hohe Ausprägung; – niedrige Ausprägung; (+) mäßige Ausprägung

Sie unterscheiden zwischen den extremen Beziehungstypen *tight-knit* (stark verbunden), welcher in jeder Dimension hohe Ausprägungen aufweist, und *detached* (keine Verbindung), der in allen Dimensionen durch unterdurchschnittliche Ausprägung gekennzeichnet ist. Des Weiteren werden drei Mischformen identifiziert: *sociable* (kontaktfreudig), *intimate but distant* (vertraut, aber distanziert), *obligatory* (verpflichtend) (Silverstein, Bengtson 1997, S. 442 ff.).

Das Modell von Bengtson und Kollegen möchte primär die Dimensionen und Strukturen der *intergenerationalen Solidarität* verdeutlichen. Allerdings wurde dies stark in den Fachdiskussionen kritisiert. Ein Kritikpunkt bezieht sich auf den Begriff Solidarität, der durch die sechs Dimensionen sehr ungenau und weit ausgeführt wird (Henning 2014, S. 156 f.). Des Weiteren wird betont, dass die strukturelle Solidarität nicht zu tatsächlichen intergenerationa-

len Beziehungen beiträgt, sondern eine potenzielle Größe ist. Auch die kontextuelle Struktur der sechs Dimensionen ist nicht hinreichend beschrieben und es
wird die Frage gestellt, ob diese sechs Dimensionen die Facetten der intergenerationalen Solidarität darstellen (Roberts et al. 1991, S. 22; Grünendahl, Martin
2005, S. 247). Zudem kann das Modell keine Aussagen über die Ausprägungen
und Veränderungen der Beziehungsdimensionen in der Vergangenheit machen
(Steinbach 2010, S. 31). Abschließend muss jedoch festgehalten werden, dass
die *intergenerationale Solidarität* von Bengtson und Roberts keine Theorie ist,
sondern ein Modell, um das Verhältnis der Generationen darzustellen (Lüscher,
Liegle 2003, S. 269 f.). Als Reaktion auf die kritischen Fachdiskussionen wurde
das Modell mehrmals weiterentwickelt.

Einer der wichtigsten Kritikpunkte am Modell der intergenerationalen
Solidarität wurde von Lüscher und Pillemer geäußert, die auf die Ambivalenzen in den Generationsbeziehungen hinwiesen. Im nächsten Kapitel wird diesbezüglich das Modell der *intergenerationalen Ambivalenz* präsentiert.

2.4.3 Modell der intergenerationalen Ambivalenz nach Lüscher und Pillemer

Lüscher und Pillemer entwickeln gegenüber dem Modell von Bengtson und
Roberts das Modell der *intergenerationalen Ambivalenz*. Die intergenerative
Beziehung ist nicht nur solidarisch geprägt, sondern auch mit Ambivalenzen
und Beziehungsdynamiken verbunden. Zum einen streben die Familienmitglieder Autonomie an und zum anderen sind sie abhängig voneinander. Auch in
der Gefühlsebene gibt es Ambivalenzen, so können sich Antipathie und Sympa-
thie im Lebenslauf abwechseln. Es können auch gegensätzliche Verhaltensweisen in den Generationenbeziehungen auftreten, wie die Übernahme der Pflege
der Eltern, obwohl die Beziehung von Auseinandersetzungen oder Gewalt
geprägt ist (Lüscher, Pillemer 1998; Lüscher, Liegle 2003).

Lettke und Lüscher definieren Ambivalenzen folgendermaßen: „Von Ambivalenz soll gesprochen werden, wenn gleichzeitige Gegensätze des Fühlens,
Denkens, Wollens, Handelns und der Beziehungsgestaltung, die für die Kons-
titution individueller und kollektiver Identitäten relevant sind, zeitweise oder
dauernd als unlösbar interpretiert werden. Diese Interpretation kann durch
die Beteiligten oder durch Dritte (zum Beispiel Therapeuten, Wissenschaftler)

erfolgen" (Lettke, Lüscher 2002, S. 441). Es wird von manifesten Ambivalenzen gesprochen, wenn sie den Subjekten bewusst sind, und von latenten, wenn dies nicht der Fall ist (ebd., S. 443).

Lüscher und Team entwickeln vier idealtypische Unterscheidungen der Generationenbeziehungen, die jedoch auch außerhalb der Familie gültig sind (Lettke, Lüscher 2002, S. 446; Lüscher, Heuft 2007, S. 234 ff.):

1. *Solidarität:* Die Unterstützungsbeziehung, Empathie und Gemeinschaftsgefühl sind in diesen Familien sehr ausgeprägt und verlässlich. Ambivalenzen werden verdrängt und nicht thematisiert, der Zusammenhalt ist im Vordergrund.

2. *Emanzipation:* Die Persönlichkeitsentwicklung der Familienmitglieder und die notwendigen Veränderungen werden berücksichtigt und wertgeschätzt. Die Konvergenzintensität ist hier stark entwickelt. Ambivalenzen werden bewusst wahrgenommen und thematisiert.

3. *Atomisierung:* Die Familienmitglieder leben sich auseinander und der Zusammenhalt ist nicht mehr gegeben. Ambivalenzen werden nicht wahrgenommen oder dementiert.

4. *Kaptivation:* Durch Normen und Erwartungshaltungen müssen die Generationenbeziehungen gepflegt oder aufrechterhalten werden, obwohl keine tatsächlichen Bindungsgefühle oder Nähe vorhanden sind. Meist nutzen die Eltern diese Normen, um ihre Kinder an sich zu binden. Ambivalenzen werden stark wahrgenommen, jedoch nicht reflektiert und thematisiert.

Diese vier Ambivalenzmodi können dem Spannungsfeld zwischen institutioneller und personaler Dimension zugeordnet werden (siehe Abbildung 2, S. 20). Die institutionelle Dimension besitzt einerseits die Reproduktion (Pflege und Sicherung) und andererseits die Innovation (Erneuerung und Veränderung) von Familienwerten und -normen. Die personale Dimension dagegen hat die zwei entgegengesetzten Pole Divergenz (Individualität, Distanzierung und Fremdheit) und Konvergenz (Ähnlichkeit, Nähe, Vertrautheit).

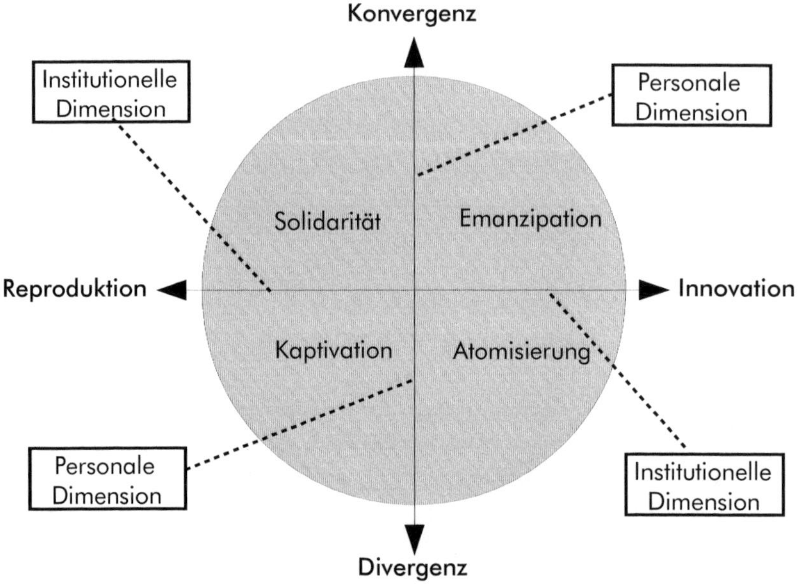

Konvergenz

Institutionelle
Dimension

Personale
Dimension

Solidarität   Emanzipation

Reproduktion ◄─────────────────► Innovation

Kaptivation   Atomisierung

Personale
Dimension

Institutionelle
Dimension

Divergenz

Abbildung 2: Typen von Generationenbeziehungen
(eigene Darstellung nach Lüscher, Heuft 2007, S. 235)

2.4.4 Modell der Generationensolidarität nach Szydlik

Szydlik reduziert das Modell von Bengtson und Roberts in Anlehnung an die Kritik, dass nur ein Teil der sechs Dimensionen die Generationenbeziehungen darstellt, auf drei Dimensionen: funktionale, assoziative, affektive Solidarität. Die funktionale Solidarität beinhaltet finanziellen Austausch, Koresidenz und instrumentelle Hilfe. Die assoziative Solidarität dagegen berücksichtigt gemeinsame Kontakte und Aktivitäten. Affektive Solidarität beschreibt die Gefühlsebene der Familienmitglieder, etwa emotionale Nähe. Durch die Reduktion ist eine einfachere und genauere empirische Feststellung der Solidarität zwischen den Familiengenerationen möglich (Igel 2012, S. 35).

Szydlik stellt in seinem Modell die drei Ebenen Individuum, Familie und Gesellschaft dar, die die intergenerationale Beziehung beeinflussen. Er reduziert nicht nur, sondern erweitert auch das oben genannte Modell um die Perspektive der Ambivalenz (Lüscher, Pillemer 1998). Das bedeutet, dass die Generationenbeziehungen nicht nur durch Solidarität gekennzeichnet sind, sondern auch durch Konflikte und Widersprüche. Autonomiebestrebungen und Solidarität können sich zeitlich abwechseln und sogar für stabile Generationenbeziehungen sorgen (Szydlik 2000, S. 43). Des Weiteren enthält dieses modifizierte Modell der *intergenerationalen Solidarität* vier Faktorengruppen (auch Determinantengruppen oder Strukturarten genannt): Opportunitätenstrukturen, Bedürfnisstrukturen, familiale Strukturen und kulturell-kontextuelle Strukturen. Diese Faktorengruppen können je nach Erscheinungsform die Solidarität stärken oder schwächen (Szydlik 2000, S. 43 ff.).

Opportunitätsstrukturen können die soziale Interaktion fördern oder verringern, welche als Potenzial für die Solidarität verstanden wird. So kann beispielsweise geringe Wohnungsentfernung dazu führen, dass die Kontakthäufigkeit zwischen den Eltern und den Kindern steigt. Berufstätigkeit dagegen könnte die soziale Interaktion schwächen. *Bedürfnisstrukturen* können den Wunsch nach intergenerationaler Solidarität der Individuen beeinflussen. Monetäre, gesundheitliche Defizite oder Ehescheidungen können die Solidarität zwischen Eltern und Kindern stärken (Szydlik 2000, S. 46). Opportunitäts- und Bedürfnisstrukturen können sich gegenseitig beeinflussen. Beispielsweise kann nach einer Ehescheidung das Bedürfnis nach emotionaler Zuwendung von Elternseite steigen, sodass das Kind bei seinen Eltern wohnen möchte. *Familiale Strukturen* beinhalten die normativen und non-normativen Geschehnisse sowie die vollständige Familiengeschichte. Diese Geschehnisse und die Familiengeschichte beeinflussen die Rollenverteilung in der Familie in Bezug auf die familiäre Solidarität. Insbesondere Frauen nehmen eine kontakterhaltende Funktion in der Generationenbeziehung ein (*kinkeepers*). Auch die Anzahl der Familienmitglieder spielt hierbei eine große Rolle. Die letzte Faktorengruppe sind die *kulturell-kontextuellen Strukturen*. Sie sind gesellschaftliche Rahmenbedingungen für das familiäre Zusammenleben und beeinflussen somit die Gestaltung der intergenerationalen Solidarität. Einige Beispiele sind Wohlfahrtsstaat, Wirtschaftssystem und gesetzliche Regelungen in Hinblick auf Familienpolitik.

In den bisherigen Forschungsstudien wurden zahlreiche theoretische Ansätze zu Generationenbeziehungen in Migrantenfamilien generiert. Einige dieser Ansätze werden im nächsten Kapitel beschrieben.

2.5 Theoretische Ansätze zu Generationenbeziehungen in Migrantenfamilien

Viele nationale und internationale kulturvergleichende Studien untersuchten (Migranten-)Familien und kamen zum Ergebnis, dass sie gegenüber einheimischen Familien zum Teil unterschiedliche Beziehungsmuster aufweisen (Kağıtçıbaşı 1996; Hofstede 2001). Diese Unterschiede wurden mit diversen theoretischen Ansätzen (zum Beispiel ökonomische, wohlfahrtstaatliche oder kulturell-religiöse Ansätze) begründet, die nachfolgend dargestellt werden. Es wird darauf hingewiesen, dass die folgenden Ausführungen nur eine Auswahl darstellen, welche besonders im deutschsprachigen Raum diskutiert wurden.

Modernisierungstheoretischer Ansatz: Die Türkei wurde eher den Ländern zugeordnet, welches eine agrarisch-segmentäre Gesellschaftsform aufweist. In dieser ist eine hohe kollektivistisch-interdependente Werteorientierung mit einem patrilineal-dependenzverwandschaftlichen Familienverständnis vorhanden. Dies bedeutet, dass in diesen Ländern eine breite und tiefe Verwandtschaftsbeziehung besteht (*culture of relatedness*) und der Unterstützungsaustausch sowie die Solidarität eine starke Rolle einnehmen (Kağıtçıbaşı 1996, S. 78 ff.). Dieses traditionelle Verständnis, bei dem die väterliche Abstammungslinie dominiert, hat unter anderem mit den rudimentären Sicherungssystemen in diesen Ländern zu tun. Umso wichtiger wird in diesem Zusammenhang die familiale Solidarität (*familialistisches Wohlfahrtsregime*), wobei die individuellen Interessen häufig den kollektiven untergeordnet werden. Des Weiteren werden in diesen Gesellschaftsformen der Austausch an Besitztümern und die Unterstützung stärker mit den männlichen Nachkommen und deren Ehegatten und Kindern praktiziert. Deutschland gehört dagegen zu den Ländern, die eine biliniear-affinalverwandschaftliche Struktur und individualistisch-independente Werteorientierung aufweist. In dieser Gesellschaftsform besteht ein hoher Bedarf an persönlicher Freiheit, Selbstbestimmung und Selbstverwirklichung. Familienbeziehungen und soziale Netzwerke werden nicht so stark bewertet wie in kollektiven Gesellschaftsformen und die individuellen Interessen werden häufig über die Familieninteressen gestellt. Diese Entwicklung wurde unter anderem durch die Industrialisierung und die damit entstandene ökonomische Unabhängigkeit sowie durch die Entstehung von staatlichen Absicherungssystemen gestärkt (Hajnal 1965, S. 101 ff.; Nauck, Kohlmann 1998, S. 218 f.; Motel-

Klingebiel 2000, S. 14 ff.; Nauck 2004, S. 74; Matthäi 2005, S. 57; Baykara-Krumme 2013a, S. 11 f.).

Wenn nun eine Familie aus einer traditionellen Gesellschaftsform in eine andere Gesellschaftsform migriert, stellt dies einen *mikrosozialen Beschleunigungsmoment* dar, der die Familie zu einem enormen Akkulturationszwang herausfordern kann (Nauck 1988, S. 506). Dadurch können generationsübergreifende Konflikte in Migrantenfamilien entstehen (*religiös-kultureller Antagonismus*). Begründet wird dies mit dem strukturell-funktionalen Erklärungsansatz, der ein bestimmtes Wertesystem mit einer bestimmten Sozialstruktur verbindet und diesbezüglich eine Akkulturation voraussetzt (Durkheim 1921). Beispielsweise können auch die Generationen nach den Assimilationskonzepten, die Bezug auf die Theorie *race-relation-cycles* nehmen, unterschiedlich intensive Akkulturationsphasen in der gleichen Zeit durchlaufen (*acculturation gap*). Diese werden verstärkt und gefördert durch diverse Institutionen und Rahmenbedingungen, wie Schule, Kindergarten oder Peergroups, sodass differierende Präferenzen, Werteverschiebungen oder -spannungen entstehen (*intergenerational dissonanter Akkulturationsprozess*) (Portes, Rumbaut 2001, S. 53). Die zweite Generation befindet sich dann nach der Kulturkonfliktthese zwischen den zwei Kulturen und ist *hin- und hergerissen* (*Marginal Man*) (Park 1928, S. 892 f.).

Dies wird verstärkt, wenn Kinder in der zweiten Generation bis zur Enkulturationsphase (bis zum 6. Lebensjahr) nach Deutschland eingewandert sind oder in Deutschland geboren wurden (Schrader et al. 1979, S. 69). Weiterhin sind die Kinder mit ihren sprachlichen Kompetenzen gegenüber ihren Eltern in der Aufnahmegesellschaft weit voraus, was zu einem Rollentausch (*role reversal*) führen kann und somit zur Schwächung der elterlichen Autorität. Dies kann ebenfalls zu Konflikten zwischen den Generationen führen (Seeberger 1995, S. 243; Zhou 2001, S. 207; Portes, Rumbaut 2001, S. 54; Becker et al. 2003, S. 157 f.). Viele Kinder in der zweiten Migrantengeneration mussten Trennungserfahrungen mit ihren Eltern oder mit einem Elternteil erleben. Sie blieben mit einem Elternteil (meist der Mutter) im Herkunftsland, während das andere Elternteil in Deutschland arbeitete. Es gab auch Kinder, die von beiden Elternteilen getrennt waren und mit ihren Verwandten (Großeltern, Onkeln oder Tanten) leben mussten sowie andere Trennungsformen. Diese Erfahrung prägten und belasteten die Kinder wie auch ihre Eltern nachhaltig, auch nach der Familienzusammenführung (Kreidt et al. 1989, S. 352; Geisen 2010, S. 173 ff.; Kocaman, 2010, S. 132 ff.).

Ein weiterer Aspekt könnte sich negativ auf die Generationenbeziehungen auswirken, wenn die erste Generation im Alter eine Re-Ethnisierung erlebt. Diese Rückbesinnung auf die kulturelle Herkunft und Religion kann mit der Konzentration auf die eigene ethnische Gruppe einhergehen (*ethnic revival*). Dies hat auch zur Folge, dass die älteren Migranten die Beziehungen zu ihren Familien stärken und ausbauen wollen. Zusätzlich erleben die älteren Migranten einen Verlust ihrer Kompetenzen im Alter, wie den Verlust der deutschen Sprachkenntnisse und Abbau der gesundheitlichen Kräfte. Dies alles führt zu einer Erhöhung von Erwartungen an die eigenen Kinder, die wiederum diese Erwartungen als Belastung erleben und ihre Autonomie gefährdet sehen können. Wenn die Kinder diesen Erwartungen der Eltern nicht nachkommen wollen oder können, so kann dies wiederum von den Eltern als Belastung empfunden werden (Dietzel-Papakyriakou 1993, S. 35 ff.; Matthäi 2004, S. 60).

Individualistisch-handlungstheoretischer Ansatz: Der individualistisch-handlungstheoretische Ansatz gehört zu den mikrosoziologisch-modernisierungstheoretischen Erklärungsansätzen und reduziert Individuen nicht auf ein *passives Opfer*, sondern betrachtet sie als handelnde Akteure. Ursachen für Veränderungen in den Familien und bei den Individuen können kontextuelle Bedingungen sowie Opportunitätsveränderungen sein (Nauck, Özel 1986, S. 286; Nauck 1988, S. 505 ff.). Diese können positiv aber auch negativ auf die Migrantenfamilien wirken.

Beispielsweise können ältere Migranten ihre Kinder häufiger finanziell unterstützen, da die staatlichen Sicherungssysteme in Deutschland vergleichsweise stabil und ausgeprägt existieren. Durch die neuen Möglichkeiten des Bildungs- und Arbeitsmarktes können sich Migranten neue Ressourcen erarbeiten, die wiederum die Generationenbeziehung positiv oder negativ beeinflussen können. Als ein Beispiel kann hier die Zunahme der Erwerbstätigkeit von Frauen betrachtet werden.

Generationenbeziehungen und Familien können in der Migration eine Kompensationsfunktion übernehmen. Individuen, die beispielsweise in der Mehrheitsgesellschaft Diskriminierungserfahrungen sammeln mussten und keine Anerkennung erfahren sowie keine Inkorporation erlebt haben, können mit einem Rückzug in die Familie reagieren. Die Familie kann die fehlende

Anerkennung geben und einen Ort für die Verarbeitung der gesammelten negativen Erfahrungen sowie für Solidarität darstellen. Dies kann auch dazu führen, dass die Akkulturationsverläufe der Generationen nicht stark voneinander divergieren und eine gemeinsame Akkulturation *im Konvoi* und eine *Ko-Orientierung* entsteht (BMFSFJ 2000, S. 109; Nauck 2007, S. 24). Ehegattenauswahl im Herkunftsland kann überdies die Bewahrung der kulturellen Werte stärken. Zwischen den Generationen gibt es mehr oder weniger intergenerationale Wertedifferenzen und Konflikte, die jedoch durch mannigfaltige Handlungsstrategien beider Seiten zu reduzieren versucht werden. So kann bedingt durch das Fehlen von institutionellen Einrichtungen in der Migration die Intensivierung der Wertevermittlung zwischen den Generationen dazu führen, dass die Werteveränderungen in den Familien gering bleiben (*intergenerationale Transmission*) (Nauck 2007, S. 24). Zudem haben Eltern ein hohes Interesse daran, auch bei Konflikten und Beziehungsbrüchen die Beziehung zu ihren Kindern aufrechtzuerhalten (Matthäi 2005, S. 58 ff.). Als weiterer Ansatz für einen geringeren Generationskonflikt wird die *filiale Reife* gesehen. Die zweite Generation im mittleren Alter besitzt derzeit mehr Erfahrung als im Jugend- und frühen Erwachsenenalter und hat häufig selbst die Elternrolle inne. Sie kann so mehr Empathie und Verständnis gegenüber ihren Eltern zeigen. Dies kann auch dazu führen, dass negative Erfahrungen in der Vergangenheit differenziert (eher positiver) bewertet werden (Dietzel-Papakyriakou 1993, S. 54).

Zusammenfassend kann gesagt werden, dass die Differenzen der Generationenbeziehungen zwischen Migranten- und Einheimischenfamilien von kulturellen, aber auch von strukturellen Bedingungen abhängig sein können, wie einige nationale und internationale Studien belegen (de Valk, Schans 2008; Carnein, Baykara-Krumme 2013). In der Migration können sich auch die kulturellen Herkunftswerte der Migranten verändern und neue Formen annehmen (*hybridized forms*) (Silverstein, Attias-Donfut 2010, S. 180). Einige Untersuchungen konnten belegen, dass zunächst angenommene kulturelle Unterschiede auf soziodemografische oder sozioökonomische Gründe zurückzuführen sind (Baykara-Krumme 2007). Weitere Ansätze wie die Re-Ethnisierung im Alter konnten im Hinblick auf die hohe Pluralisierung der Lebensläufe nicht verallgemeinert werden (Spohn 2002, S. 438; Matthäi 2005, S. 216) oder die Dichotomie zwischen *modernem Deutschland* und *traditioneller Türkei* ist nach Spohn nicht ausreichend und muss mit dem Modell *emotional interdependence* von

Kağıtcıbaşı erweitert werden, wonach die Bindungskultur berücksichtigt werden sollte (Kağıtcıbaşı 1996; Spohn 2002, S. 439). Baykara-Krumme fasst die oben aufgeführten gegensätzlichen Ansätze in einer Solidaritäts- und Konflikthypothese zusammen (Baykara-Krumme 2007; Baykara-Krumme et al. 2011a). Nach der Solidaritätshypothese weisen die Migrantenfamilien gegenüber den Einheimischen höhere Solidaritätsmerkmale auf (funktionale, assoziative und affektive Solidarität). Die Konflikthypothese dagegen postuliert höhere Konflikte und geringere Solidarität in den Migrantenfamilien. Beide Hypothesen werden, wie oben dargestellt, entweder auf religiös-kulturelle oder migrationskontextuelle Bedingungen zurückgeführt. Derzeit gibt es leichte Anzeichen dafür, dass die türkischen Migranten eher die Solidaritätsthese erfüllen als die Konfliktthese. Der Unterschied zu den einheimischen Familien ist jedoch gering und in den theoretischen Diskussionen wurde das Ausmaß an Konflikten und die Unterschiede zu einheimischen Familien in der Vergangenheit oft überschätzt (Nauck 2007, S. 24 f.; Baykara-Krumme et al. 2011a, S. 277 f.; Baykara-Krumme 2015, S. 725 f.).

2.6 Zusammenfassung

In diesem Hauptkapitel wurden die Themen migrations-, integrations- und generationstheoretische Aspekte sowie ausgewählte Formen und Modelle zur Generationenbeschreibung dargestellt. Abschließend wurden theoretische Ansätze zur Generationenbeziehungen in Migrantenfamilien ausgeführt.

Migrationsentscheidungen können unterschiedliche Gründe haben und durch verschiedene Theorien erklärt werden. Migrationstheorien können in klassische und neuere Theorien unterschieden werden.

Der Generationenbegriff und die Generationentheorien können in Bezug auf unterschiedliche Kontexte definiert und ausgeführt werden. Die in diesem Kapitel vorgestellten Theorien waren *Theorie historischer Generationen, Kohortentheorie* und *alterssoziologische Generationstheorie*.

Die Beziehung der familialen Generationen kann mit der Theorie der *intergenerationalen Solidarität* erklärt werden, welche sechs Dimensionen beinhaltet. Da die Beziehungen nicht nur von Harmonie und Solidarität geprägt sind, sondern auch von Ambivalenzen, wurde die Theorie der *intergenerationalen*

Ambivalenzen dargestellt. Die Theorie der *intergenerationalen Solidarität* wurde kritisiert, weil sie mit ihren sechs Dimensionen als schwierig zu erfassen gilt. Aus diesem Grund reduzierte Szydlik diese Theorie auf drei Dimensionen und beschrieb vier Faktoren- oder Determinantengruppen (Theorie der Generationensolidarität).

Im letzten Kapitel wurden ausgewählte theoretische Ansätze zur Generationenbeschreibung in Migrantenfamilien dargestellt. Insbesondere wurde der *Modernisierungsansatz* sowie der *individualistisch-handlungstheoretische Ansatz* aufgezeigt.

Dem Autor war es wichtig, theoretische Aspekte sowie Modelle, welche bei der Beschreibung der Elternbeziehung der zweiten türkischen Migrantengeneration behilflich sein können, darzustellen. In dieser Dissertation wird insbesondere das Modell der Generationensolidarität von Szydlik berücksichtigt. So wurde es unter anderem bei der Darstellung des Forschungsstandes, bei der Konstruktion des Leitfadens und des Fragebogens sowie beim Ergebnisvergleich mit anderen Studien (Diskussionen) berücksichtigt.

3 Stand der Forschung

3.1 Literaturrecherche

Um den aktuellen Stand der Forschung darzustellen, wurde eine Literaturrecherche im deutsch-, englisch- sowie türkischsprachigen Raum durchgeführt.

Zunächst wurden die Begriffe *Migranten, zweite türkische Generation* und *Generationenbeziehungen* in die Google-Suchmaschine eingegeben, um dann im Internet weitere relevante Begriffe zu erhalten, die eine umfassendere Suche ermöglichten. Abschließend wurden diverse Begriffe identifiziert und für die Recherchen verwendet. Die Online-Recherchen erfolgten in zahlreichen Datenbanken und Suchmaschinen.

Bei der Literatursuche fanden hauptsächlich Quellen Beachtung, die in den Jahren zwischen 1990 und 2014 veröffentlicht wurden, da die meisten türkischstämmigen Migranten in der zweiten Generation vor diesem Zeitraum nicht das mittlere Alter erreicht hatten.

3.2 Ergebnisse und Forschungsstand

Die Migrations- und Familienforschung untersuchte hauptsächlich in der Vergangenheit Generationenbeziehungen in Migrantenfamilien zwischen Eltern und deren noch nicht erwachsenen Kindern (Nauck 1988; Zentrum für Türkeistudien 1992; Nauck 2000; Nohl 2001). Die Beziehungen zwischen älteren Migranten und deren Kindern im mittleren Alter konnten vor allem aus demografischen Gründen erst später untersucht werden (Baykara-Krumme 2007, S. 8; Schimany et al. 2012, S. 266 f.). Die quantitativen Studien bezogen sich zunächst auf die Daten des *Sozio-Ökonomischen Panels* und *Alterssurveys*. Anschließend kamen die Datenquellen des *Generations and Gendersurveys,* des *Beziehungs- und Familienpanels (pairfam)* und die *LineUp-Studie* hinzu (Hank 2015, S. 476).

Es werden exemplarisch einige Ergebnisse aus qualitativen und quantitativen Studien dargestellt, die wichtig erscheinen, um einen Überblick über das Thema zu geben. Die Darstellung der Ergebnisse erfolgt aus Gründen der Übersichtlichkeit nach den Hauptdimensionen des Modells der *Generationensolidarität* nach Szydlik, da dieses Modell in dieser Studie Anwendung findet. Die

Faktorengruppen oder Determinantengruppen werden bei den Ergebnispräsentationen in den Hauptdimensionen teilweise berücksichtigt. Eine Darstellung der Ergebnisse strikt nach dem oben genannten Modell ist nicht sinnvoll, da die Hauptdimensionen und die Faktorengruppen voneinander abhängen und nicht isoliert betrachtet werden können.

3.2.1 Assoziative Solidarität

Rund 50 Prozent der (türkischen) Migranten, im Gegensatz zu Einheimischen mit etwa 15 Prozent, stimmten in einer Untersuchung von de Valk und Schans in den Niederlanden der Aussage voll und ganz zu, dass Kinder ihre Eltern einmal in der Woche besuchen sollten, wenn sie in ihrer Nähe wohnen (de Valk, Schans 2008, S. 58).

Diese Einstellung zeigt sich auch in Deutschland (Hubert et al. 2009, S. 53). Türkische Migranten haben mit ihren Kindern, die nicht im gleichen Haushalt wohnen, gegenüber deutschen Familien, einen stärkeren täglichen Kontakt. 30,9 Prozent der Migranten geben an, dass sie täglich mit ihren Eltern in Kontakt sind, bei Einheimischen liegt dieser Prozentwert bei 24,5 Prozent. Wenn jedoch die wöchentlichen Kontakte berücksichtigt werden, so ist der Unterschied zu Einheimischen marginal (Baykara-Krumme 2007, S. 30). Gegenüber den Familien in der Türkei, welche nicht migriert sind, sowie gegenüber den transnationalen Familien ist die Kontaktdichte bei Migrantenfamilien leicht stärker. Von einer Skala *1 = nie* bis *7 = täglich* erreichten die Migrantenfamilien einen Mittelwert von 6,0 (SD = 1,1). Bei den Familien in der Türkei ist der Mittelwert 5,8 (SD = 1,2) und bei transnationalen Familien 5,4 (SD = 1,1) (Baykara-Krumme 2013a, S. 18 f.). In diesen Untersuchungen wurde nicht nur nach persönlichem Kontakt, sondern auch nach anderen Kontaktformen wie Telefon- oder Briefkontakt gefragt. Zwar können grundsätzlich große Wohnentfernungen zur Verschlechterung der Beziehungen führen; Studien haben jedoch gezeigt, dass die Zusammengehörigkeit der Migrantenfamilien trotzdem relativ hoch ist (Nauck, Kohlmann 1998, S. 215 f.; Baykara-Krumme 2007, S. 30 ff.).

In den Migrantenfamilien sind Drei- oder Mehrgenerationenhaushalte kaum feststellbar (Matthäi 2005, S. 151; Baykara-Krumme, Hoff 2006, S. 484; Babka von Gostomski 2010, S. 177 ff.), obwohl diese Annahme die Diskussion lange dominierte. Jedoch ist die Koresidenz mit erwachsenen Kindern (Zweigenerationenhaushalt) in Migrantenfamilien signifikant höher als bei einheimischen Familien in der ersten Lebenshälfte und nimmt aber in der zweiten Hälfte ab (Baykara-Krumme 2007, S. 24 ff.; 2008b, S. 194 ff.). So gaben 40,4 Prozent der Migranten und nur 25,8 Prozent der Einheimischen an, dass sie mit einem erwachsenem Kind zusammenwohnen (Baykara-Krumme 2007, S. 24 ff.). Vergleichsweise viele türkische Migranten sind der Meinung, dass sie bis zu ihrer Heirat bei ihren Eltern leben sollten (Babka von Gostomski 2010, S. 207). Auch in den späteren Lebensphasen ziehen sie eine räumliche Nähe zu ihren Eltern vor. Besonders von Töchtern wird erwartet, dass sie in der Nähe der Eltern wohnen, etwa um mögliche Unterstützungsleistungen zu erhalten. Hohe Bildung und Ressourcen sowie hohe Kinderzahlen beeinflussen die Koresidenz negativ (BMFSFJ 2000, S. 99, Baykara-Krumme 2007, S. 25; de Valk, Schans 2008, S. 57 ff.). Die meisten erwachsenen Kinder, die bei ihren Eltern leben, sind Söhne (Baykara-Krumme 2007, S. 25 ff.).

In einigen wenigen Untersuchen gaben ältere Migranten an, dass sie nicht mit ihren Kindern im Alter zusammenwohnen wollen, weil sie die Kontakthäufigkeit und -dauer selbst bestimmen möchten. Die meisten älteren Migranten dagegen, vor allem verwitwete Migranten, möchten zusammen mit oder in der Nähe der erwachsenen Kinder wohnen (Paß 2006, S. 254 ff.; Matthäi 2009, S. 163 f.). Im Vergleich zu den deutschen Familien leben Migrantenfamilien tendenziell in schlechteren Wohnverhältnissen, beispielsweise in beengten Wohnungen oder in Sozialbaugroßsiedlungen mit sozialbenachteiligten deutschen Familien (Geißler 2008, S. 19; Babka von Gostomski 2010, S. 68 f.; Zeman 2012, S. 455). Des Weiteren kann das Phänomen der räumlichen Segregation bei den Migrantenfamilien (*ethnic homophily*) beobachtet werden, die viele Gründe hat. So können intraethische Netzwerke gebildet werden, welche diverse Ressourcen mit sich bringen. Jedoch ist festzuhalten, dass die Segregation bei Migrantenfamilien im Laufe der Generationen eher zurückgeht (Babka von Gostomski 2010, S. 211; Sauer 2011, S. 129 ff.).

Viele türkische Migranten haben sich in der Vergangenheit für eine Remigration entschieden. Doch viele möchten ihren Lebensabend nicht ausschließlich in der Türkei verbringen, sondern wollen vielmehr zwischen Deutschland und der Türkei pendeln (Dietzel-Papakyriakou 1999, S. 149; Krumme 2004, S. 138 f.; Baykara-Krumme 2013b, S. 25). Durch die transnationale Mobilität wollen sie die Vorteile beider Länder nutzen, die Kontakte in Deutschland und in der Türkei aufrechterhalten, das gute Gesundheitssystem in Deutschland in Anspruch nehmen, das warme Klima in der Türkei genießen etc. Einer der entscheidenden Faktoren für eine Remigration oder Translation ist der Wohnort der Kinder. Leben alle Kinder in der Türkei, so ist die Wahrscheinlichkeit der Rückkehr hoch. Des Weiteren remigrieren insbesondere ältere Migranten, die stärker religiös sind. Diese Einflüsse können als Reaktion auf die Push-Pull-Faktoren gesehen werden (Krumme 2004, S. 148 ff.; Matthäi 2009, S. 166; Baykara-Krumme 2013b, S. 25 f.). Insgesamt bleibt die Türkei für die (transnationalen) Migranten ein wichtiges Bezugsland und die Beziehungen zu den Menschen in der Türkei sind stärker als in Deutschland (Baykara-Krumme 2013b, S. 26). Dies hat jedoch unter Umständen auch zufolge, dass die Opportunitätsstrukturen für Unterstützung und die assoziative Solidarität in Deutschland geschwächt werden können.

Die familiale und Bedürfnisstruktur kann nicht nur die funktionale sowie affektive Solidarität, sondern auch die assoziative Solidarität beeinflussen. Migranten in Deutschland haben eine hohe Heiratsrate und sind seltener geschieden (Hullen 2007, S. 57; info research group 2012, S. 16). Die Wahl der Partner in der zweiten Generation fand und findet meist in der eigenen Herkunftskultur statt. Die Ehepartner wurden oft aus der Türkei im Rahmen der Familienzusammenführung nachgeholt (Kettenmigration). Dagegen sind interethnische Ehen vergleichsweise selten (Nauck 2002, S. 14 ff.; 2007, S. 25; Schmid, Kohls 2011, S. 146 f.). Frauen mit Migrationsgeschichte heiraten und bekommen auch früher Kinder als Frauen ohne Migrationsgeschichte. Die Fertilitätsquote der ersten türkischen Migrantinnengeneration war im Durchschnitt deutlich höher als bei Nicht-Migrantinnen, wobei sie in der zweiten Generation gesunken ist und sich der deutschen Fertilitätsquote anpasst hat. Im direkten Vergleich liegt sie dennoch höher. Dies ist auch in der Türkei beobachtbar (Schmid, Kohls 2011, S. 142 ff.; Tufan 2013, S. 357, 362; BMFSFJ 2016, S. 18). Die Scheidungsrate der zweiten Generation gegenüber ihren Eltern ist hoch und es findet auch hier eine relative Angleichung zur Mehrheitsbevölkerung statt (Hullen 2007, S. 57).

3.3.2 Affektive Solidarität

Zwar sind die (türkischen) Migrantenfamilien sehr heterogen (Matthäi 2005, S. 57 ff.; Atalay 2011, S. 58 ff.; Baykara-Krumme 2015, S. 713), doch sind sie insgesamt durch eine starke Familienorientierung im gesamten Lebenslauf gekennzeichnet (Wettich 2007, S. 26; Baykara-Krumme 2008a, S. 285, 293; Hanhörster 2014, S. 181 ff.). Dies ist auch in anderen Zielländern zu beobachten, wie beispielsweise in den Niederlanden (Merz et al. 2009, S. 291 ff.).

Die Beziehung zwischen Eltern und ihren erwachsenen Kindern kann als eng miteinander verbunden beschrieben werden (Baykara-Krumme 2007, S. 31 ff.; Kocaman 2010, S. 131). Jedoch sind die Unterschiede zu einheimischen Familien und anderen Migrantengruppen nicht sehr groß. Die emotionale Nähe wird von Migranten nur etwas häufiger genannt. In einer fünfstufigen Skala *1 = Gar nicht eng* bis *5 = Sehr eng* hatte die türkische Migrantengruppe einen Mittelwert von 4,3, die Gruppe der Aussiedler und Einheimischen jeweils den Mittelwert 4,1 (Baykara-Krumme et al. 2011a, S. 268 f.). Eltern beschreiben ihre Beziehung meist positiver als ihre Kinder (*Intergenerational Stake*). Familien, die stärker religiös sind und hohe familiale kulturelle Werte haben, empfinden höhere Verbundenheit und geben weniger Konflikte an (Baykara-Krumme et al. 2011b, S. 48).

In der Vergangenheit wurde oft davon ausgegangen, dass die familialen Beziehungen gegenüber einheimischen Familien stärker sind; sie wurden somit überschätzt (Baykara-Krumme 2007, S. 46). Als Begründung wurde beispielsweise aufgeführt, dass die Türkei eine agrarisch-segmentäre Gesellschaftsform aufweist und somit eine hohe kollektivistisch-interdependente Werteorientierung mit einem patrilineal-dependenzverwandschaftlichen Familienverständnis vorherrscht (Kağıtçıbaşı 1996, S. 78 ff.).

Weiterhin wurde das Thema Konflikte zwischen Migrantengenerationen in einigen älteren Studien als bedeutsames Phänomen dargestellt (Hämmig 2000; Rabold, Diehl 2003). Hier wurde beispielsweise der *intergenerational dissonante Akkulturationsprozess* als Begründung aufgeführt (Portes, Rumbaut 2001, S. 53). Aktuelle Studien dagegen belegen, dass die Konflikthäufigkeit mit denen der Mehrheitsgesellschaft korrespondiert und die Beziehung keinesfalls unter stärkeren Konfliktbelastungen leidet (Baykara-Krumme 2007, S. 42 ff.; Yıldız 2010, S. 465 ff.). So wurden im Beziehungs- und Familienpanel (*pairfam*) zwei Fragen zu Konflikten mit den Eltern gestellt: *Wie oft sind Sie und Ihre leibliche Mutter [Vater] unterschiedlicher Meinung und streiten sich/[...] ärgerlich oder wütend aufeinander?* Die Ergebnisse wurden zusammengefasst und gruppenspezifisch (Türken, Aussiedler, Einheimische) untersucht. Türkische Migranten zeigten einen Mittelwert von 2,0, die Aussiedler 2,1 und Einheimische 2,3 (Bay-kara-Krumme et al. 2011a, S. 266 ff.). Somit ähneln sich die Migrantenfamilien weitgehend den Einheimischenfamilien im Hinblick auf die Konflikthäufigkeit mit den Eltern.

Größere Wohnentfernungen zwischen den Generationen und die Partner-schaften der Kinder beeinflussen die emotionale Nähe tendenziell negativ zu den Eltern (Baykara-Krumme 2007, S. 33). Allerdings ist auch bei transnationa-len Familien eine hohe emotionale Nähe feststellbar (Baykara-Krumme 2007, S. 32). Frauen dagegen pflegen eine emotionalere Beziehung zu ihren Eltern als Männer. Am stärksten fühlen sich Mütter und Töchter miteinander ver-bunden; diese enge Beziehung wird auch nach der Heirat fortgeführt (Nauck 2000, S. 369; Baykara-Krumme 2007, S. 35). Generell haben *Migrantenmütter* eine engere freundschaftliche Beziehung zu ihren Kindern als deutsche Mütter. Jedoch ist dies nicht nur harmonisch, sondern auch ambivalent. Die Beziehung zu ihren Vätern ist dagegen bei türkischstämmigen Migrantenkindern weniger eng und freundschaftlich (Baykara-Krumme 2010a, S. 15 f.; Baykara-Krumme et al. 2011a, S. 276).

Die Erziehung der Kinder kann die Eltern-Kind-Beziehung nicht nur im Kindes- und Jugendalter beeinflussen, sondern auch im späteren Erwachsenen-alter (Höpflinger 1999, S. 8 f.). Somit wird kurz auf die Erziehung(-sziele) der türkischstämmigen Migranten eingegangen. Als ein wichtiges Ziel gilt, dass die Kinder hohen Respekt und Gehorsam gegenüber ihren Eltern und insbesondere gegenüber ihren Vätern zeigen (Kağıtcıbaşı 1996, S. 102). In diesem Zusam-menhang wurde auch die Eltern-Kind-Beziehung stark von Autorität, Kon-trolle, Rigidität, Respekt und hoher Leistungserwartung geprägt (Nauck 1994, S. 47 ff.; Kağıtcıbaşı 1996, S. 102; Toprak 2008, S. 72 f.; Tufan 2009, S. 9). Zudem spielen auch Erziehungsziele wie Religion, Loyalität, Solidarität und Reziprozi-tät eine besondere Rolle (Diehl, Koenig 2009, S. 312; Uslucan 2011a, S. 141). Dieser spezifische, sich an der Herkunftskultur orientierende Erziehungsstil hatte beispielsweise den Sinn, in der Fremde den kollektivistischen Familien-verband zu stärken und die Kinder vor Assimilation oder Delinquenz zu schüt-zen. Diesbezüglich wurde auch teilweise mit einer übersteigerten (religiösen) Werteerziehung reagiert. Im Gegenzug erhielten die Kinder von ihren Eltern Fürsorge, Schutz und Hilfe, welche in der Eltern-Kind-Beziehung als span-nungsreduzierend wirkten (Nauck 1994, S. 47 ff.; BMFSFJ 2000, S. 108; Uslucan

2011b, S. 252). Zudem wurden die Töchter und Söhne mit unterschiedlichen Erziehungszielen und normativen Erwartungshaltungen konfrontiert (BMFSFJ 2000, S. 108; Nauck 2002, S. 10; Toprak 2016, S. 32). Beispielsweise wurden die Töchter in Bezug auf soziale Kontakte zum Teil behüteter erzogen als Söhne oder es wurden bestimmte genderspezifische Werte vermittelt (Auernheimer 1988, S. 171; Özkara 1988, S. 51; Edthofer, Obermann 2007, S. 467; Toprak 2008, S. 72 f.). Dennoch waren die Erziehungsstile und -ziele der Migranten vielfältig und änderten sich mit der Zeit und mit den Rahmenbedingungen (Nauck, Özel 1986, S. 304). So kam es bei der ersten Generation zu einem Wertewandel bei starken Konflikten, um die Beziehung mit den Kindern nicht abzubrechen (Spohn 2002, S. 440). Daher kann die Erziehung der türkischstämmigen Migranten nicht als ein grundsätzlich starrer, patriarchalischer Stil betrachtet werden, wie es oft in der Vergangenheit in der Literatur dargestellt wurde (Boos-Nünning, Karakaşoğlu 2006, S. 97 ff.; Toprak 2008, S. 72).

3.2.3 Funktionale Solidarität

Die gegenseitigen Unterstützungsleistungen in den türkischstämmigen Migrantenfamilien, wie auch in den deutschen, sind sehr stark ausgeprägt und sind reziprok. Dabei geben die Eltern ihren Kindern gleich viel oder sogar mehr Unterstützung als sie erhalten (Baykara-Krumme 2007, S. 46; Matthäi 2009, S. 161). Die Generationenbeziehung der türkischstämmigen Migranten ist nicht nur emotional stärker, sondern auch von ökonomisch-utiliaristischen Erwartungen geprägt (Nauck 2000, S. 364). Die Eltern erwarten Hilfe von ihren Kindern, beispielsweise im Haushalt, in finanzieller Art oder in Form von Unterstützung im Alter. Diese *Erwartungshaltung* der Eltern wird von ihren Kindern antizipiert und beeinflusst die Beziehung konstitutiv (BMFSFJ 2000, S. XVIII; Matthäi 2005, S. 60). Die familialen Unterstützungsnetzwerke der Migranten sind breiter anzusehen und dürfen nicht nur auf die Kernfamilien und auf die örtlichen Haushaltsstrukturen reduziert werden. Beispielsweise unterstützen sich Familienmitglieder emotional oder materiell auch bei einer örtlichen Trennung (*functionally extended family*) (Duben 1982, S. 94; Zeman 2005, S. 51).

Finanzielle Unterstützungsleistungen in den deutschen Familien sind stark abwärtsgerichtet, das heißt, dass Eltern ihre Kinder finanziell häufiger unterstützen als umgekehrt. In den Migrantenfamilien sind die abwärtsgerichteten

Transfers dagegen geringer (Baykara-Krumme, Hoff 2006, S. 498). 15,7 Prozent der Befragten, die zwischen 40 und 85 Jahre alt sind, gaben an, dass sie ihre Eltern finanziell unterstützt haben und nur 3,1 Prozent stimmten zu, dass sie finanzielle Unterstützung von ihren Eltern bekamen (Baykara-Krumme 2007, S. 35 ff.). Die Kinder in den transnationalen Familien erhalten noch weniger Unterstützung von ihren Eltern als Migrantenfamilien. So weisen Migrantenfamilien in dem LineUp-Survey 2011 einen Mittelwert von 2,1 (SD = 1,4) und die transnationalen Familien 1,5 (SD = 0,8) auf, wobei eine Antwortskala von *1 = nie* bis *5 = nahezu täglich* verwendet wurde (ebd. 2013, S. 18). Insgesamt sind die Transferleistungen gering, wobei keine wirklich verlässlichen Daten vorliegen (Okken et al. 2008, S. 405). Viele in der ersten Generation gehören zu der *Nettozahlergeneration,* das heißt, sie unterstützen ihre Kinder und ihre Eltern, erhalten aber seltener finanzielle Unterstützung (Baykara-Krumme 2007, S. 37). Zu erwähnen ist auch, dass die Töchter im Vergleich zu den Söhnen seltener ihre Eltern finanziell unterstützen (Baykara-Krumme 2013a, S. 22). Die finanzielle Lage der Migrantenfamilien ist im Vergleich zu deutschen Familien schlechter einzustufen. Das Pro-Kopf-Einkommen der Migrantenfamilien ist geringer, insbesondere in den türkischstämmigen Familien, sodass das Armutsrisiko in dieser Gruppe signifikant höher ist (Özcan, Seifert 2006, S. 13 f.; Sauer 2011, S. 74 ff.; Brückner 2016, S. 229 ff.). Ältere Migranten haben im Durchschnitt eine geringere Rente, da sie meist einfache Tätigkeiten ausgeübt haben und sehr häufig aus gesundheitlichen Gründen früher die Rente in Anspruch nehmen mussten (Seeberger 2003, S. 236; Matthäi 2005, S. 43; Lüneburg 2006, S. 51). Verwitwete oder geschiedene Migrantinnen aus der ersten Generation, die nicht oder nur kurz gearbeitet haben, leben häufiger unter stark finanziell-prekären Bedingungen und sind unter Umständen von der Unterstützungsleistung der eigenen Kinder und des Staates abhängig. Letzteres wird teilweise aus diversen Barrieregründen vermieden, wie Scham, Unwissenheit oder Angst (Matthäi 2005, S. 44 f., 215). Ein wichtiger Aspekt in diesem Zusammenhang ist, dass viele in der ersten Generation gering qualifiziert sind und die deutsche Sprache nur ungenügend beherrschen (Özcan, Seifert 2006, S. 9 ff.; Halm, Sauer 2009, S. 45; info research group 2012, S. 44). Besonders Frauen in der ersten Generation können davon betroffen sein (Menning, Hoffmann 2009, S. 24 ff.; Freie und Hansestadt Hamburg 2012, S. 12; info research group 2012, S. 43). Zudem haben viele der ersten türkischstämmigen Ausländergeneration in der

Türkei investiert, beispielsweise in Immobilien, statt in Deutschland, da sie sich an einer möglichen Rückkehr in ihr Heimatland orientiert hatten (BMFSFJ 2000, S. 159; Matthäi 2005, S. 46). Während 66,1 Prozent der Einheimischen, welche über 50 Jahre alt sind, als Eigentümer in ihrer Wohnung oder in ihrem Haus wohnen, sind es bei den Arbeitsmigranten nur 29,2 Prozent (Hoffmann, Gordo Romeu 2016, S. 71).

Zwar ist die zweite Migrantengeneration gegenüber der ersten schulisch und beruflich durchschnittlich höher qualifiziert und weist ein höheres Einkommen auf, jedoch fallen die Migranten im Vergleich zu der Mehrheitsbevölkerung zurück (Özcan 2004, S. 12 f.; Sürig, Wilmes 2011, S. 31 ff.; Statistisches Bundesamt 2015, S. 32; BMFSFJ 2016, S. 25 f.). Auch der Anteil des Wohneigentums in Deutschland steigt stetig an, jedoch fällt auch hier die Quote der Migranten gegenüber der Majoritätsbevölkerung niedriger aus (Sauer 2011, S. 79 ff.; BMFSFJ 2016, S. 34). Es ist auch zu erwähnen, dass die türkischstämmigen Frauen seltener erwerbstätig sind (Özcan 2004, S. 10 f.; BMFSFJ 2016, S. 38; 2017, S. 24 f.). Auswertungen des Mikrozensus zeigen, dass lediglich 41 Prozent der türkischstämmigen Mütter erwerbstätig sind, während Frauen ohne Migrationshintergrund mit 73 Prozent einer Tätigkeit nachgehen (BMFSFJ 2016, S. 38 f.).

Es gibt keine verlässlichen Daten zur (instrumentellen) Unterstützung zwischen den Generationen (Zeman 2005, S. 60 ff.; Baykara-Krumme et al. 2011a, S. 278; Zimmermann 2012, S. 329). Allerdings gibt es Hinweise, dass in Migrantenfamilien ein höherer Austausch an Unterstützung vorhanden ist als in deutschen und anderen europäischen Familien (Baykara-Krumme 2008, S. 249; 2012, S. 23; Bordone, de Valk 2016, S. 267). Die Unterstützung im Haushalt zwischen den Generationen ist weitgehend ausbalanciert, jedoch ist die Unterstützungsleistung in türkischstämmigen Migrantenfamilien in Deutschland höher als bei den Familien, die in der Türkei leben (Baykara-Krumme 2007, S. 35 f.; 2013, S. 21 ff.). Während türkische Eltern von ihren Söhnen eher finanzielle Unterstützung erwarten, leisten Töchter mehr häusliche Unterstützung (Nauck 2000, S. 368 f.; Hubert et al. 2009, S. 53 f.). Neben den gegenseitigen gelegentlichen oder regelmäßigen Unterstützungen in den Haushalten bieten Eltern auch Unterstützung in der Kinderbetreuung (Matthäi 2009, S. 161; BMFSFJ 2010, S. 11). Da die erste türkische Generation zum Teil nur geringe deutsche Sprachkompetenzen besitzt, benötigt sie Übersetzungsunterstützungen von ihren Kindern, beispielsweise bei Arzt- und Krankenhausbesuchen oder im Briefverkehr mit Behörden (Zeman 2005, S. 66; Özcan, Seifert 2006, S. 33 ff.). Das emotionale, finanzielle und instrumentelle Hilfepotenzial zwischen den Generationen ist vom Zusammenleben oder von der Wohnentfernung abhängig (BMFSFJ 2010, S. 11; Baykara-Krumme 2007, S. 27). Die gegenseitigen kognitiven und emotionalen Unterstützungen sind gegenüber der Mehrheitsgesellschaft gering. So suchen beispielsweise Kinder seltener ihre Eltern auf, wenn sie Trost oder Ratschläge benötigen (Baykara-Krumme, Hoff 2006, S. 493 f.; Baykara-Krumme 2007, S. 38).

Es gibt Hinweise, dass die älteren Migranten in Deutschland eine höhere Morbidität aufweisen als Nicht-Migranten. Andere Daten weisen allerdings in die entgegengesetzte Richtung (Özcan, Seifert 2006, S. 26 f.; Razum, Spallek 2012, S. 169 f.). Die Datenlage ist, wie so oft, sehr lückenhaft und verzerrt (Brause et al. 2010, S. 13; Schimany et al. 2012, S. 245). Die Gesundheit der Migranten ist nicht nur vom Herkunftsland, sondern auch vom Migrationsprozess und Zielland abhängig. So haben Faktoren wie Umwelt, Stress, Arbeits- und soziale Belastungen den Verlauf der Gesundheit der Migranten beeinflusst. Insbesondere sind mögliche migrationsspezifische Gesundheitsbelastungen wie Akkulturationsdruck oder Diskriminierungserfahrungen zu nennen (Seeberger 1998, S. 80; Spallek, Razum 2008, S. 283; Schimany et al. 2012, S. 218 ff.). Die Migranten konnten in den 1960er und 1970er Jahren als *Gastarbeiter* in andere Länder einreisen, wenn physische und psychische Krankheiten ausgeschlossen werden konnten (*Healthy-Migrant-Effect*). Diese selektierte, junge und gesunde Gruppe hat größtenteils ihre Gesundheit in der Migration verloren (Seeberger 2003, S. 246 f.). Viele der Migranten mussten körperlich schwere Arbeiten verrichten. Dazu gehören Akkord- und Schichtarbeit, Hitze-, Lärm- und chemische Belastungen. Neben den körperlichen Belastungen, die die Gesundheit der Migranten negativ beeinflusst haben, mussten sie häufig auch starke psychische Belastungen erleiden. Hohe Stressempfindung durch starke biografische Veränderungen, Akkulturationsdruck, kulturelle Ambivalenzen, die Trennung von Familie und Verwandtschaft sowie soziale Isoliertheit führten langfristig in vielen Fällen zu physischen und psychosomatischen Krankheiten wie Schlafstörungen, Müdigkeits- und Angstgefühlen (Brandenburg 2004, S. 59; Zeman 2005, S. 36; Lüneburg 2006, S. 51). Diese negativen Einflüsse in der gesamten Biografie führten nicht zuletzt häufig zu Frühverrentung und Erwerbsminderung, zumal auch gesundheitliche Vorbeugung und Rehabilitationsmaßnahmen nicht genügend in Anspruch genommen wurden oder werden konnten (Matthäi 2005, S. 216 f.; Olbermann 2013, S. 370 f.). Es wird erwartet, dass die alleinstehenden Migrantinnen in naher Zukunft deutlich zunehmen werden, da sie genauso wie die deutschen Frauen eine höhere Lebenserwartung haben als ihre Ehemänner und oft jünger als ihr Partner sind (Robert Koch-Institut 2008, S. 99).

Der relative Anteil der Migranten, die über 65 Jahre alt sind, wächst. Es wird erwartet, dass die Pflegebedürftigkeit der älteren Migranten kontinuierlich steigen wird (Zeman 2005, S. 37; Schimany et al. 2012, S. 208 ff.). Weiterhin wird erwartet, dass die Zahl der pflegebedürftigen Migranten sich im Jahr 2030 verdoppelt hat und auf rund eine halbe Million angestiegen sein wird (Marquardt et al. 2016, S. 28). Migranten erfahren zusätzliche Barrieren in der häuslichen Pflege gegenüber den Nicht-Migranten. Da viele ältere Migranten die deutsche Sprache nicht ausreichend beherrschen, haben sie Schwierigkeiten bei der Begutachtung der Pflegestufe oder bei der Informationsbeschaffung von pflegerischen Leistungen. Hinzu kommen kulturelle Barrieren, wie Schamgefühle oder Unterschiede bei der Beschreibung von Erkrankungen oder Leiden. Eine weitere pflegerische Barriere ist die familiale. Viele Migranten erwarten, dass Familienangehörige sie pflegen, insbesondere Frauen oder Töchter. Diese Erwartung kann nicht immer erfüllt werden, da beispielsweise immer mehr Migrantinnen berufstätig sind. Weitere erschwerende Faktoren können eine große räumliche Distanz oder beengte Wohnverhältnisse für Pflege sein. Insgesamt jedoch ist die Bereitschaft zur Übernahme von Pflege der Eltern hoch, die zum Teil aus der religiösen und kulturellen Perspektive begründet werden kann. Über das tatsächliche Pflegeverhalten gibt es jedoch keine verlässlichen statistischen Daten (Kohls 2012, S. 35 ff.; Zimmermann 2012, S. 319 ff.; Carnein, Baykara-Krumme 2013, S. 38 ff.). So stimmten beispielsweise türkische Migranten in der ersten Generation stärker der Aussage zu, *Kinder sollten ihr Arbeitsleben umorganisieren, um den Bedürfnissen ihrer Eltern nachkommen zu können* (ca. 60 Prozent) als die zweite Generation (ca. 50 Prozent) und der Einheimischen (ca. 20 Prozent) (Carnein, Baykara-Krumme 2013, S. 38). Alters- und Pflegeheime stoßen meist auf Ablehnung bei Migranten, wobei dies auch bei Nicht-Migranten der Fall ist. Viele der Migranten entscheiden sich für Geld- statt für Pflegeleistung (Ulusoy, Gräßel 2010, S. 332). Die Zustimmung für eine Versorgung im Alters- und Pflegeheim steigt aber, insbesondere wenn kultur-religiöse und sprachliche Bedürfnisse berücksichtigt werden. Dies können derzeit nur wenige Alters- und Pflegeheime erfüllen (Ulusoy, Gräßel 2010, S. 333; Zimmermann 2012, S. 331). Es wird davon ausgegangen, dass die Pflegebereitschaft der Familienangehörigen in der Zukunft geringer ausfallen wird. Umso wichtiger wird es werden, für Migranten bedarfsgerechte Pflegeheime oder andere staatliche Unterstützungsangebote bereitzustellen (Matthäi 2005, S. 166 ff.; Carnein, Baykara- Krumme 2013, S. 48; Olbermann 2013, S. 374).

In diesem Kapitel wurde der Forschungsstand dargestellt, um einen Überblick zu geben. Im Folgenden wird der Forschungsstand in Bezug auf die oben genannte Fragestellung reflektiert sowie der Forschungsbedarf aufgezeigt.

3.3 Bewertungen

Das Thema Generationssolidarität und -verantwortung im Alter von Migranten wurde bisher nicht ausreichend untersucht. Es gibt anerkennenswerte gute Studien zu diesem Forschungsthema, dennoch sind weitere Studien notwendig. In vielen älteren Studien war aus demografischen Gründen die zweite Migrantengeneration zu dem Zeitpunkt der Untersuchung noch nicht erwachsen oder sie waren im jungen Erwachsenenalter (Baykara-Krumme 2007, S. 37). So wurden diesbezüglich verstärkt andere Themen bearbeitet wie Erziehung, Ausbildung, Akkulturation oder Integration. Zudem war in einigen Studien die erste Generation teilweise selbst im mittleren und nicht im späteren Alter, sodass die Unterstützung der Kinder noch nicht relevant war (Zentrum für Türkeistudien 1992).

Viele Untersuchungen in der Vergangenheit waren defizitorientiert und haben die Familie als Ressourcen- und Unterstützungsfaktor kaum wahrgenommen (Zeman 2005, S. 62 ff.). Auch die starke Betonung der Konflikte in den Migrantenfamilien zeigen diese Defizitorientierung der Studien in der Vergangenheit (Dietzel-Papakyriakou 1993, S. 51; Yıldız 2010, S. 86 ff.; Atabay 2011, S. 23 ff.). Studien dagegen, die intergenerationale Konflikte in der Häufigkeit und thematische Hintergründe beleuchten, sind unzureichend (Baykara-Krumme 2007, S. 46; 2015, S. 725). Die Generationsbeziehungen der Migranten wurden meist in Zusammenhang mit der Lebenssituation beleuchtet, wobei das Thema nur als Teilaspekt kurz berührt wurde (Hamburger, Hummrich 2007,

S. 122; Schimany et al. 2012, S. 267). Des Weiteren fehlen Studien, die sich ausreichend mit instrumenteller Hilfe zwischen den Migrantengenerationen beschäftigten (Baykara-Krumme 2007, S. 46).

Zudem wurden in einigen Untersuchungen die Befragungen nur in deutscher Sprache durchgeführt, sodass die Qualität der gewonnenen Daten kritisch beurteilt werden muss, da die Migranten vor allem in der ersten Generation die deutsche Sprache nicht ausreichend beherrschen (Baykara-Krumme et al. 2011a, S. 278). Einige Studien beschränken sich auf bestimmte Migrantengruppen und so wurden türkische Migranten in diesen nicht berücksichtigt oder es wurden nur genderspezifische Studien durchgeführt (Spohn 2002; Matthäi 2005). Überdies wurden Generationsuntersuchungen zu (türkischstämmigen) Migranten recherchiert, die nicht in Deutschland durchgeführt worden sind (de Valk, Liefbroer 2007; Bordone, de Valk 2016; Attias-Donfut, Cook 2017). Aktuelle (repräsentative) Forschungen zu dieser Thematik, die quantitativ vorgegangen sind, beschränken sich meist auf wenige Items, und so fehlen die nötige Tiefe und Breite in diesem Themenfeld, um ein umfassenderes Bild zu erhalten (Carnein, Baykara-Krumme 2013). Die bisher durchgeführten qualitativen Studien sind ebenfalls nicht ausreichend (Zimmermann 2012, S. 333). Sie weisen beispielsweise geringe Fallzahlen auf, sind stark deskriptiv ausgerichtet oder konzentrieren sich auf die älteren Migranten (erste Generation). Somit berücksichtigen sie die Perspektive der Kinder teilweise oder gar nicht (Matthäi 2005; Paß 2006). Es herrscht ein Mangel an Studien, die sich sowohl quantitativ als auch qualitativ mit dem Thema Familiensolidarität und -verantwortung im Alter beschäftigten und die in diesem Zusammenhang die türkischstämmigen Migranten der zweiten Generation im mittleren Alter untersuchten. Auch Fincke (2008, S. 11 f.) merkt an, dass die zweite Migrantengeneration nicht hinreichend erforscht worden ist. Spohn appelliert an die Forscher, die selbst einen Migrationshintergrund haben, stärker *Migrantenthemen* zu bearbeiten, da sie einen besseren Zugang durch Mehrsprachigkeit und soziale Netzwerke besitzen (2002, S. 445).

Ansätze für das geplante Forschungsvorgehen: Vor diesem Hintergrund widmet sich das vorliegende Forschungsprojekt dem Ziel, Erkenntnisse über die Beziehung zwischen der ersten und zweiten türkischen Migrantengeneration zu generieren. Insbesondere soll explorativ die Solidarität und Verantwortung der zweiten Generation zu ihren Eltern dargestellt und sie in diesem Zusammenhang charakterisiert und beschrieben werden. Um die vorliegende Forschungs-lücke zu schließen, wird erstmals eine qualitative mit einer quantitativen Studie verbunden.

4 Methodologische Aspekte

4.1 Vorbemerkung

In diesem Kapitel werden die methodologischen Aspekte dargestellt. Zunächst wird das qualitative und quantitative Forschungsverständnis charakterisiert und mögliche Triangulationsformen erläutert. Anschließend wird die heuristische Methodologie beschrieben sowie einige Erhebungs- und Auswertungsmethoden in der qualitativen und quantitativen Sozialforschung dargelegt, welche in diesem Forschungsprojekt Anwendung finden.

Da die vorliegende Dissertation aus einem qualitativen und quantitativen Forschungsschritt besteht, möchte der Autor beide Methodenstränge vergleichend und differenziert erläutern. Dabei ist es ihm ein besonderes Anliegen, die beiden Stränge nicht als *Konkurrenten* oder *Gegensätze* darzustellen, sondern als eine Möglichkeit der *Ergänzung* und *Verknüpfung,* um Forschungsergebnisse objektiver, multiperspektivischer und ganzheitlicher zu generieren. Aus diesen Gründen beinhaltet dieses Kapitel ausführliche Erläuterungen.

4.2 Qualitative und quantitative Forschung in der Sozialforschung

Auf eine umfassende sowie historische Darlegung und Unterscheidung der qualitativen und quantitativen Forschung wird hier verzichtet, da dies zum einen in der Grundlagenliteratur ausreichend thematisiert worden ist; zum anderen stellt dies für diese Dissertation in der ausführlichen Prägung keinen wichtigen Aspekt dar. Jedoch wird ein kurzer Überblick zwischen den beiden Forschungsrichtungen gegeben, um den Aufbau und die Auswahl der Methoden näher vorzustellen.

In der Vergangenheit, spätestens seit 1920, entstanden zwei Forschungsparadigmen: die qualitative sowie die quantitative Forschung. Anhänger beider Forschungsrichtungen kritisierten sich gegenseitig und grenzten sich teilweise vehement voneinander ab. So gaben sie beispielsweise getrennt voneinander eigene Zeitschriften oder Bücher heraus (Kelle 2007, S. 15ff.; Hug, Poscheschnik 2010, S. 86). Die Kritik an der qualitativen Forschung lautete unter anderem, dass sie beliebig, nicht objektiv oder repräsentativ sei (Kelle 2007, S. 26 ff.). Dagegen wurde die quantitative Forschung als zu reduzierend, zu ausschnittsweise (Lamnek 2010, S. 4) oder ohne den Gegenstand vorher in seiner Qualität verstanden zu haben kritisiert (Mayring 2002, S. 9). Diese gegenseitige kritische Haltung ist inzwischen durch Weiterentwicklung der Argumente und Methoden für die jeweilige Richtung abgelegt worden, wobei teilweise immer noch, unterschwellig oder nicht, eine Distanz zwischen den beiden Lagern existiert (Atteslander 2010, S. 12 ff.; Kruse 2015, S. 51 ff.).

Das *qualitative* Forschungsverständnis ist aus vielen wissenschaftshistorischen Strängen entstanden, deren Wurzeln bis zurück zu Aristoteles führen (Mayring 2002, S. 12 ff.). Dazu zählt die hermeneutisch-rekonstruktive Haltung, die besagt, dass die Wirklichkeit subjektiv ist und von der jeweiligen Perspektive abhängt (Schirmer 2009, S. 76). Aus diesem Grund möchte qualitative Forschung die Sicht *von innen heraus* der untersuchten Person beschreiben und Zusammenhänge erklären (Flick 2012, S. 26 ff.; Misoch 2015, S. 25). Sie ist meistens explorativ angelegt und besitzt daher einen iterativen und zirkulären Ablauf. Des Weiteren wird sie oft für Hypothesengenerierung angewendet (Hug, Poscheschnik 2010, S. 86). Um die Leitgedanken der qualitativen Forschung darstellen zu können, bieten sich die fünf Postulate von Mayring an (Mayring 2002, S. 19 ff.).

Postulat 1:   „Gegenstand humanwissenschaftlicher Forschung sind immer Menschen, Subjekte. Die von der Forschungsfrage betroffenen Subjekte müssen Ausgangspunkt und Ziel der Untersuchungen sein" (Mayring 2002, S. 20). Oft wurden Methoden vordergründiger betrachtet als die Subjekte oder als die gewonnenen Ergebnisse. Zudem wurden ganze Theorien oder ihre Teile verwendet, ohne die betroffenen Subjekte dabei zu involvieren. Das erste Postulat beinhaltet drei qualitative Richtlinien: Das Subjekt sollte holistisch betrachtet und interpretiert werden. Analytische Trennungen können zwar zeitweise sinnvoll sein, jedoch sollten sie spätestens am Ende als Ganzes betrachtet werden, da sonst Verzerrungen oder Fehler entstehen können (Mayring 2002, S. 33). Des Weiteren muss bei der Betrachtung des Subjektes der Aspekt der Historizität einfließen, weil jeder humanwissenschaftliche Gegenstand immer eine Geschichte hat, die sich verändern und für die Forschung wichtig sein kann. Die Forschung soll sich ebenfalls auf die Problemstellung in der Praxis beziehen und bei der Bearbeitung ihrer Ergebnisse wiederum auch die Praxis berücksichtigen. Daher sollte keine Trennung zwischen grundlagen- und anwendungsbezogener Forschung für die Humanwissenschaften stattfinden (Mayring 2002, S. 34 f.).

Postulat 2: „Am Anfang einer Analyse muss eine genaue und umfassende Beschreibung (Deskription) des Gegenstandsbereiches stehen" (Mayring 2002, S. 21 f.). Die genaue Beschreibung des Gegenstandes wird als erste Stelle gesetzt. Dabei werden alle Datenquellen berücksichtigt. Dies kann jedoch erst realisiert werden, wenn der Forscher möglichst offen ist, auch für Einzelfälle. Seine methodischen Schritte müssen jedoch begründet und nachvollziehbar sein. Ein weiterer Vorteil der Offenheit ist, dass der Forschungsprozess anpassungsfähig bleibt und beispielsweise Ergänzungen oder Revisionen möglich sind (Mayring 2002, S. 25 ff.).

Postulat 3: „Der Untersuchungsgegenstand der Humanwissenschaften liegt nie völlig offen, er muss immer auch durch Interpretation erschlossen werden" (Mayring 2002, S. 22). Die Hermeneutik brachte hervor, dass das beobachtete *objektive Verhalten* von Individuen unterschiedlich bewertet werden kann. Das Vorverständnis des Forschers geht in die Interpretation ein, sodass eine vorurteilsfreie Forschung nicht möglich ist. Diesbezüglich muss die forschende Person zunächst ihr Vorverständnis offenlegen und im Laufe des Forschungsprozesses durch hermeneutische Zirkel ihr Vorwissen weiterentwickeln. Die Forschungsperson darf ihre eigene Wahrnehmung oder Gefühle in Bezug auf ihre Forschung reflektieren und in die Analyse mit heranziehen (Introspektion). Dies kann zur Transparenz des Forschungsprozesses führen, muss jedoch ausgewiesen und begründet sein. Die Forschung ist eine wechselseitige Interaktion, die zu gegenseitigen Veränderungen des Forschers und der zu erforschenden Person führen kann (Mayring 2002, S. 29 ff.).

Postulat 4: „Humanwissenschaftliche Gegenstände müssen immer möglichst in ihrem natürlichen, alltäglichen Umfeld untersucht werden" (Mayring 2002, S. 22). Menschen können in Laborbedingungen ihr Verhalten verändern, die Forschungsergebnisse wären verzerrt. Daher sollten sie in ihrem Alltag untersucht werden, was zur Folge hat, dass der Forscher ins Forschungsfeld gehen muss.

Postulat 5: „Die Verallgemeinerbarkeit der Ergebnisse humanwissenschaftlicher Forschung stellt sich nicht automatisch über bestimmte Verfahren her; sie muss im Einzelfall schrittweise begründet werden" (Mayring 2002, S. 23). Das Handeln der Menschen ist von vielen Faktoren abhängig. Die Ergebnisse einer repräsentativen Stichprobe ist keine Garantie für eine Verallgemeinerung. In der qualitativen Forschung ist die Verallgemeinerung von Forschungsergebnissen in einen Kontext gebunden (fallbezogen). Sie arbeitet mit geringen Fallzahlen und hat nicht die Intension der Repräsentativität wie in der quantitativen Forschung (ebd., 23 f.). Sie kann daher die Gütekriterien der quantitativen Forschung (Objektivität, Reliabilität, Validität) nicht ausreichend berücksichtigen und orientiert sich an den Kriterien des angemessenen Umgangs mit dem Subjekt, der Offenheit, Reflexivität, intersubjektiven Nachvollziehbarkeit sowie der methodischen Kontrolle (Berger 2010, S. 125 f.; Helfferich, 2011, S. 154 ff.).

Der Grundgedanke in der *quantitativen* Sozialforschung, die durch die Tradition des Positivismus, Sensualismus und Empirismus geprägt ist, besteht in der Annahme, dass die Wahrnehmung über die menschlichen Sinne entsteht (Lamnek 2010, S. 30). Daher folgt die quantitative Sozialforschung der naturwissenschaftlichen Methodologie (analytisch-nomologisches Wissenschaftsverständnis). Sie vertritt folgende Annahmen: Die Gesellschaft handelt nach bestimmten Strukturen, Ordnungen und Regeln. Dies impliziert auch, dass die Gesellschaft ein Ursache-Wirkungs-Prinzip beinhaltet. Die quantitative Forschung versucht, diese Prinzipien sowie Regeln zu entdecken und für die Welt beherrschbar zu gestalten. Des Weiteren unterscheidet die quantitative Forschung Natur und Gesellschaft nur aufgrund des jeweiligen Gegenstandes. Allerdings unterscheidet sie nicht die methodische Vorgehensweise bei der jeweiligen Gegenstandsforschung. Daher werden auch in der quantitativen Sozialforschung wie in der Naturwissenschaft zunächst Hypothesen im Kontext der wissenschaftlichen Theorien aufgestellt (Deduktion), um Vermutungen über die Wirklichkeit zu beschreiben (Häder 2015, S. 61 f.; Micheel 2015, S. 1304 f.). Es wird davon ausgegangen, dass der Forscher die Regelmäßigkeiten oder Gesetze im sozialen Leben von außen beobachten und grundsätzlich erklären kann (Lamnek 2010, S. 30). Quantitative Forschung hat das Ziel, empirische Sachverhalte mittels Zahlen und statistischen Methoden zu bearbeiten. Dabei werden die erfassten empirischen Merkmale in ihren diversen Variabilitäten in Ziffern umgewandelt und dadurch einfacher verarbeitet. Somit können komplexe Strukturen und Zusammenhänge intersubjektiv dargestellt werden (Raithel 2008, S. 7 f.). Darüber hinaus ist es möglich, gegenüber der qualitativen Forschung große Stichproben zu verarbeiten. Die quantitative Forschung hat die Intension, allgemein gültige und repräsentative Ergebnisse mittels standardisierten Erhebungsinstrumenten, die die Gütekriterien erfüllen, zu erhalten, um damit anfangs gestellte Hypothesen zu überprüfen. Der Forschungsablauf ist gegenüber der qualitativen Forschung linear und wird vorher akribisch geplant. Die häufigsten Methoden sind Befragungen, Beobachtungen oder Experimente (Riesenhuber 2009, S. 7 ff.; Berger 2010, S. 111).

Qualitative und quantitative Forschung müssen nicht als Gegensätze gesehen werden, sondern können sich gegenseitig ergänzen und so die Güte der Forschungsergebnisse erhöhen.

4.3 Triangulation

Der Begriff Triangulation kommt ursprünglich aus der Landvermessung und drückt aus, dass ein Objekt aus zwei verschiedenen Punkten gemessen wird, um es exakt zu bestimmen (Hug, Poscheschnik 2010, S. 97). Es sollen dadurch Fehler oder Verzerrungen vermieden werden (Schirmer 2009, S. 100). Ursprünglich hatte die Triangulation in der Sozialforschung das Ziel, die Ergebnisse zu validieren, was jedoch erweitert worden ist (Flick 2009, S. 225). In der Triangulation wird die Forschungsfrage durch Verwendung von unterschiedlichen

Methoden und/oder durch unterschiedliche theoretische Zugänge bearbeitet. Dabei können auch unterschiedliche Datensorten oder -sätze miteinander verglichen und sinnvoll kombiniert werden. Statt nur einer Perspektive sollte diese Multi-Perspektive dazu führen, dass nicht nur die Ergebnisse validiert werden, sondern auch ein höherer Erkenntniszuwachs entsteht (Bohnsack et al. 2006, S. 161; Flick 2009, S. 226).

Denzin unterscheidet vier mögliche Formen der Triangulation (Denzin 1978, S. 294 ff.):

1. *data triangulation:* Es werden unterschiedliche Daten verwendet und miteinander kombiniert, die aus unterschiedlicher Zeit und/oder unterschiedlichem Ort und/oder von unterschiedlichen Personen stammen.
2. *investigator triangulation:* Hierbei ist gemeint, dass mehrere Forscher Daten erheben, um die Subjektivität zu verringern.
3. *theory triangulation:* Die Daten und somit der Forschungsgegenstand wird von diversen theoretischen Gesichtspunkten analysiert. Dadurch kann der Forscher tiefgründigeres Verständnis vom Forschungsgegenstand erhalten.
4. *methodological triangulation:* Der Forschungsgegenstand wird durch Einsatz von unterschiedlichen Methoden untersucht. Die Kombination der Methoden können die Schwächen der jeweiligen Methode verringern.

Die oben genannten Formen der Triangulation können innerhalb der quantitativen wie auch innerhalb der qualitativen Forschung erfolgen (Flick 2009, S. 226 f.). Darüber hinaus können quantitative und qualitative Forschung miteinander kombiniert werden (Flick 2008, S. 79 f.). In der quantitativen Forschung wird die Kombination mit der qualitativen Forschung als *Mixed Methods* beschrieben, die auch die Auseinandersetzung des erwähnten Paradigmenstreits zwischen den beiden Lagern beenden sollte. Jedoch wird in dieser Kombination die quantitative vor die qualitative Forschung gestellt (Flick 2009, S. 228). Kuckartz kritisiert, dass *Mixed Methods* und Triangulation als gegenseitige Synonyme in einigen Literaturquellen verwendet werden und weist darauf hin, dass Triangulation nicht unbedingt die Integration der quantitativen und qualitativen Forschung bedeuten muss. Er legt dar, dass der Begriff *Mixed Methods,* auch in Bezug auf den Paradigmenstreit, eindeutiger ist (Kuckartz 2014a,

S. 48 ff.). Miles und Huberman unterscheiden vier mögliche Basisdesigns für die Integration von quantitativer und qualitativer Sozialforschung (Miles, Huberman 1994, S. 41; siehe Abbildung 3):

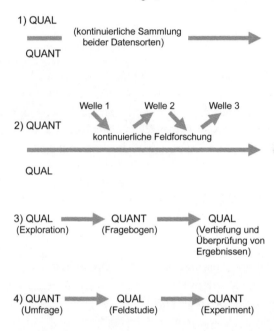

Abbildung 3: Basisdesigns für die Integration von qualitativer und quantitativer Sozialforschung (Miles, Huberman 1994, S. 41; Flick 2008, S. 80, eigene Darstellung)

In der ersten Variation werden die qualitative und die quantitative Forschung parallel durchgeführt. Im zweiten Design werden dagegen standardisierte Befragungen, die durch die qualitative Feldbeobachtung beeinflusst werden, periodisch durchgeführt. In der dritten Variation wird zunächst eine qualitative Erhebung zur Exploration angestellt, um dann eine standardisierte Fragebogenstudie anzuschließen. Die Ergebnisse der beiden Studien werden in der letzten qualitativen Phase vertieft. Im vierten Design wird zunächst eine quantitative Umfrage durchgeführt. Die Ergebnisse werden dann in einer Feldstudie vertieft und ergänzt. Dem folgt dann eine Überprüfung der vorausgegangenen Erkenntnisse in einem quantitativen Experiment (Flick 2009, S. 232 f.).

Vier andere Kombinationsmodelle der beiden Forschungsrichtungen werden in Mayring dargestellt (Mayring 2001, S. 7 ff.): Das erste Modell ist das Vorstudienmodell. Dabei wird zunächst eine qualitative Erhebung zur Exploration durchgeführt, um daraus Hypothesen zu generieren, die dann im zweiten Schritt durch eine quantitative Studie überprüft werden. Im Verallgemeinerungsmodell wird ebenfalls zunächst eine qualitative Studie durchgeführt, wobei sie hier nicht nur zur Hypothesengenerierung dient, sondern als ein gleichberechtigter Teil der quantitativen Studie betrachtet wird. Im Vertiefungsmodell geht man den umgekehrten Weg des Verallgemeinerungsmodells. Die qualitative Studie soll zum Schluss zu einer Verständnisvertiefung der Ergebnisse führen. Im letzten Modell, dem Triangulationsmodell, werden die Ergebnisse der unterschiedlichen Methoden miteinander kombiniert. Dadurch kann der Forschungsstand aus mehreren Perspektiven untersucht werden. Bryman führt diverse Vorteile an, die durch Kombination beider Forschungsrichtungen bestehen (Bryman 1992, S. 59 ff.). So können beispielsweise die Ergebnisse der qualitativen durch die der quantitativen Forschung oder umgekehrt überprüft werden. Strukturelle Betrachtungen können durch die quantitative Forschung und prozessuale Betrachtungen durch qualitative Forschung abgedeckt werden. Die Repräsentativität und Generalisierbarkeit wird durch die quantitative Forschung unterstützt, die tiefere Interpretationsmöglichkeit sowie die Sicht des Subjektes dagegen wird durch die qualitative Forschung ermöglicht (Flick 2012, S. 44 ff.). In der vorliegenden Dissertation wird die *methodological triangulation* nach Denzin oder das Verallgemeinerungsmodell nach Mayring angewendet. Dabei werden qualitative und quantitative Methoden aufeinander aufbauend und gleichwertig miteinander kombiniert.

4.4   Heuristik in der qualitativen Sozialforschung

Die Heuristik ist eine explorative und entdeckende Methodologie (van Zantwijk 2009, S. 23). „Heuristische Forschung ist der reflektierte und systematisierte Einsatz von Such- und Findeverfahren zur Gewinnung von Erkenntnis durch Empirie" (Kleining 2010, S. 66). Sie wird in den diversen Disziplinen der Human- und Sozialwissenschaften sowie in der Psychologie angewendet (Kleining, Witt 2000, S. 1). Durch sie können wissenschaftliche Kenntnisse über Erfahrungen von Personen in Bezug auf Gefühle, Beziehungen oder Werte entdeckt werden (Moustakas 1990, S. 38). Einer der wichtigsten Aufgaben der Heuristik ist, dass sie neue Denk- und Handlungsoptionen in der Forschung eröffnet. Im Alltag herrschen meist komplexe Problemstellungen, für die in der Regel keine Algorithmen zur Verfügung stehen (Bortz, Döring 2006, S. 353). Durch die heuristische Forschung, die zirkulär und dialogisch ist, wird neues Wissen generiert, aber durch sie wird das neue Wissen nicht begründet oder bewiesen (Kleining, Witt 2000, S. 4; Jelden 2008, S. 240). Die Auswahl der Forschungsmethode wird nach den Rahmenbedingungen begründet (Fritzsche 2011, S. 4). Die zu bewertenden Datensätze können aus unterschiedlichen Quellen stammen, wie zum Beispiel Texte, Beobachtungen oder Aufzeichnungen (Menne 1984, S. 100 ff.; Moustakas 1990, S. 38). Die gewonnenen Ergebnisse und Hypothesen werden meist später nach strengen Kriterien der Wissenschaftlichkeit überprüft. Sie verfügen somit über einen weiterführenden Charakter (Bortz, Döring 2006, S. 353).

Die Entdeckungschancen der wissenschaftlichen Erkenntnisse können durch die vier Grundregeln optimiert werden (Kleining, Witt 2000, S. 2 f.; Kleining 2001, S. 27 ff.):

Regel 1: Der Forscher soll eine offene Haltung gegenüber neuen Konzepten haben und er soll sein bestehendes Forschungswissen sowie sein Verständnis erweitern und verändern, wenn die Ergebnisse das bedingen.

Regel 2: Das Forschungsthema kann sich im Verlauf der Forschung ändern. Es kann sein, dass beispielsweise Teilthemen des Forschungsgegenstandes zu Hauptthemen werden. Veränderungen und Flexibilität werden in der qualitativen Heuristik positiv gesehen, da dies als ein Zugewinn betrachtet wird.

Regel 3: Die Sammlung der Daten soll multi-perspektivisch erfolgen. Methoden und Samples werden variiert, um die Einseitigkeit der Forschungsperspektive zu vermeiden.

Regel 4: Die Daten werden auf Gemeinsamkeiten analysiert. Es werden beispielsweise Ähnlichkeiten oder Analogien zwischen diversen Datensätzen betrachtet und so gelangt der Forscher vom Konkreten zum Abstrakten.

Die Heuristik hat einen besonderen Stellenwert in der Ethnografie. Durch sie kann eine Forschungsexploration in *fremden Kulturen* erleichtert oder sogar ermöglicht werden. Da der Autor die zweite türkische Migrantengeneration in Deutschland untersucht, war es ihm wichtig, in diesem Zusammenhang die Heuristik und die vier aufgezeigten Regeln darzustellen. Sie werden im Laufe des Forschungsprozesses berücksichtigt.

In den nächsten Kapiteln werden diverse Erhebungs- und Auswertungsmethoden vorgestellt, welche in dieser Forschungsstudie Anwendung finden.

4.5   Erhebung und Auswertung in der qualitativen Sozialforschung

4.5.1   Problemzentriertes Interview

Das problemzentrierte Interview wurde von Winzel entwickelt und findet durch seinen explorativen Ansatz in der qualitativen Sozialforschung oft Anwendung (Winzel 1982). Es ist ein *diskursiv-dialogisches Verfahren* (Mey 1999, S. 145), das die Interviewpartner als Experten für ihre eigenen Orientierungen und Handlungen sieht.

Folgende drei Grundprinzipien beinhaltet die Interviewart: Problemzentrierung, Gegenstandsorientierung und Prozessorientierung. Mit dem ersten Grundprinzip der Problemzentrierung wird verdeutlicht, dass die Forschungsfrage eine gesellschaftlich relevante Problemstellung darstellt. Die Gegenstandsorientierung weist dagegen darauf hin, dass die Methoden der Datenerhebung flexibel den Anforderungen des Untersuchungsgegenstandes angepasst werden müssen. Das dritte Grundprinzip legt abschließend dar, dass die Forschungsmethoden als Gesamtprozess zu verstehen sind und dass beispielsweise der Leitfaden durch neue Erkenntnisse prozesshaft verändert werden kann (Winzel 2000, S. 5 ff.; Misoch 2015, S. 72 f.).

Das problemzentrierte Interview ist eine halbstandardisierte und offene Methode, die, wie oben erwähnt, einen Leitfaden beinhaltet. Dieser dient als Orientierungsrahmen und zur Sicherung der rudimentären Vergleichbarkeit des Interviews und wird vorher mit Berücksichtigung der relevanten Themen und Aspekte formuliert (Mayring 2002, S. 67 ff.). Der Leitfaden sollte vor der eigentlichen Anwendung geprüft werden. Durch den Vortest können Schwächen oder Probleme des Leitfadens entdeckt werden, die vorab korrigiert werden müssen (Mayer 2004, S. 44). Der Vortest wird nicht in der Analyse der Daten berücksichtigt. Das problemzentrierte Interview erlaubt, dass Ad-hoc-Fragen gestellt werden können, falls der Leitfaden diese nicht berücksichtigt hat. So ist es ebenfalls möglich, Verständnis- oder Vertiefungsfragen zu stellen (Mayring 2002, S. 70; Misoch 2015, S. 74). Weiteres Teilinstrument des problemzentrierten Interviews ist der Kurzfragebogen, der meist am Anfang für das Erheben der soziodemografischen Daten verwendet wird (Flick 2012, S. 210). Darüber hinaus können die durch den Kurzfragebogen gewonnen Daten, eventuell mit einer offenen Fragestellung, als möglicher Einstieg genutzt werden. Um die Interviews präzise zu erfassen und auswerten zu können, werden die Gespräche mittels Tonbandgerät aufgenommen. Die Aufzeichnungen werden dann transkribiert und ausgewertet (Lamnek 2010, S. 335). Zusätzlich zu dem Leitfaden können nach jedem Interview Postskripte erstellt werden. Der Forscher kann so wichtige Gesprächsinhalte, Rahmenbedingungen oder Auffälligkeiten festhalten und sie für die Auswertung nutzen (Misoch 2015, S. 73).

Die Daten aus den problemzentrierten Interviews können mit Hilfe der Methode der *qualitativen Inhaltsanalyse* elaboriert werden, welche im nächsten Kapitel vorgestellt wird.

4.5.2 Qualitative Inhaltsanalyse

„Die Inhaltsanalyse dient im qualitativen Paradigma der Auswertung bereits erhobenen Materials. Sie dient der Interpretation symbolisch-kommunikativ vermittelter Interaktion in einem wissenschaftlichen Diskurs" (Lamnek 2010, S. 435). Sie ist eine klassische Vorgehensweise, um unterschiedliche Textmaterialien auszuwerten und kann in diversen Wissenschaftsdisziplinen angewandt werden (Flick 2009, S. 144; Lamnek 2010, S. 445). Dabei müssen die Informationen (zunächst) keine Textform besitzen, sie können ursprünglich in Form von Bildern, Filmen oder Tonträgern sein (Häder 2015, S. 327). Die qualitative Inhaltsanalyse erlaubt es, dass das (Interview-)Material methodisch kontrolliert und schrittweise analysiert wird. Es werden Texte systematisch, regelgeleitet und nachvollziehbar auf bestimmte Fragestellungen hin untersucht (Mayring 2002, S. 114 ff.). Da sie eine offene Methode darstellt, können kommunizierte manifeste und latente Informationen sowie Sinnstrukturen untersucht werden

(Häder 2015, S. 327 f.). Ziel ist es, aus Strukturdimensionen ein Kategoriesystem zu erstellen und den Text nach diesem Kategoriesystem zusammenzufassen. Mayring unterscheidet drei Grundformen oder Techniken, um das Material zu analysieren (Mayring 2002, S. 115):

1. Zusammenfassung
2. Explikation
3. Strukturierung

Ziel der *Zusammenfassung* ist, das Material so zu reduzieren, dass dabei wesentliche Inhalte nicht verloren gehen. Durch Abstraktion wird ein Korpus konstruiert, welcher dem Grundmaterial entspricht. Die *Explikation* dient der Materialerweiterung von fraglichen Textteilen, um das Verständnis zu erhöhen. Dabei wird zusätzliches Material verwendet. Durch die *Strukturierung* kann das Material nach bestimmten Kriterien gefiltert, ein Querschnitt darüber gelegt oder nach bestimmten Faktoren eingeschätzt werden. Um das Material zu strukturieren, werden beispielsweise Kategorien, Ankerbeispiele und Kodierregeln benötigt. Kategorien können nach Mayring induktiv sowie deduktiv gebildet werden.

In der *induktiven Kategorienentwicklung* werden die Kategorien aus dem Material direkt entwickelt. In Anlehnung an die Forschungsfrage sind Selektionskriterien und Abstraktionsniveaus vorher festzulegen, um anschließend das Material nach diesen Kriterien Schritt für Schritt zu analysieren. Die entwickelten Kategorien werden durch Rückkopplungsschleifen überarbeitet, auf Reliabilität geprüft, gegebenenfalls zusammengefasst sowie quantitativ ausgewertet (siehe Abbildung 4).

Abbildung 4: Induktive Kategorienbildung (Mayring 2000, S. 4, eigene Darstellung)

Die Auswahl der Kategorieentwicklung soll gegenstandsangemessen und nach dem Forschungscharakter gewählt werden. So wird etwa *induktive Kategoriebildung* dann gewählt, wenn wenig Vorwissen über das Forschungsthema existiert und der Forschungscharakter einen explorativen Schwerpunkt hat. Kuckartz weitete und konkretisierte das Modell von Mayring und konstituierte daraus die folgenden acht Schritte (Mayring 2002, S. 115; Kuckartz 2014b, S. 63 f.; siehe Abbildung 5):

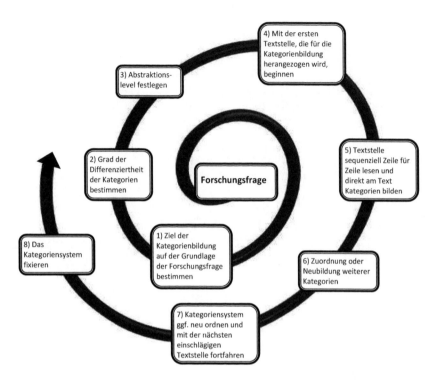

Abbildung 5: Kategorienbildung am Material (Kuckartz 2014b, S. 63 f., eigene Darstellung)

Mit der *zusammenfassenden Inhaltsanalyse* können die gesamten Transkriptionen durchgelesen und nach den Kategorien zusammengefasst werden, um die Daten zu reduzieren und die wesentlichen Informationen zu selektieren. Dabei ist das Ziel „die wesentlichen Inhalte [zu] erhalten [...] und durch Abstraktion ein überschaubares Korpus zu schaffen, das immer noch ein Abbild des Grundmaterials ist" (Mayring 2007, S. 115). Mit dieser Methode kann der Forscher den nötigen Überblick über das jeweilige Material erhalten.

In der *deduktiven Kategorienbildung* werden dagegen zunächst theoriegeleitet Auswertungsaspekte erarbeitet (*top-down*) und nicht wie in der *induktiven Kategoriebildung* direkt aus dem Material entwickelt (*bottom-up*). Somit werden am Anfang Kategorien und Subkategorien gebildet sowie Ankerbeispiele und Kodierregeln festgelegt. Anschließend wird das Material mit Hilfe der festgelegten Kategorien untersucht (Ramsenthaler 2013, S. 29). Auch bei dieser Vorgehensweise sind Rückkopplungsschleifen, Reliabilitätsprüfung, Überarbeitung der Kategorien und quantitative Analyse vorgesehen.

Im nächsten Kapitel werden der quantitative Fragebogen als eine Erhebungsmethode sowie einige Auswertungsmethoden in der quantitativen Sozialforschung vorgestellt.

4.6 Erhebung und Auswertung in der quantitativen Sozialforschung

4.6.1 Fragebogen

Die wissenschaftliche Befragung wird in der empirischen (Sozial-)Forschung häufig angewendet (Burzan 2005, S. 91; Diekmann 2013, S. 435). Sie kann grundsätzlich in den folgenden drei Formen unterschieden werden: persönliche (*face-to-face*), telefonische und schriftliche Befragung (Diekmann 2013, S. 437; Schnell et al. 2013, S. 314). Die Auswahl einer Befragungsform ist abhängig von vielen Aspekten und somit auch von deren jeweiligen Vor- und Nachteilen. Einige Auswahlaspekte beispielsweise sind Forschungsfrage, Datengenauigkeit, Flexibilität, Repräsentativität, Kosten und Bias (Bortz, Döring 2006, S. 236 f.; Kaya 2009, S. 52 ff.).

Der Fragebogen ist ein Erhebungsinstrument, das der schriftlichen Befragung zugeordnet wird. „Wenn Untersuchungsteilnehmer schriftlich vorgelegte Fragen (Fragebogen) selbständig schriftlich beantworten, spricht man von einer schriftlichen Befragung" (Bortz, Döring 2006, S. 252). Die schriftliche Befragung (Fragebögen) kann als standardisiert oder nichtstandardisiert ausgeführt werden. Bei standardisierten Fragebögen sind die Freiheitsgrade gering. Das bedeutet, dass die Fragen meist geschlossen und die Antwortmöglichkeiten vorgegeben sind. In der quantitativen Forschung werden oft standardisierte Fragebögen benutzt (Hussy et al. 2013, S. 74; Hirschle 2015, S. 86 f.).

Wie erwähnt, haben die diversen Befragungsformen ihre Vor- und Nachteile. Die schriftliche Fragebogen-Methode hat beispielsweise den Vorteil, dass die Befragungsteilnehmer über die Fragen besser nachdenken können und nicht von Interviewern beim Ausfüllen beeinflusst werden. Außerdem fallen geringere Kosten und ein geringerer Zeitaufwand für die Datenerhebung an, was insbesondere bei großen Stichproben vorteilhaft ist. Des Weiteren kann als Vorzug gesehen werden, dass die Befragungsteilnehmer *ehrlicher* antworten, weil kein Interviewer anwesend ist und die Anonymität glaubwürdiger ist. Zudem können sie motivierter sein, da sie selbst entscheiden können, wann und wo sie den Fragebogen ausfüllen. Bei standardisierten Fragebögen ist die Vergleichbarkeit höher anzusehen als beispielsweise bei Interviews (vgl. Kapitel 4.2) (Burzan 2005, S. 94 f.; Diekmann 2013, S. 514 ff.; Schnell et al. 2013, S. 350 ff.). Demgegenüber gibt es eine Reihe von Nachteilen, die hier nur exemplarisch und in Bezug auf postalische Fragebögen dargestellt werden. Wenn die Befragungsteilnehmer Verständnisprobleme haben sollten, kann ihnen kein Interviewer helfen. Es kann vorkommen, dass die Zielperson nicht selbst den Fragebogen ausfüllt, sondern diesen von einer anderen Person ausfüllen lässt. Die Bedingungen, unter denen die Befragten die Fragebögen ausfüllen (Befragungssituation), sind nicht bekannt und dies kann die Validität beeinflussen. Bei postalischen Befragungen sind die Rücklaufquoten meist sehr gering. Der Erstellungsaufwand für einen Fragebogen ist sehr aufwendig und die Befragungsdaten können verzerrt sein, wenn die Fragebogenerstellung oder -durchführung fehlerhaft war, zum Beispiel *Non-Response-Problem, Single-Informant-Bias* oder *Item-Non-Response-Problem* (Kaya 2009, S. 54 ff.; Diekmann 2013, S. 514 f.; Hussy et al. 2013, S. 75 f.; Reuband 2014, S. 647 ff.).

Diesbezüglich kommt auch der Fragebogenkonstruktion eine besondere Rolle zu. In der Literatur wird empfohlen, zunächst zu recherchieren, ob ein Fragebogen, der für die eigene Forschungsfrage geeignet ist, bereits von anderen Forschern entwickelt wurde (Bortz, Döring 2006, S. 253). Sollte dies nicht der Fall sein, muss ein neuer Fragebogen erstellt oder ein thematisch ähnlich existierender Fragebogen *angepasst* werden. Die Erstellung eines neuen Fragebogens ist, wie oben erwähnt, sehr komplex und zeitaufwendig. Zunächst müssen Themen(-bereiche) und somit Fragen (Items) erarbeitet werden, die aus einem theoretischen Konzept in Abhängigkeit mit einer Forschungsfrage und/oder durch andere Quellen, beispielsweise aus einer vorherigen Studie, abgeleitet und somit operationalisiert wurden. Die Ergebnisanalyse (Dateninterpretation) des Fragebogens wiederum bestimmt die Indikatoren, die für die Beantwortung der Forschungsfrage und für die Bewertung des theoretischen Konzeptes notwendig sind (Scholl 2003, S. 140). Bei der Erstellung eines Fragebogens sind mehrere Aspekte zu beachten. So sind beispielsweise geeignete Fragetypen und

-formulierungen, Antwortmöglichkeiten und Skalierungen, thematischer Aufbau sowie Layoutgestaltung zu beachten (Scholl 2003, S. 139 ff.; Bort, Döring 2006, S. 253 ff.; Diekmann 2013, S. 471 ff.; Hirschle 2015, S. 86 ff.). Der Fragebogen muss vor dem Einsatz einem Pre-Test unterzogen werden, damit das Erhebungsinstrument auf diverse Kriterien geprüft werden kann wie Qualität, Vollständigkeit oder Anwendbarkeit. Mit diesen Informationen kann dann das Erhebungsinstrument vor der Hauptuntersuchung optimiert werden (Raithel 2008, S. 63; Porst 2014, S. 189 ff.; Weichbold 2014, S. 299 ff.).

Abschließend ist es wichtig, neben der systematischen Erstellung des Fragebogens auch wichtige Planungs- und Durchführungsarbeiten zu beachten. So sollten vorher Anschriften und Kontaktdaten von Zielpersonen (zum Beispiel beim Melderegister) organisiert und das geeignete Auswahlverfahren für die Stichprobe ausgewählt werden, um Verzerrungen in den Ergebnissen zu vermeiden. Des Weiteren sollten neben dem Erhebungsinstrument ein Begleit- und Einführungsbrief sowie ein frankierter Rückumschlag an die Befragungsteilnehmer mitgesendet werden. Um die Rücklaufquote zu erhöhen, sind weiterhin Erinnerungsschreiben oder/und -anrufe wirksam. Bei Bedarf kann eine zweite Nachfassaktion erfolgen, beispielsweise in Form einer Versendung von weiteren Fragebögen an andere Teilnehmer (Bortz, Döring 2006, S. 257 ff.; Hirschle 2015, S. 119 ff.).

Die Fragen können nach unterschiedlichen Methoden ausgewertet werden. Die Auswahl der Analysemethoden hängt von diversen Faktoren ab und muss gut überlegt sein. Meistens werden in Studien mehrere Analysemethoden substitutiv angewendet. Das nächste Kapitel bietet einen kurzen Überblick über die quantitativen Auswertungsmethoden.

4.6.2 Quantitative Auswertungsmethoden

Die Analyse- und Auswertungsmethoden werden in der Literatur unterschiedlich eingeteilt. Eine der Einteilungsmöglichkeiten kann nach der Anzahl der untersuchten Variablen erfolgen (siehe Tabelle 2).

Tabelle 2: Analysemethoden (Raithel 2008, S. 119, eigene Darstellung)

Analysemethode		Ziel	Verfahren
Univariat *eine Variable*		Analyse einer Variable (Ermittlung univariater statistischer Kennwerte)	Häufigkeiten, Mittelwerte, Anteilswerte, Streuungsmaße
Bivariat *zwei Variablen*		Zusammenhangsanalyse von zwei Variablen; Signifikanztestung	Kreuztabellen, Korrelation, bivariate Regression, Mittelwertvergleich
Multivariat multipel *mehr als zwei Variablen*	**strukturen-prüfend**	Überprüfung von Zusammenhängen, die auf theoretischen Überlegungen basieren (Deduktion); Signifikanztestung	Partielle Korrelation, multiple Regressionsanalyse, Varianzanalyse, Diskriminanzanalyse, Strukturgleichungsmodelle
	strukturen-entdeckend	Entdeckung von Zusammenhängen (Induktion)	Faktorenanalyse, Clusteranalyse, Multidimensionale Skalierung

Die Univariat-Analysemethoden beziehen sich nur auf eine Variable und untersuchen beispielsweise die Häufigkeit, den Mittelwert oder den Median. Die Bivariat-Analysemethoden dagegen betrachten zwei Variablen und untersuchen deren Zusammenhänge mittels Kreuztabelle oder Mittelwertvergleiche. In den Multivariat-Analysen werden mehr als zwei Variablen untersucht, um Strukturen zu prüfen oder Strukturen zu entdecken. So kommen in dieser Kategorie Verfahren wie Faktoren- oder Clusteranalyse zum Einsatz.

Uni- und Bivariatenanalysen werden der *beschreibenden oder deskriptiven Statistik* zugeordnet, da sie die Datenergebnisse durch Reduktion oder Kompression aufbereiten. Die Multivariat-Analysen gehören zu der *schließenden Statistik* (analytische, Inferenzstatistik) und gehen über die deskriptive Statistik hinaus. Ziel im letzten Analyseverfahren ist, Aussagen zur Grundgesamtheit durch Wahrscheinlichkeitsberechnungen zu erlangen (Raithel 2008, S. 119 f.; Hussy et al. 2013, S. 169 ff.). In der Sozialforschung werden meist Multivariat-Analysen durchgeführt, da eine Vielzahl von Variablen berücksichtigt werden müssen (Schnell et al. 2013, S. 436; Behnke et al. 2015, S. 1 f.).

Die Regressionsanalyse kann mit zwei Variablen (bivariate Regression) oder mit mehr als zwei Variablen (multiple Regression) durchgeführt werden (siehe Tabelle 2). Die multiple Regressionsanalyse gehört somit zu den strukturprüfenden Multivariat-Analysen sowie zu der *schließenden Statistik*. Eine der wichtigsten Intentionen in der wissenschaftlichen Analyse ist, die Beziehungsaussagen über die Richtung und Intensität von zwei oder mehreren Variablen in einem Modell zu formulieren, welche anschließend mit geeigneten Analysemethoden empirisch untersucht werden. Mittels der (multiplen) Regressionsanalyse können Variablenbeziehungen belegt oder aufgedeckt werden (Urban, Mayerl 2008, S. 25 f.). Eine oder mehrere Variablen, die Einfluss auf eine andere Variable hat/haben, wird/werden als unabhängige Variable(n) bezeichnet, die Beeinflussten als abhängige Variable. In der Literatur werden diese Begrifflichkeiten unterschiedlich benutzt. Dies hat viele Gründe. Beispielsweise werden die Begriffspaarung *Regressor/Regressand* bei Vorhersagen und *erklärende Variable/Effekt* bei Erklärungen verwendet (Schendera 2008, S. 36; Kronthaler 2016, S. 225; Bamberg et al. 2017, S. 39 ff.). In der multiplen Regressionsanalyse kann zudem der Einfluss von *Drittvariablen* kontrolliert werden (Bortz, Schuster 2010, S. 342). Die Variablenbeziehungen können mittels unterschiedlicher mathematischer Funktionen erklärt werden. Wenn beispielsweise der Zusammenhang linear ist, so wird die lineare Regression für eine Analyse verwendet. Neben der linearen Regression existieren viele weitere Regressionsmodelle, die als nichtlineare Regression bezeichnet werden, wie ein Modell mit exponentieller mathematischer Funktion (Bamberg et al. 2017, S. 39 ff.). Die Anwendung einer Regressionsanalyse ist von mehreren Faktoren abhängig. Beispielsweise, ob die Residuen annähernd eine Normalverteilung aufweisen (*Varianzhomogenität/Homoskedastizität*) oder ob ausreichend Fallzahlen vorliegen (Hirschle 2015, S. 178 ff.; Backhaus et al. 2016, S. 69 ff.).

Im Folgenden werden einige methodische Forschungsaspekte und Besonderheiten in der Migrationsforschung kurz dargestellt, welche für Datenerfassung und -interpretation wichtig erscheinen.

4.7 Forschungsaspekte in der Migrationsforschung

Die Teilnahme an wissenschaftlichen Befragungen von Migranten wird in der Literatur als schwierig dargestellt, wobei die Forschungslage sehr unzureichend ist (Feskens et al. 2006, S. 294). Es wird besonders die Verschlossenheit und mangelnde Teilnahme (*non-response*) an Befragungen dieser Gruppe konstatiert (Schenk 2002, S. 62 ff.; Yılmaz et al. 2009, S. 7). Die geringen Ausschöpfungsquoten bei der Datengewinnung haben meist mehrere Gründe und müssen differenzierter analysiert werden.

Es zeigt sich, dass Migranten schwieriger erreichbar sind als Einheimische. Dies hat nicht nur mit der relativ geringen Häufigkeit in der Gesamtbevölkerung zu tun, sondern kann durch diverse Lebensumstände erklärt werden. So arbeiten beispielsweise Migranten häufiger in Schichtarbeit oder pendeln zwischen Deutschland und dem Herkunftsland, wobei die Pendelfrequenz lang sein kann. Einige türkische Migranten in der ersten Generation, welche im Ruhestand sind, bleiben über ein halbes Jahr in der Türkei und leben somit deutlich kürzer in Deutschland (Blohm, Diehl 2001, S. 224).

Auch bei der Beschaffung oder Rekrutierung von Kontaktadressen, etwa bei der Melderegisterauskunft, können sich Schwierigkeiten ergeben. So bildet das Merkmal Staatsangehörigkeit kein alleiniges Auswahlkriterium für einen Migrationshintergrund. Es gibt sehr viele Migranten, die nur die deutsche Staatsangehörigkeit besitzen oder deren Eltern binational sind (Klaus, Baykara-Krumme 2016, S. 384). Da viele Migranten in Mietwohnungen leben und höhere Mobilität aufweisen, wechseln sie häufiger ihre Wohnungen und Ummeldungen können somit fehlen (Stadler 2010, S. 140). Dies kann häufig zu ungültigen Adressen führen, wie es beim SCIP-Survey der Fall war. Fast 3000 Adressen waren notwendig, um 850 Interviews durchzuführen, da viele Adressen ungültig waren (Gresser, Schacht 2015, S. 6 f.). Weiterhin kann es vorkommen, dass bereits verstorbene ältere Migranten nicht von Angehörigen abgemeldet werden. Einige Migranten haben keine Festnetzanschlüsse oder nutzen nur Mobiltelefone ohne namentliche Registrierungen, was die Kontaktaufnahme erschwert (Stadler 2010, S. 141).

Zudem können Migranten geringere *Befragungsfähigkeit* aufweisen als Nicht-Migranten. Die Bereitschaft für eine Befragung kann sich reduzieren, wenn die deutschen Sprachkenntnisse nicht ausreichend vorhanden sind (Stadler 2010, S. 141; Baykara-Krumme 2013c, S. 266). Vor allem Personen, die im Erwachsenenalter im Rahmen der Familienzusammenführung nach Deutschland migriert sind oder die sogenannte *Gastarbeitergeneration,* können davon betroffen sein. In diesen genannten Gruppen haben meist Frauen geringere deutsche Sprachkenntnisse als Männer. Bei älteren Migranten kann zudem eine schlechte gesundheitliche Verfassung zur Nichtteilnahme an Befragungen führen. Es wird davon ausgegangen, dass der Gesundheitszustand von älteren Migranten im Vergleich zu dem von Einheimischen nachteiliger ausfällt (Özcan, Seifert 2006, S. 24 ff.; Razum, Spallek 2012, S. 169 ff.).

Die Kooperationsbereitschaft der Migranten an Befragungen teilzunehmen kann durch religiöse oder kulturelle Aspekte beeinflusst werden (*kulturelle Barrieren*). Türkische Frauen können Kontakte und Gespräche mit fremden männlichen Interviewern ablehnen, da sie dies mit ihren religiös-kulturellen Werten nicht vereinbaren können. Zudem ist es möglich, dass die *ethnic community,* die Familienmitglieder und der Ehepartner, damit nicht einverstanden sind. Somit können besonders religiös-konservative (weibliche) Personen eine geringe Kooperationsbereitschaft bei Befragungen zeigen (El-Menouar 2014, S. 787 ff.). In diesem Zusammenhang gibt es in der Migrantencommunity zahlreiche Themen, welche als *Tabuthemen* gelten und in den Befragungen nicht ohne Weiteres angesprochen werden können (Sauer 2008, S. 3906; Broszinsky-Schwabe 2017, S. 32 ff.). Als weiteren Grund für geringe Kooperationsbereitschaft kann Skepsis gegenüber deutschen Instituten oder ein grundsätzliches Misstrauen gegenüber Befragungen sein (Yılmaz et al. 2009, S. 16; Baykara-Krumme 2010b, S. 24). Zusätzliche Faktoren für die Teilnahmebereitschaft, die jedoch ebenfalls in der Mehrheitsgesellschaft eine Rolle spielen, sind soziodemografische Merkmale wie Bildung, Alter oder Geschlecht (Bortz, Döring 2006, S. 73 f.).

Ein weiterer Erfolgsaspekt in der Migrationsforschung ist die interkulturelle Kompetenz, über die der Forscher verfügen sollte. „Interkulturelle Kompetenz ist die Fähigkeit, in interkulturellen Situationen effektiv und angemessen zu agieren; sie wird durch bestimmte Einstellungen, emotionale Aspekte, (inter-)kulturelles Wissen, spezielle Fähigkeiten und Fertigkeiten sowie allgemeine Reflexionskompetenz befördert" (Bertelsmann Stiftung, Fondazione Cariplo 2008, S. 4). Somit besteht die interkulturelle Kompetenz aus diversen (Teil-)Kompetenzen wie kognitive und emotionale Kompetenz (ebd. S. 4). Die interkulturelle Kompetenz verschränkt sich mit dem qualitativen Forschungsverständnis (vgl. Kap. 4.2 und 4.4) und ist immanent wichtig in der Migrationsforschung. Dennoch kann die qualitative Forschung als keine Garantie für interkulturelle Problemprävention angesehen werden: „Forschungen, die im interkulturellen Kontext angesiedelt sind und somit die sprachlichen, kulturellen und sozialen Grenzen überschreiten, stehen vor großen Herausforderungen, die [...] vor allem in den Bedingungen der Forschungsfelder und der Eigenart der verschiedenen, beteiligten Kontexte begründet sind. Der Einsatz qualitativer Methoden schützt nicht davor, ungleiche Konzepte ins eins zu setzen, Vorurteilsstrukturen zu reproduzieren und die Sinnhorizonte der erforschten Gruppen zu verfehlen" (Herwartz- Emden 2000, S. 76, zitiert von Baros 2010, S. 375). So sollten in diesem Zusammenhang Themen wie Einstellung, Wahrnehmung und Umgang in Bezug auf *Fremdheit* oder *Fremde* reflektiert werden, da dies für den Forschungsprozess und für die Forschungsergebnisse entscheidend sein kann (Helfferich 2011, S. 84 ff.; Bolten 2012, S. 77 ff.; Nowicka, Ryan 2015, S. 6 ff.).

Die interkulturelle Kommunikation kann als ein zentraler Teil der interkulturellen Kompetenz angesehen werden: Sie beeinflusst nicht nur mündliche, sondern auch schriftliche Kommunikation. So können Inhalte, Sätze oder Wörter unterschiedlich in diversen Kulturen oder Sprachen wahrgenommen und gedeutet werden. Dies zeigt sich besonders dann, wenn Fragen oder Antworten in andere Sprachen übersetzt werden (Äquivalenz- und Skalenäquivalenzprobleme) (Haas 2009, S. 62 ff.; Broszinsky-Schwabe 2017, S. 118 ff.). Bei Befragungen, insbesondere in Interviews, können auch nonverbale sowie paraverbale Informationen unterschiedlich gedeutet werden. So können Stimmlage, Lautstärke oder Lachen in Interviews verschieden bewertet werden (Kruse 2015, S. 75 ff.; Broszinsky-Schwabe 2017, S. 32). Zudem kann eine Reihe von Rahmenbedingungen wichtig sein, die den Erfolg einer (interkulturellen) Kommunikation beeinflussen können. Beispielsweise kann der Ort, die Zeit oder die Anzahl der Beteiligten für ein erfolgreiches Interview entscheidend sein (Broszinsky-Schwabe 2017, S. 33 f.).

Wenn der Forscher selbst den gleichen Migrationshintergrund aufweist, wie seine erforschte Zielgruppe, kann dies vor-, aber auch nachteilig sein (*Insider-Outsider-Problem*). Einen besonderen Vorteil stellen Sprach-, Kultur- und Religionskenntnisse dar, welche bei diversen Situationen im Forschungsprozess hilfreich sein können. So kann beispielsweise bei geringen Deutschkenntnissen der Interviewpartner auf die Herkunftssprache zurückgreifen oder der Forscher bekommt von den Interviewpartnern einen Vertrauensvorschuss, da er die gleiche Abstammung hat und dieselbe Herkunftssprache beherrscht. Dies kann die Interviewbereitschaft und -motivation erhöhen (Helfferich 2011, S. 119 ff.; Carling et al. 2014, S. 48). Allerdings muss als Nachteil mit geringen Erzählsequenzen oder Explikationen in Interviews gerechnet werden. Die interviewten Personen können somit ihre Erklärungen verkürzen oder unpräzise ausführen mit der Erwartung, dass der Interviewer mit seinem Erfahrungshintergrund sie trotzdem versteht, was zu Inkongruenz führen kann (Helfferich 2011, S. 123). Des Weiteren könnten die interviewten Personen einige *prekäre* Themen aus Scham oder sozialer (Nicht-)Erwünschtheit mit dem Interviewer, der den gleichen Migrationshintergrund besitzt, nicht besprechen wollen oder sozial erwünschte Antworten geben. Dadurch können in Befragungen wichtige Informationen ausgelassen oder verzerrt werden. Durch die eigene Zugehörigkeit des Forschers zur Migrantengruppe kann der Verdacht entstehen, dass er nicht objektiv genug mit dem Forschungsprozess und den -ergebnissen umgeht. Diese *Insider-Outsider-Aspekte* sollten nicht nur im Zusammenhang mit dem Migrations- oder Herkunftshintergrund gesehen werden, sondern auch auf weitere Aspekte wie Geschlecht, Alter, soziale Schichtangehörigkeit, Kleidung etc. erweitert und verknüpft werden (Carling et al. 2014, S. 44 ff.; Nowicka, Ryan 2015, S. 6 ff.)

Im Kapitel fünf wird das Forschungsprojekt im Hinblick auf Forschungsziele, Methoden, Forschungsgruppen, Ablauf und Durchführung sowie Erfassung und Auswertung des Datenmaterials vorgestellt.

5 Forschungsprojekt: Familiale Beziehungen zwischen der ersten und zweiten türkischstämmigen Migrantengeneration in Deutschland

5.1 Forschungsziele und Fragestellung

Die Forschungsfrage generiert sich zum einen aus den Milieuerfahrungen des Autors und zum anderen aus der recherchierten Forschungslücke (vgl. Kapitel 3.3). Der Verfasser hat im Alltag häufig festgestellt, dass die türkischstämmigen Migranten in der zweiten Generation im mittleren Alter ihre Verantwortung und Solidarität zu ihren Eltern unterschiedlich ausleben und dies in einer anderen Art und Weise als es der Forschungsstand zeigt. Am Ende der Ergebnisse der Literaturrecherche konnten keine relevanten Quellen festgestellt werden, die sich diesem Phänomen in einer Vorgehensweise genähert haben, wie es in diesem Forschungsprojekt berücksichtigt ist. Besonders bleiben Fragen hinsichtlich der assoziativen, affektiven sowie funktionalen Solidarität nach dem Modell der *Generationensolidarität* nach Szydlik offen und sollen in der vorliegenden Dissertation untersucht werden.

Aus diesen Gründen hat das Projekt die Intention, die Einstellungen und Erfahrungen der türkischstämmigen Migrantinnen und Migranten in Deutschland, die im mittleren Lebensalter und in der zweiten Generation sind, zu untersuchen. Das Ziel ist, die subjektive Einschätzung ihrer Beziehungsqualität und die Solidaritätsbereitschaft zu ihren Eltern zu erfassen.

Die Forschungsfrage lautet daher:

Wie beschreibt die zweite türkische Migrantengeneration ihre Beziehung zu ihren Eltern?

Wie im Kapitel 1.2 bereits aufgeführt, hat dieses Forschungsprojekt das Ziel, Erkenntnisse über die zweite türkische Migrantengeneration zu generieren und dabei insbesondere

1. ihre Beziehungen zu der ersten Generation aufzuzeigen,
2. ihre Verantwortung zu der ersten Generation darzustellen,
3. sie in diesem Zusammenhang zu charakterisieren und zu beschreiben.

5.2 Methoden und Erhebungsinstrumente

5.2.1 Qualitative Studie – Forschungsschritt 1

In diesem Forschungsschritt wird, wie bereits erwähnt, die Methode des problemzentrierten Interviews mit offenen Fragen durchgeführt und ist somit qualitativ ausgelegt. Mit Hilfe dieser Methode soll dem Forscher ein erster persönlicher *Einblick* in das Themengebiet ermöglicht werden. Zudem soll sie helfen, die Sicht des Interviewpartners zu dem Forschungsgegenstand zu verdeutlichen und eine breitere und tiefere Erfassung des Themas zu ermöglichen. Mit den gewonnenen Erkenntnissen werden anschließend ggf. die Hypothesen formuliert und ein Fragebogen im Forschungsschritt 2 erstellt. Insbesondere versucht der Autor, Kriterien, Kategorien und Zusammenhänge zu erfassen, deren Bedeutung bei der Beschreibung der zweiten türkischstämmigen Migrationsgeneration aus der eigenen Sicht, also aus der Perspektive der Migrantinnen und Migranten (subjektzentriert), essenziell erscheinen (Mayring 2002, S. 68 f.; Atteslander 2010, S. 139 ff.; Flick 2012, S. 26 ff.).

Bei der Erstellung des Leitfadens und der Fragen werden diverse Studien berücksichtigt, die sich mit Generationenbeziehungen auseinandergesetzt haben (zum Beispiel Szydlik 2000; Matthäi 2005; Kobi 2008; Baykara-Krumme et al. 2011a; Carnein, Baykara-Krumme 2013). Darüber hinaus wird die Methode SPSS (Sammeln, Prüfen, Sortieren, Subsumieren) angewandt (Helferich 2011, S. 182 ff.). Die stark offenen Fragen im Leitfaden sollen nur als Raster verstanden werden, da der Autor zudem situationsbedingte Ad-hoc-Fragen stellen wird, um das Forschungsthema tiefgründiger zu explorieren. Generationenbeziehungen sind nicht nur von der Vergangenheit (retrospektiv) und Gegenwart, sondern auch von der gesamten Lebensspanne abhängig. Aus diesem Grund wird bei der Erstellung des Leitfadens die Zukunftsperspektive (prospektiv) mit den beiden Themen *Sorgen* und *Wünsche* einbezogen. Der Leitfaden sowie der Anhang werden auch in türkische Sprache übersetzt, sodass die Interviews in türkischer und in deutscher Sprache durchgeführt werden können. Auch wenn der Autor die türkische Sprache sehr gut beherrscht (Muttersprache), wird die eigene Übersetzung dennoch zur Sicherheit von zwei weiteren Personen (Dolmetscherinnen) vom Türkischen ins Deutsche rückübersetzt. Damit ist die hohe Äquivalenz gesichert und es können Übersetzungsfehler und Missverständnisse vermieden werden (Baykara-Krumme 2010b, S. 9; Behr et al. 2015, S. 8). Bevor die Interviews stattfinden, werden mit fünf Personen Probeinterviews in deutscher und türkischer Sprache geführt, um zum einen den Leitfaden zu optimieren und zum anderen Interviewsituationen zu üben. Nach der theoretischen Sättigung – es gibt keine neuen Informationen für die Fragebogen- und Interviewweiterentwicklung – werden zur Sicherheit zwei weitere Interviews geführt. Bei der Wahl der Personen werden diverse Kriterien beachtet (Geschlecht, Bildung, Alter etc.).

5.2.2 Quantitative Studie – Forschungsschritt 2

Der Forschungsschritt 2 wird quantitativ ausgelegt und hat das Ziel, die im Forschungsschritt 1 gewonnenen Erkenntnisse und Hypothesen standardisiert, repräsentativ und somit in größeren Fallzahlen zu überprüfen und zu ergänzen. Nach einer nationalen und internationalen Recherche konnte kein validiertes, quantitatives Erhebungsinstrument identifiziert werden, das die Erkenntnisse in der Literaturforschung, der gebildeten Kategorien im Forschungsschritt 1 sowie Items für die Hypothesenüberprüfung beinhaltet. Aus diesem Grund wird in dieser Studie ein eigener Fragebogen entwickelt, der hauptsächlich auf dem Fragebogen von Baykara-Krumme in der *pairfam*-Begleituntersuchung *Berliner Studie* (Baykara-Krumme 2010b) aufbaut. Die Entscheidung für den *pairfam*-Fragebogen beruht auf den hohen Schnittmengen der Forschungsthematik. Die Fragen unterscheiden sich zum Teil hinsichtlich der Formulierung und Komplexität. So wird beispielsweise Kontakthäufigkeit mit den Eltern differenzierter erhoben (persönlicher und fernmündlicher Kontakt), um ein genaueres Bild der Generationenbeziehung zu erhalten. Des Weiteren werden zusätzliche Themen/Fragen aufgenommen, die aus der qualitativen Studie (Forschungsschritt 1) abgeleitet wurden. Der Fragebogen *Beziehungen der zweiten türkischen Migrantengeneration zu ihren Eltern: Einschätzungen, Erwartungen, Verhalten* wurde in zehn Themengebiete *A* bis *J* eingeteilt. Das Themengebiet *A* beinhaltet Fragen zum Befragungsteilnehmer. Im zweiten und dritten Abschnitt *B* und *C* werden Fragen zum Partner und zu den Kindern gestellt. Der Themenkomplex *D* und *E* enthält Fragen zu den leiblichen Müttern und Vätern. Dabei werden jeweils unterschiedliche Themen behandelt. So werden nicht nur soziodemografische Daten, sondern auch Daten über die gemeinsamen Kontakte, Aktivitäten, Beziehungen und gegenseitigen Unterstützungen erhoben. Auch die Zuschreibung von Eigenschaften der Mütter und Väter werden getrennt in diesem Themenkomplex berücksichtigt. Im Abschnitt *F* werden ebenfalls die Themen soziodemografische Daten, Kontakte, Aktivitäten, Beziehungen, Unterstützungen abgefragt, allerdings in Bezug auf beide Eltern. Die Unterschiede zwischen der ersten und den Nachfolgegenerationen werden anschließend im Themenabschnitt *G* behandelt. In den letzten drei Abschnitten *H, I, J* werden Fragen zu den Themenkategorien Konflikte, Sorgen und Wünsche gestellt.

Wie in Forschungsschritt 1 werden ebenfalls in Forschungsschritt 2 die Fragebögen vom Autor in die türkische Sprache übersetzt und anschließend von zwei unabhängigen Dolmetscherinnen in die deutsche Sprache rückübersetzt. Anschließend werden die Ergebnisse gemeinsam analysiert und gegebenenfalls korrigiert. Der Fragebogen wird zudem vorher einem Pre-Test unterzogen (Porst 2014, S. 189 ff.; Weichbold 2014, S. 299 ff.). In der Literatur werden unterschiedliche Mindeststichprobengrößen für den Pre-Test empfohlen (Raithel 2008, S.63). So werden aus ökonomischen Gründen 20 Personen für den Pre-Test ausgewählt, was ausreichend erscheint. Bei der Auswahl der Personen werden diverse Kriterien berücksichtigt (Geschlecht, Alter, Bildung, Kinderzahl etc.). Die benötigte Zeit pro Fragebogen beträgt für die Teilnehmer im Schnitt 40 Minuten. Die Erkenntnisse aus dem Pre-Test werden bei der Weiterentwicklung des Fragebogens berücksichtigt. Hierbei werden auch die Themen Layout, Dramaturgie des Fragebogens, Fragestellung und Filterfragen optimiert (Scholl 2003, S. 139 ff.; Bortz, Döring 2006, S. 253 ff.; Diekmann 2013, S. 471 ff.; Hirschle 2015, S. 86 ff.).

5.3 Forschungsgruppe und Forschungsraum

5.3.1 Qualitative Studie – Forschungsschritt 1

In der Forschungsgruppe 1 werden Personen im mittleren Lebensalter ausgewählt, die in Deutschland leben und der zweiten türkischstämmigen Migrantengeneration angehören. Unter der zweiten türkischstämmigen Migrantengeneration sind die Kinder der sogenannten *Gastarbeiter* aus der Türkei zu verstehen, die entweder hier geboren oder die bis zu ihrem 16. Lebensjahr von ihren Eltern nach Deutschland nachgeholt wurden (vgl. Kapitel 2.3). In diesem Zusammenhang war die Einbürgerung der Interviewpersonen für die Auswahl

Bitte senden Sie mir:

O ____ Exemplar/e des *Dr. med. Mabuse* –
   kostenlos zum Kennenlernen
O ____ Verlagsprospekt/e
O ____ Buchkatalog/e für alle Gesundheitsberufe
O ____ Buchkatalog/e Schwangerschaft, Geburt
   und erste Lebensjahre

Ich möchte folgenden Newsletter erhalten:

O Neuerscheinungen und Angebote für alle
   Gesundheitsberufe
O Neuerscheinungen und Angebote für
   Hebammen und junge Eltern

Ich interesse mich für eine **finanzielle Beteiligung**
als Stiller Gesellschafter im Mabuse-Verlag.

O Bitte senden Sie mir einen Beteiligungsprospekt.

Bitte einsenden oder faxen an:
Mabuse-Verlag • Postfach 90 06 47 • 60446 Frankfurt • Fax: 069-70 41 52

_____
Vorname / Name

_____
Straße / Nummer

_____
Postleitzahl / Ort

_____
Telefon- / Faxnummer

_____
E-Mail

_____
Beruf (freiwillige Angabe, damit wir Ihnen gezieltere Informationen zukommen lassen können)

Dieses Faltblatt fand ich in ....

Zeitschrift für alle / Gesundheitsberufe

**Kritisch – unabhängig –
für ein solidarisches Gesundheitswesen**
Seit über 40 Jahren sorgt die Zeitschrift Dr. med. Mabuse
für einen kritischen Blick auf die Gesundheits- und Sozialpolitik. Sechsmal jährlich bieten wir mit der Zeitschrift
ein Forum für Beiträge und Debatten, die alle Gesundheitsberufe betreffen.

Schwerpunktthemen der letzten Ausgaben: Vorsorge (230
(227) • Arbeit und Gesundheit (226) • Interkulturalität (225)
somatik (222) • Familie (221) • Resilienz (220) • Flucht (219)
(216) • Infektionen und Epidemien (215) • Schlafen und Wac

„Ich lese Dr. med. Mabuse, weil ...

**... hier Gesundheits- und Pflegethemen auch politisch
betrachtet werden und wir gerade im Pflegebereich
dringend politischer agieren müssen und dazu den Dialog
benötigen!"**

Stefan Block, Dipl.-Sozialpädagoge und Geschäftsführer der ASB Ambulante
Pflege GmbH in Bremen

**... der Dr. med. Mabuse mich seit meinem Studium und
meiner Fachschaftsarbeit begleitet und sich wie ich ge-
wandelt hat, ohne die Idee für ein Gesundheits- statt
Krankheitswesen zu verlieren. Deswegen habe ich auch
auf lebenslang abonniert."**

Dr. med. Helmut Schaaf, leitender Oberarzt der Tinnitus-Klinik
Dr. Hesse am Krankenhaus Bad Arolsen

Der Mabuse-Verlag stellt sich vor:

Dr. med. Mabuse

Mabuse-Verlag

Mabuse-Buchversand

www.mabuse-verlag.de

nicht relevant. Somit werden Interviewpersonen, die die türkische, die deutsche oder beide Nationalitäten haben, gewählt.

Da die zweite türkische Generation schätzungsweise zwischen 1960 und 1985 geboren ist (Ottenschläger 2004, S. 32; Fincke 2008, S. 81), werden in Anlehnung an Pohl, der das mittlere Lebensalter zwischen 35 und 65 Jahren definiert (Pohl 2007, S. 101), Personen berücksichtigt, die ein Lebensalter zwischen 35 und 56 (Geburtsjahrgänge 1960 bis 1981) aufweisen. Bei der Auswahl der Gruppe wird das Stadt- und Landgefälle sowie die Auswahl beider Geschlechter berücksichtigt. Des Weiteren wird versucht, diverse Kriterien (Familienstand, Kinderzahl, Bildungsstand, Staatsangehörigkeit etc.) bei der Auswahl der Interviewpartner abzudecken. Die Interviews werden in Nürnberg sowie in der Umgebung (Metropolregion Nürnberg) durchgeführt.

5.3.2 Quantitative Studie – Forschungsschritt 2

In der Forschungsgruppe 2 werden ebenfalls Personen im mittleren Lebensalter ausgewählt, die in Deutschland leben und zu der zweiten türkischen Migrantengeneration gehören. Die Definition der zweiten türkischen Migrantengeneration im mittleren Lebensalter in Deutschland entspricht der Forschungsgruppe 1. Zunächst war geplant, das Forschungsvorhaben im gesamten Bundesland Bayern durchzuführen. Diesbezüglich wurde das *Bayerische Landesamt für Statistik* kontaktiert, um bayernweit die benötigten Datensätze (Adresse, Geburtsdatum, Geschlecht etc.) für die oben genannte Forschungsgruppe zu erhalten. Das Landesamt teilte jedoch mit, dass diesbezüglich keine zentralen Datensätze vorliegen, aus dem die Zielgruppe hervorgeht (vgl. El-Menouar 2014, S. 790). Aus diesem Grund werden verschiedene Städte und Landkreise in Bayern jeweils separat angeschrieben, um eine Melderegisterauskunft zu erhalten. Neben dem Anschreiben und der Projektbeschreibung wird die Unbedenklichkeitserklärung der Deutschen Gesellschaft für Soziologie (DGS) als Anhang gesendet. Bei der Auswahl der Gruppe werden das Stadt- und Landgefälle sowie die Auswahl beider Geschlechter berücksichtigt.

5.4 Ablauf und Durchführung

5.4.1 Qualitative Studie – Forschungsschritt 1

Die erste Kontaktaufnahme mit den geeigneten Interviewteilnehmern geschieht durch das Aufsuchen von diversen Institutionen, wie Moscheen, Konsulaten oder Vereinen. Da der Autor Berufsschullehrer ist, wird er zudem seine Schülerinnen und Schüler mit türkischem Migrationshintergrund bitten, ihn bei der Kontaktaufnahme zu möglichen Interviewpartnern zu unterstützen. Nach dem *Schneeballsystem* werden weitere Interviewpersonen gewonnen (Misoch 2015, S. 193 f.).

Die Kontaktaufnahme wird entweder persönlich oder telefonisch sein, bei der zugleich die Terminvereinbarung stattfinden wird. Die Interviews finden entweder in den Wohnungen der Interviewpartner oder in einem ruhigen Café statt. Der Autor wird mehrere Interviewworte vorschlagen, um die Teilnahmebereitschaft zu erhöhen. Des Weiteren wird den Interviewpartnern, besonders den Interviewpartnerinnen, die Möglichkeit angeboten, weitere Personen mitzunehmen, um ihnen ein Sicherheits- und Vertrauensgefühl zu geben. Die Interviews sollen nachmittags oder am frühen Abend stattfinden. Da der Autor selbst einen türkischstämmigen Migrationshintergrund besitzt und beide Sprachen sehr gut beherrscht sowie auch die *türkische Kultur* gut kennt, verzichtet er auf einen Dolmetscher und auf eine Begleitung (Baykara Krumme 2013c, S. 271 f.; El-Menouar 2014, S. 787 ff.)

Die geplante Gesprächsdauer mit den Interviewpartnern wird auf 45 Minuten angesetzt. Es wird jedoch pro Tag nur eine Person interviewt, damit die Gesprächsdauer, wenn dies benötigt wird, verlängert werden kann. Als kleines Dankeschön wird den Interviewpersonen am Anfang des Gespräches ein kleines Präsent als *Incentive* überreicht (Bortz, Döring 2006, S. 258; Häder 2015, S. 181).

5.4.2 Quantitative Studie – Forschungsschritt 2

Wie im Kapitel 5.3 beschrieben, werden jeweils diverse Städte und Landkreise in Bayern angeschrieben, um eine Melderegisterauskunft zu erhalten. Eine sichere Aussage über die Grundgesamtheit der türkischstämmigen Migranten in der zweiten Generation, die derzeit zwischen dem 35. und 56. Lebensalter sind und in Bayern leben, ist nicht möglich. Aus den Ergebnissen vom Mikrozensus ist zu entnehmen, dass ca. 930.000 Personen in Deutschland leben, die einen türkischstämmigen Migrationshintergrund haben und zwischen 35 und 55 Jahre alt sind. Diese Gruppe stellt 33 Prozent aller Migranten mit türkischer Herkunft dar. Wenn dieser Prozentsatz auf Bayern übertragen wird, so leben in Bayern ca. 111.000 (gesamt 336.000) Menschen, welche der gesuchten Gruppe angehören (Statistisches Bundesamt 2015, S. 63, 128). Von dieser Zahl müssen jedoch die Personen abgezogen werden, die nach dem 16. Lebensjahr nach Deutschland migriert sind. Des Weiteren gibt es Personen, die zwar einen türkischstämmigen Migrationshintergrund vorweisen und zu dieser Altersgruppe angehören, aber nicht der zweiten Generation zugeordnet werden können, da sie als Ehepartner oder als Student nach Deutschland migriert sind. Somit gehören sie laut der Definition der *zweiten türkischen Migrantengeneration* nicht zu der Zielgruppe und müssen aus der Statik heraus gerechnet werden. Infolgedessen liegt die Einschätzung der in Frage kommenden Personenzahl in Bayern bei rund 100.000 Menschen, die der gewünschten Zielgruppe zugeordnet werden können.

Ausgehend von dieser Einschätzung wird die Größe der Stichproben gemäß den sozialwissenschaftlichen Standards mit einem Stichprobenfehler von 5 Prozent sowie einem Konfidenzintervall von 95 Prozent auf 383 berechnet (Schumann 2000, S. 193; Kühnel, Krebs 2001, S. 248; Fahrmeir et al. 2003, S. 390 f.). Zwar ist es grundsätzlich nicht möglich, Rücklaufquoten im Vorfeld einzuschätzen (Bortz, Döring 2006, S. 256 f.; Schnell et al. 2013, S. 351), dennoch wird mit einer niedrigen Rücklaufquote von 20 bis 30 Prozent gerechnet, zumal in anderen Studien diese Prozentwerte üblich waren (Baykara-Krumme 2010b, S. 40 f.). Um die Stichprobengröße zu erreichen, werden in Bezug auf die erwartete niedrige Rücklaufquote zunächst 600, dann weitere 200 Datensätze mit einem Zufallsgenerator ausgewählt (www.zufallsgenerator.net).

Die nummerierten Fragebögen werden anschließend entweder persönlich den Zielpersonen überreicht oder per Post gesendet. Um die Rücklaufquote zu erhöhen, wird ein adressierter und frankierter Rückumschlag beigelegt. Des Weiteren werden bei ausstehenden Rücksendungen Erinnerungsschreiben oder, wenn möglich, Anrufe sowie Besuche getätigt. Der Fragebogen wird in deutscher und in türkischer Sprache angeboten, damit die Befragten je nach ihrer Sprachbeherrschung wählen können. Neben den Fragebögen in beiden Sprachen, bekommen die Teilnehmer ein Informationsblatt in beiden Sprachen über das Promotionsvorhaben und über den Fragebogen (Anleitung zum Fragebogen, Dauer des Ausfüllens etc.). Darüber hinaus erhalten sie weitere Informationen, dass sie den Fragebogen freiwillig ausfüllen und die Daten anonymisiert und vertraulich verarbeitet werden (Bortz, Döring 2006, S. 256 ff.; Hopf 2013, S. 588).

5.5 Erfassung und Auswertung des Datenmaterials

5.5.1 Qualitative Studie – Forschungsschritt 1

Die Gespräche werden, je nach Wunsch der Interviewpartner, in deutscher oder in türkischer Sprache durchgeführt und per Tonbandgerät aufgenommen. Anschließend werden die Aufnahmen in schriftlicher Form festgehalten und anonymisiert, um eine systematische Untersuchung zu ermöglichen (Mayring 2002, S. 89 f.). Die Interviews in türkisch werden zudem noch in die deutsche Sprache übersetzt und von zwei unabhängigen Personen überprüft. Die Transkriptionen werden nach Kuckartz durchgeführt (Kuckartz et al. 2008). Hierbei werden nonverbale Eindrücke wie Gestik oder Lachen nicht aufgenommen, da sie aus der Sicht der Kategoriebildung nicht relevant sind.

Wie im vierten Kapitel *Methodologische Aspekte* ausführlich beschrieben, ist der Forschungsschritt 1 qualitativ und explorativ angelegt. Die Intention dieses Schrittes ist, einen tieferen und breiteren *Einblick* in das Themengebiet zu erhalten. Somit hat dieser Forschungsschritt den Charakter der Offenheit, Flexibilität und des Verständnisses und Entdeckens, um dann gegebenenfalls Hypothesen zu generieren. Insbesondere die subjektive Sichtweise (Generationenbeziehung aus der Sicht der zweiten Generation) ist entscheidend. Aus diesen Gründen wird die Auswertung des Datenmaterials nach der qualitativen Inhaltsanalyse durchgeführt. Des Weiteren werden auch aus den gleichen Gründen die *induktive Kategorienbildung* sowie die *zusammenfassende Inhaltsanalyse* gewählt, da durch sie eine höhere Offenheit und Flexibilität gewährleistet wird. (Mayring 2002, S. 115; Kuckartz 2014b, S. 63 f.; Kruse 2015, S. 372 f.).

Zur Unterstützung der Auswertung wird das Computerprogramm *MAXQDA* (Version 11) verwendet, welches bei der Analyse und Organisation der Daten hilfreich ist (Mayring 2002, S. 135 f.; Kuckartz, Grunenberg 2013, S. 501 ff.; Kuckartz 2014b, S. 144 f.).

5.2.2 Quantitative Studie – Forschungsschritt 2

Die gesammelten Fragebögen werden nach ihren Nummern sortiert und archiviert. Anschließend werden die Ergebnisse der Fragebögen, die zuvor codiert werden, ins SPSS-Programm (Version 24) eingepflegt und aufbereitet. Nach der Datenbereinigung werden die Datensätze von einer zusätzlichen Person kontrolliert. Eine weitere Datenkontrolle erfolgt durch die deskriptive Statistik, in der Extremwerte oder Eingabefehler entdeckt werden (Raithel 2008, S. 81 ff.; Renner et al. 2012, S. 33 f.).

In diesem Forschungsschritt werden die Daten mittels Uni-, Bi- sowie Multivariat-Analysen (Faktoren- und Regressionsanalyse) untersucht (Raithel 2008, S. 119, vgl. Kapitel 4.6.2). Neben der deskriptiven Beschreibung der Daten werden unter anderem sozidemografische und sozioökonomische Faktoren berücksichtigt. Das Hauptziel in diesem Forschungsschritt ist, die im ersten Forschungsschritt gewonnenen Erkenntnisse aus der quantitativen Perspektive zu untersuchen.

Im nächsten Kapitel werden die zu erwartenden Forschungsergebnisse dargestellt, die bei der Reflexion des Autors nach Mayring im Laufe des Forschungsvorhabens berücksichtigt werden (vgl. Mayring 2002, S. 29 ff.; Kapitel 4.2 und 7.2.4).

5.6 Zu erwartende Ergebnisse

Der Autor erwartet folgende Forschungsergebnisse:

- Die Migranten in der zweiten Generation haben eine sehr starke emotionale Bindung zu ihren Eltern, wobei die Töchter eine intensivere Beziehung pflegen als die Söhne.
- Die Beziehung zu ihren Eltern ist derzeit von Respekt, Liebe und Freundschaft und Kontakthäufigkeit geprägt.
- Die Generationsbeziehung hat sich in der Migration verändert. Insbesondere haben sich die Väter von ihrem autoritären und dialogarmen Verhalten verabschiedet. Ihre Kinder beschreiben ihre Väterbeziehung eher partnerschaftlich und kommunikativ.
- Konflikte zwischen den Generationen sind selten, da die zweite Generation die wesentlichen Normen und Werte teilt wie die erste.

- Derzeit überwiegt die Unterstützung der Eltern an ihre erwachsenen Kinder. Besonders die immaterielle Unterstützung der Eltern schätzen ihre Kinder hoch ein.
- Es wird in der Familie selten über die Pflegebedürftigkeit im Alter gesprochen. Aus diesem Grund besteht keine definitive Vorstellung für beide Seiten, wie die Pflege im Bedarfsfall sein wird. Der Anspruch jedoch von den Eltern, dass ihre Kinder sie später pflegen werden, ist hoch. Ihre Kinder möchten diesem Anspruch gerecht werden.
- Die Migranten in der zweiten Generation haben Vorbehalte gegenüber den Altersheimen und Pflegeeinrichtungen und möchten nicht, dass ihre Eltern in diesen versorgt werden. Auch dann nicht, wenn die Einrichtungen ein kultur- und religionssensibles Konzept vorweisen können. Des Weiteren schätzen sie ihre Kenntnisse über diese Einrichtungen als eher gering ein.
- Allerdings wissen die Kinder, dass die Pflege eine starke Belastung sein kann und ohne institutionelle Hilfe langfristig nicht möglich ist.

5.7 Forschungsethische Aspekte

Der Autor richtet seine Forschungsethik in beiden Forschungsschritten nach Hopf aus (Hopf 2013, S. 588). Vor den Befragungen werden die Teilnehmer über das Promotionsvorhaben informiert. Des Weiteren wird ihnen die Freiwilligkeit in den Befragungen zugesichert, wobei ihnen ausdrücklich das Recht zum Abbrechen der Befragung und die Löschung der gewonnenen Daten mitgeteilt wird. Auch die Anonymität und Vertraulichkeit bei der Verarbeitung der Daten werden den Teilnehmern garantiert. Eine schriftliche Einverständniserklärung wird ebenfalls von den Beteiligten vor den Interviews eingeholt. Das Forschungsvorhaben wurde vor der Befragung der Ethik-Kommission der Deutschen Gesellschaft für Soziologie (DGS) mitgeteilt sowie dem Research Committee for Scientific and Ethical Questions (RCSEQ) der UMIT Universität für Gesundheitswissenschaften, Medizinische Informatik und Technik. Beide Institutionen teilten ihre Unbedenklichkeitserklärung gegenüber dem Forschungsvorhaben mit.

6 Darstellung der Ergebnisse

6.1 Vorbemerkung

Zunächst werden in diesem Kapitel ausgewählte soziodemografische Daten von Forschungsschritt 1 und Forschungsschritt 2 dargestellt, um einen Einblick über die Forschungsgruppen zu geben. Anschließend werden die generierten Hauptkategorien und Subkategorien präsentiert. Zwei Ankerbeispiele dienen zur Verdeutlichung der Kategorien. Im Anschluss an die Darstellung der jeweiligen Hauptkategorien, werden sie für einen unmittelbaren Vergleich mit einigen dazugehörigen deskriptiven Ergebnissen aus dem Forschungsschritt 2 ergänzt. Die Gesamtsummen in den Tabellen und Diagrammen können um bis zu 0,1 differieren, da die Einzelergebniswerte im Zehntelbereich auf- oder abgerundet wurden. Des Weiteren erläutert der Autor die Gemeinsamkeiten und Gegensätze der zuvor dargestellten Ergebnisse und führt die Ergebnisse zusammen. Abschließend wird die Forschungsfrage beantwortet.

6.2 Soziodemografische Daten

6.2.1 Qualitative Studie – Forschungsschritt 1

Insgesamt wurden im ersten Forschungsschritt elf Personen befragt, davon fünf Frauen und sechs Männer. Nach dem zehnten Interview trat die theoretische Sättigung ein (Strübing 2008, S. 33). Es wurde dennoch zusätzlich das elfte Interview durchgeführt. Das Durchschnittsalter der befragten Personen betrug 42,2 Jahre. Von den elf Personen waren acht eingebürgert. Drei Interviewpartner waren Abiturienten und hatten ein Studium abgeschlossen. Acht Personen dagegen hatten den Hauptschulabschluss und arbeiteten in angelernten oder Facharbeiterberufen. Sie waren alle verheiratet und hatten mindestens zwei Kinder. Auffallend viele waren das erste Kind in der eigenen Geschwisterreihe (acht Personen). Nur ein Interviewpartner war in Deutschland geboren; die anderen waren gebürtige Türken und waren vor ihrem 16. Lebensalter nach Deutschland gekommen.

In der folgenden Tabelle werden die ausgewählten soziodemografischen Daten der Interviewpartner als Überblick aufgeführt (siehe Tabelle 3):

Tabelle 3: Soziodemografische Daten- Forschungsschritt 1

Inter-view-partner:	1	2	3	4	5	6	7	8	9	10	11
Geschlecht:	männlich	männlich	weiblich	männlich	weiblich	männlich	weiblich	weiblich	männlich	weiblich	weiblich
Alter:	48	41	43	41	40	41	47	40	40	40	43
Eingebürgert:	ja	ja	ja	nein	jein	ja	ja	ja	ja	nein	ja
Schulabschluss:	Hauptschulabschluss	Hauptschulabschluss	Hauptschulabschluss	Hauptschulabschluss	Hauptschulabschluss	Hauptschulabschluss	Abitur	Abitur	Abitur	Hauptschulabschluss	Hauptschulabschluss
Beruf:	Geschäftsführer	Bauarbeiter	Schneiderin/Pflegerin	Gastronom	Friseurin	KFZ-Mechaniker	Realschullehrerin	Ärztin	Mittelschullehrer	Reinigungskraft	Arbeiterin
Familienstand:	verheiratet	verheiratet	verheiratet	verheiratet	verheiratet	verheiratet	verheiratet	verheiratet	verheiratet	verheiratet	geschieden
Anzahl d. Kinder:	3	3	2	2	2	4	3	2	2	4	2
Eigene Stellung in der Geschwisterreihe:	1. Kind von insg. 2	1. Kind von insg. 4	1. Kind von insg. 2	1. Kind von insg. 4	2. Kind von insg. 5	1. Kind von insg. 3	1. Kind von insg. 2	5. Kind von insg. 5	1. Kind von insg. 4	2. Kind von insg. 5	1. Kind von insg. 5
Einreisealter nach Deutschland:	15 Jahre	6 Jahre	2 Jahre	7 Jahre	4 Jahre	3 Jahre	10 Jahre	1 Jahr	In Deutschland geboren	8 Jahre	8 Jahre
Eltern am Leben:	Beide	beide	beide	beide	Beide	beide	nur Mutter	beide	Beide	beide	nur Vater

6.2.2 Quantitative Studie – Forschungsschritt 2

Die Rücklaufquote der Fragebögen im zweiten Forschungsschritt beträgt über 25 Prozent. Es konnten 252 Fragebögen eingesammelt werden, von denen mussten jedoch 37 aussortiert werden, weil sie nicht von der Zielgruppe ausgefüllt worden waren. So wurden sie beispielsweise von der ersten oder dritten Generation ausgefüllt. Manche waren zwar von der zweiten Generation bearbeitet worden, migrierten aber nach ihrem 16. Lebensjahr nach Deutschland. Weitere sechs Fragebögen wurden ebenfalls aussortiert, da sie im Fragebogen ihr Geburtsdatum nicht angegeben hatten und somit nicht zugeordnet werden konnten. Abschließend wurden fünf Fragebögen unausgefüllt zurückgesendet. Somit stehen für die Auswertung insgesamt 204 (20,4 Prozent) Fragebögen zur Verfügung.

Von den 204 Fragebögen wurden 87 von weiblichen (42,6 Prozent) und 117 von männlichen Teilnehmern (57,4 Prozent) ausgefüllt und dies entspricht einer annähernd ausgeglichenen Geschlechterverteilung. 62 Befragungsteilnehmer (30,4 Prozent) sind zwischen 35 und 39 Jahre alt, 58 (28,4 Prozent) zwischen 40 und 44 Jahren, 49 (24,0 Prozent) zwischen 45 und 49 Jahren und 35 Personen (17,2 Prozent) sind im Alter zwischen 50 und 56 Jahren (siehe Abbildung 6).

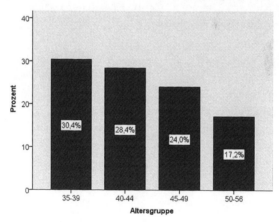

Abbildung 6: Altersgruppenverteilung

Von den Befragungsteilnehmern haben über die Hälfte die türkische Staatsangehörigkeit (104 Personen = 51,0 Prozent) und über ein Drittel die deutsche

(77 Personen = 37,7 Prozent). 21 Personen dagegen besitzen beide Staatsangehörigkeiten (10,3 Prozent). Zwei Personen (1,0 Prozent) geben zu dieser Frage
keine Antwort.

In Bezug auf die Schulbildung geben 28 Teilnehmer (13,7 Prozent) an, dass
sie keinen Schulabschluss haben. 107 Personen (52,5 Prozent) haben einen
Hauptschul- und 33 einen Realschulabschluss (16,2 Prozent). Die Hochschul-
berechtigung (Fach-/Abitur) können 25 Teilnehmer (12,2 Prozent) vorweisen.
Zwei Personen geben einen anderen Abschluss an und neun behalten es sich
vor, diese Frage unbeantwortet zu lassen.

Auf die Frage nach ihren Berufsabschlüssen geben 71 Teilnehmer (34,8 Prozent) an, dass sie keine abgeschlossene Berufsausbildung haben. Insgesamt 84
Teilnehmer (41,1 Prozent) besitzen einen Facharbeiterabschluss oder absolvier-
ten erfolgreich eine Berufsausbildung, beispielsweise an einer Berufsfachschule.
19 Personen (9,3 Prozent) beendeten erfolgreich die Fach(hoch)schule oder
Berufsakademie. Einen Universitäts- oder Hochschulabschluss jedoch haben
16 Personen (7,9 Prozent). Zudem ist eine Person promoviert (0,5 Prozent).
Insgesamt enthalten sich jedoch 13 Personen (6,4 Prozent) bei dieser Frage.
Diese Werte bestätigen die relativ niedrigen Schul- und Berufsqualifikationen
der türkischstämmigen Migranten, die in vielen anderen Untersuchungen festgestellt worden sind, wie im Mikrozensus 2015 (Statistisches Bundesamt 2015,
S. 177 ff., 201 ff.).

Die meisten Teilnehmer geben an, dass sie verheiratet sind (162 Personen = 79,4 Prozent). 39 Personen (19,1 Prozent) dagegen sind nicht verheiratet
oder leben in keiner festen Partnerschaft. Die Antwortmöglichkeit *keine Angabe*
werden von drei Personen (1,5 Prozent) angekreuzt.

30 Befragungsteilnehmer (14,7 Prozent) haben keine Kinder, 24 (11,8 Prozent) haben ein Kind. Zwei Kinder dagegen geben 69 Teilnehmer (33,8 Prozent)
an. Über ein Drittel (72 = 35,3 Prozent) haben mehr als zwei Kinder. Neun Personen (4,4 Prozent) wollen zu dieser Frage keine Informationen geben (siehe
Abbildung 7).

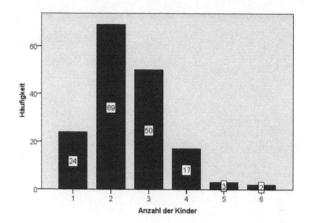

Abbildung 7: Anzahl der Kinder

Auf die Frage nach der eigenen Stellung in der Geschwisterreihe gibt lediglich nur eine Person an, dass sie ein Einzelkind ist. 62 Befragungsteilnehmer (30,4 Prozent) sind die ältesten und 45 (22,1 Prozent) die jüngsten Kinder in der eigenen Familie. 88 Personen (43,1 Prozent) geben an, dass sie zwischen den ältesten und jüngsten Geschwistern zugeordnet werden können. Von acht Personen (3,9 Prozent) ist die Angabe der Geschwisterreihe nicht bekannt.

Von den befragten Personen wurden 70 (34,3 Prozent) in Deutschland geboren. 32 Personen (15,7 Prozent) migrierten zwischen dem ersten und dem vierten Lebensjahr, 31 Personen (15,2 Prozent) zwischen dem fünften und dem achten Lebensjahr, 37 Personen (18,1 Prozent) zwischen dem neunten und dem zwölften Lebensjahr und 34 Personen (16,7 Prozent) kamen zwischen dem 13. und dem 16. Lebensjahr nach Deutschland. 144 der Befragungsteilnehmer (70,6 Prozent) geben an, dass beide Elternteile am Leben sind. Von 49 Personen (24,0 Prozent) lebt nur die Mutter und von elf Personen nur der Vater (5,4 Prozent).

Die folgende Tabelle zeigt eine Übersicht der soziodemografischen Daten (siehe Tabelle 4). Im nächsten Kapitel werden die Ergebnisse der qualitativen und quantitativen Untersuchung dargestellt.

Tabelle 4: Soziodemografische Daten – Forschungsschritt 2

		Häufigkeit	Prozent
Geschlecht:	Weiblich	87	42,6
	Männlich	117	57,4
	Gesamt	204	100
Alter:	35–39 Jahre	62	30,4
	40–44 Jahre	58	28,4
	45–49 Jahre	49	24,0
	50–56 Jahre	35	17,2
	Gesamt	204	100
Staatsange-	Türkisch	104	51,0
hörigkeit:	Deutsch	77	37,7
	Türkisch und Deutsch	21	10,3
	Keine Angabe	2	1,0
	Gesamt	204	100
Schulabschluss:	Ohne Abschluss	28	13,7
(höchster	Hauptschulabschluss	107	52,5
Abschluss)	Realschulabschluss	33	16,2
	(Fach-)Abitur	25	12,3
	Sonstiger Abschluss	2	1,0
	Keine Angabe	9	4,4
	Gesamt	204	100
Berufs-	Keine Ausbildung oder Ausbildung abgebrochen	71	34,8
abschluss:	Lehre/Facharbeiterabschluss	67	32,8
(höchster	Handelsschule/Berufsfachschule/ Schule des Gesundheitswesens/ Beamtenausbildung	17	8,3
Abschluss)	Fachhochschule/Fachschule/ Berufsakademie	19	9,3
	Universitäts-/Hochschulabschluss	16	7,8
	Universitäts-/Hochschulabschluss m. Promotion	1	0,5
	Keine Angabe	13	6,4
	Gesamt	204	100

		Häufigkeit	**Prozent**
Familienstand:	Ledig/geschieden/verwitwet/ getrennt lebend	39	19,1
	Verheiratet (auch mehrere Ehen)	162	79,4
	In Partnerschaft lebend (auch eingetr. Lebenspartnerschaft)	0	0
	Keine Angabe	3	1,5
	Gesamt	204	100
Anzahl der Kinder:	Keine Kinder	30	14,7
	Ein Kind	24	11,8
	Zwei Kinder	69	33,8
	Mehr als zwei Kinder	72	35,3
	Keine Angabe	9	4,4
	Gesamt	204	100
Eigene Stellung in der Geschwister- reihe:	Einzelkind	1	0,5
	Ältestes Kind	62	30,4
	Jüngstes Kind	45	22,1
	Rest	88	43,1
	Keine Angabe	8	3,9
	Gesamt	204	100
Einreisealter nach Deutschland:	In Deutschland geboren	70	34,3
	≤ 1.–4. Lebensjahr	32	15,7
	5.–8. Lebensjahr	31	15,2
	9.–12. Lebensjahr	37	18,1
	13.–16. Lebensjahr	34	16,7
	Keine Angabe	0	0
	Gesamt	204	100
Eltern am Leben:	Beide	144	70,6
	Nur Mutter	49	24,0
	Nur Vater	11	5,4
	Gesamt	204	100

6.3   Ergebnisse der beiden Studien

6.3.1   Vorbemerkung

Im Folgenden werden zu Beginn die generierten Hauptkategorien präsentiert und der Kategoriebaum sowie exemplarisch die Hauptkategorie *Kontakt* mit ihren Subkategorien dargestellt. Anschließend werden die wichtigsten Inhaltsergebnisse der Hauptkategorien und deren Subkategorien aufgezeigt und mit zwei Ankerbeispielen belegt. Zudem werden ausgewählte deskriptive Ergebnisse präsentiert sowie bi- und multivariat untersucht.

6.3.2   Überblick der Hauptkategorien

Aus den gewonnenen Daten im Forschungsschritt 1 haben sich mittels der Methoden der *induktiven Kategorienbildung* und der *zusammenfassenden Inhaltsanalyse* (Mayring 2002, S. 115; 2007, S. 115; Kuckartz 2014b, S. 63 f.) neun Hauptkategorien und zahlreiche Subkategorien herauskristallisiert. Nachfolgend werden die Hauptkategorien als Überblick aufgezeigt.

Hauptkategorien:
1. Kontakt
2. Aktivitäten
3. Beziehung
4. Eigenschaften der Eltern
5. Generationenunterschiede
6. Unterstützung
7. Konflikte
8. Sorgen
9. Wünsche

Des Weiteren wird der Kategoriebaum und exemplarisch die Hauptkategorie *Kontakt* mit ihren Subkategorien grafisch dargestellt (siehe Abbildungen 8 und 9).

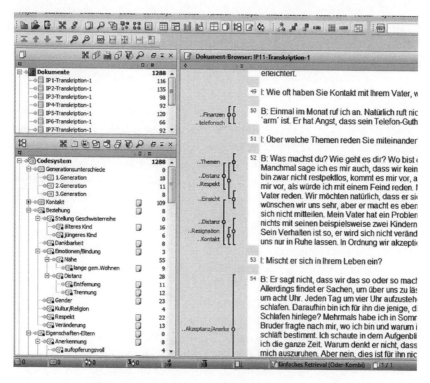

Abbildung 8: Kategoriebaum in MAXQDA (eigene Darstellung)

Im nächsten Kapitel werden die Ergebnisse der qualitativen und quantitativen Untersuchung dargestellt.

6.3.3   Hauptkategorie – Kontakt

Kontakt											
Internet			Persönlich			Telefon			Urlaub		
oft	selten	kein	oft	selten	kein	oft	selten	kein	oft	selten	kein

Abbildung 9: Kategorie – Kontakt

6.3.3.1 Ergebnisse der qualitativen Studie

Der Kontakt zu den Eltern ist überwiegend intensiv. Ebenso wird der Kontakt zwischen den Großeltern und Enkelkindern sowie zwischen den Eltern und Geschwistern meist positiv beschrieben. Auffallend viele Interviewpartner wohnen oder haben mit ihren Eltern im erwachsenen Alter in einer gemeinsamen Wohnung oder im selben Haus gewohnt. Je näher die Eltern bei ihren Kindern wohnen, umso intensiver ist der Kontakt zwischen ihnen. Viele Interviewpartner berichten zusätzlich, dass sie an einem bestimmen Tag in der Woche Zeit mit ihren Eltern verbringen. Bei besonderen Anlässen, beispielsweise bei Feiertagen, werden die Eltern besucht oder angerufen. Die Kontakthäufigkeit ist auch abhängig von der gegenseitigen Unterstützungs- und Verantwortungsbereitschaft. Zudem verstärken die Enkelkinder, insbesondere wenn sie jünger sind, die Kontaktdichte. Auch wenn die Eltern nicht in der Nähe wohnen oder in der Türkei leben, ist der Telefonkontakt relativ häufig. Der Internetkontakt mittels *Skype* mit den Eltern ist dagegen gering. Einige Interviewpartner, deren Eltern in der Türkei leben, sehen sie überwiegend im Urlaub. Auffallend viele Interviewpartnerinnen haben eine intensivere Kontakthäufigkeit und -intensität zu ihren Eltern und insbesondere zu ihren Müttern. Die Kontaktdichte und -dauer hängt auch von den Beziehungskonflikten ab. Tendenziell sinkt die Kontaktbereitschaft der Familienmitglieder, wenn sie starke Konflikte haben. Die geringe Kontaktdichte bei den Personen, die weit entfernt von ihren Eltern wohnen, wird damit begründet, dass sie organisatorische und strukturelle Hindernisse überwinden müssen, wie die Schulzeiten der Kinder, die Urlaubsorganisation und dass Eltern zwischen der Türkei und Deutschland pendeln.

6.3.3.2 Ankerbeispiele – Kontakt
„Ich gehe jeden Tag zu ihnen." (IP 10, Abs. 3)
„Regelmäßig rufe ich sie sonntags an und wenn wir ab und zu heilige Nächte oder Feste haben, religiöse Feste, dann rufe ich sie auch an. Also unser Kontakt ist immer per Telefon [...]." (IP 9, Abs. 3)

6.3.3.3 Ergebnisse der quantitativen Studie
Die Ergebnisse des Forschungsschritts 2 zeigen die überwiegend starke Kontaktdichte (gegenseitiges Besuchen) zwischen der ersten und zweiten Generation. Nach

Abzug der fehlenden Werte (*Filter-Frage* und *keine Angabe*) stellt die Gruppe, die ihre Eltern täglich bis mindestens einmal in der Woche sehen, über die Hälfte der Befragungsteilnehmer (58,3 Prozent mit Müttern, 56,8 Prozent mit Vätern) dar. Seltener als einmal im Jahr oder überhaupt keinen Kontakt zu ihren Müttern (2,3 Prozent) und Vätern (4,2 Prozent) geben nur einige wenige an (siehe Tabelle 5).

Tabelle 5: Persönlicher Kontakt

Persönlicher Kontakt		Mutter			Vater		
		Häufig-keit	Prozent	Gültige Prozente	Häufig-keit	Prozent	Gültige Prozente
Gültig	Täglich	46	22,5	26,3	32	15,7	22,7
	Mehrmals pro Woche	38	18,6	21,7	31	15,2	22,0
	1-mal pro Woche	18	8,8	10,3	17	8,3	12,1
	1- bis 3-mal pro Monat	17	8,3	9,7	10	4,9	7,1
	Mehrmals im Jahr	35	17,2	20,0	26	12,7	18,4
	Einmal im Jahr	17	8,3	9,7	19	9,3	13,5
	Seltener	3	1,5	1,7	3	1,5	2,1
	Nie	1	0,5	0,6	3	1,5	2,1
	Gesamt	175	85,8	100,0	141	69,1	100,0
Fehlend	Nicht-zutreffend (Filter-Frage)	11	5,4		49	24,0	
	Keine Angabe	18	8,8		14	6,9	
	Gesamt	29	14,2		63	30,9	
Gesamt		204	100,0		204	100,0	

Wird die Kontaktdichte nach dem Geschlecht der Befragungsteilnehmer getrennt aufgezeigt, zeigt sich, dass die Söhne etwas stärkeren Kontakt zu ihren Eltern haben als die Töchter. So haben 61,8 Prozent der Söhne mit ihren Müttern und 61,5 Prozent der Söhne mit ihren Vätern täglich bis einmal die Woche Kontakt. Von den Töchter dagegen haben 53,4 Prozent mit ihren Müttern und 50,7 Prozent mit ihren Vätern täglich bis einmal die Woche Kontakt (siehe

Abbildungen 10a und 10b). Des Weiteren zeigen die Daten, dass die jüngere Gruppe, die zwischen 35 und 39 Jahre alt ist, die stärkste Kontaktdichte zu den Eltern hat im Vergleich zu den anderen Altersgruppen.

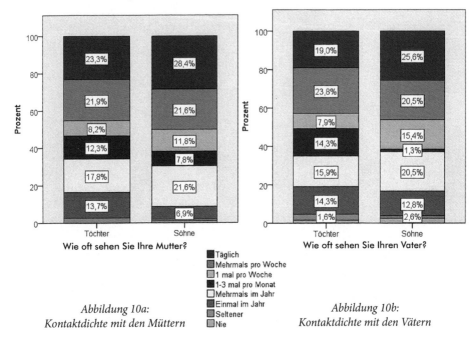

Abbildung 10a:
Kontaktdichte mit den Müttern

- ■ Täglich
- ▨ Mehrmals pro Woche
- ☐ 1 mal pro Woche
- ■ 1-3 mal pro Monat
- ☐ Mehrmals im Jahr
- ■ Einmal im Jahr
- ▨ Seltener
- ☐ Nie

Abbildung 10b:
Kontaktdichte mit den Vätern

Viele der ersten Generation pendeln zwischen Deutschland und der Türkei. Dies zeigt sich in den Ergebnissen des Fragebogens, wenn man die Prozentwerte betrachtet. 60,0 Prozent der Mütter (n = 175) und 63,9 Prozent der Väter (n = 141) pendeln zwischen beiden Ländern. Der Anteil derer, die überwiegend in Deutschland leben, ist höher als der Anteil derer, die überwiegend in der Türkei leben. Im Vergleich dazu leben 29,1 Prozent der Mütter und 24,1 Prozent der Väter ausschließlich in Deutschland. In Folge dessen leben nur 10,9 Prozent der Mütter und 12,1 Prozent der Väter in der Türkei. Das Pendelverhalten der Eltern hat auch Auswirkung auf die Kontakthäufigkeit zwischen den Generationen. So ist der Kontakt tendenziell mit den Eltern stärker, wenn sie entweder ausschließlich oder überwiegend in Deutschland leben.

Die Koresidenz und Wohnentfernung kann die Kontaktdichte beeinflussen. Diesbezüglich wurde nach der Wohnentfernung der Eltern gefragt. Die Ergebnisse zeigen, dass Söhne häufiger in demselben Haus oder in der derselben Wohnung mit ihren Eltern leben (Koresidenz 31,7 Prozent mit Müttern und 32,5 Prozent mit Vätern; n = 104/77) als die Töchter (Koresidenz 18,1 Prozent mit Müttern und 14,8 Prozent mit Vätern; n = 72/61) (siehe Abbildungen 11a und 11b). Zudem ist die Koresidenzrate bei den jüngeren Altersgruppen etwas höher als bei den älteren Gruppen.

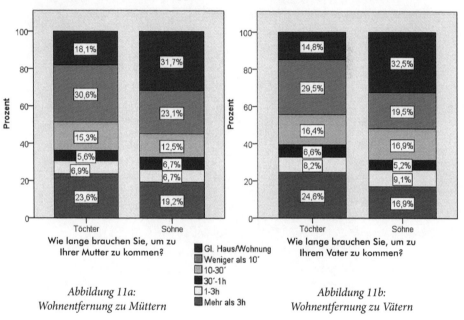

Abbildung 11a:
Wohnentfernung zu Müttern

Abbildung 11b:
Wohnentfernung zu Vätern

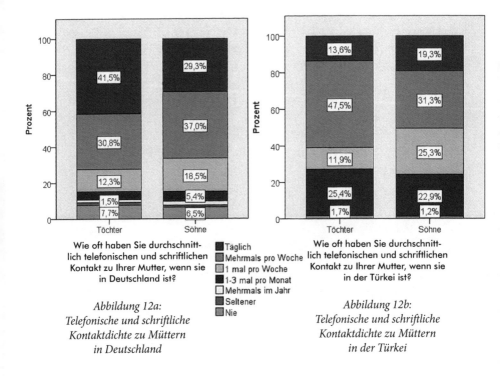

Abbildung 12a:
Telefonische und schriftliche
Kontaktdichte zu Müttern
in Deutschland

Abbildung 12b:
Telefonische und schriftliche
Kontaktdichte zu Müttern
in der Türkei

Die telefonische und schriftliche Kontaktdichte zu ihren Eltern (Internet-Telefonie, SMS, WhatsApp etc. inbegriffen) ist ebenfalls hoch. Sie ist leicht stärker, wenn die Eltern in Deutschland als in der Türkei leben. Töchter (72,3 Prozent/61,1 Prozent; n = 65/59) telefonieren und schreiben täglich bis mehrmals pro Woche mit ihren Müttern und haben damit einen etwas regeren Kontakt als die Söhne (66,3 Prozent/50,6 Prozent; n = 92/83). Insgesamt ist die telefonische und schriftliche Kontaktdichte zu den Müttern etwas stärker als die zu den Vätern. Töchter und Söhne haben etwa die gleiche Kontaktdichte zu ihren Vätern in Deutschland (siehe Abbildungen 12a–13b). Werden die Daten getrennt und in Bezug auf die vier Altersgruppen betrachtet, so ist wieder zu erkennen, dass die jüngste Altersgruppe (35 bis 39 Jahre) eine relativ starke telefonische und schriftliche Kontaktdichte zu ihren Eltern aufweist.

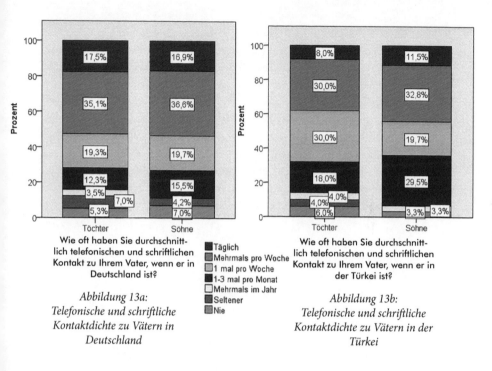

Wie oft haben Sie durchschnittlich telefonischen und schriftlichen Kontakt zu Ihrem Vater, wenn er in Deutschland ist?

Abbildung 13a:
Telefonische und schriftliche
Kontaktdichte zu Vätern in
Deutschland

- ■ Täglich
- ▨ Mehrmals pro Woche
- ▤ 1 mal pro Woche
- ■ 1-3 mal pro Monat
- ☐ Mehrmals im Jahr
- ■ Seltener
- ▨ Nie

Wie oft haben Sie durchschnittlich telefonischen und schriftlichen Kontakt zu Ihrem Vater, wenn er in der Türkei ist?

Abbildung 13b:
Telefonische und schriftliche
Kontaktdichte zu Vätern in der
Türkei

6.3.4 Hauptkategorie – Aktivitäten

6.3.4.1 Ergebnisse der qualitativen Studie

Sie gehen gemeinsam einkaufen, besuchen das Kino oder Restaurants und schauen Fernsehen und Filme miteinander. Weiterhin kochen, grillen, essen und trinken sie zusammen. Sie führen Gespräche miteinander und reden über vielschichtige Themen. Neben den alltäglichen Themen reden sie über die Erziehung der Enkelkinder, über ihre Arbeit und ihren Beruf, über ihre Erlebnisse in der Vergangenheit. Sie reden über die Konflikte und Schwierigkeiten sowie über ihre Emotionen, die sie erlebt haben. Sie sprechen miteinander über die Verwandtschaft, welche zum Teil in der Türkei lebt. Weitere Gesprächsthemen sind gegenseitiges Nachfragen, Gesundheit und Arztbehandlungen. Die Themen Politik und Religion sind ebenfalls Gesprächsinhalte. Gesprächsstoff sind auch Konflikte, die derzeit aktuell sind, beispielsweise zwischen den Eltern. Sie geben und nehmen gegenseitig Ratschläge an. Die Interviewpartner gehen mit ihren Eltern spazieren und verbringen ihren Urlaub ganz oder teilweise zusammen. Sie besuchen gemeinsam Verwandte und Bekannte. Zudem besichtigen sie miteinander Sehenswürdigkeiten, wie Zoos oder Museen. Einige Interviewpartner berichten, dass sie mit ihren Eltern arbeiten, wie bei Umbau-, Haus- oder Gartenarbeiten. Die Anzahl der Aktivitäten hängt von der Gesundheit der Eltern, von der Kontakthäufigkeit, von den Organisationsbedingungen und der Wohndistanz ab. Mit den Enkelkindern werden Aktivitäten wie Gespräche führen, miteinander Essen gehen, Sport treiben und Spazieren gehen vorgenommen. Die Großväter können mit den Enkelkindern anderen Aktivitäten nachgehen als die Großmütter, etwa der Besuch im Schwimmbad.

6.3.4.2 Ankerbeispiele – Aktivitäten

„Wir reden sehr oft miteinander, gehen spazieren oder gehen einkaufen."
(IP 4, Abs. 15)
„Wenn wir bei ihr sind, gehen wir manchmal auf die Wiese. Dann haben wir Spiele gespielt mit den Kindern, wie Volleyball, Fußball, Kaffee getrunken, sind spazieren gegangen, haben gemeinsam geredet oder auch mal einen Film angeschaut – also eigentlich total ungezwungen."
(IP 7, Abs. 7)

6.3.4.3 Ergebnisse der quantitativen Studie

Knapp die Hälfte (45,5 Prozent; n = 167) der zweiten türkischen Generation geht mit ihren Müttern täglich bis mehrmals pro Monat einkaufen. Dieser Prozentwert ist bei Töchtern und Söhnen praktisch gleich (siehe Tabelle 6). Mit ihren Vätern dagegen gehen sie in dem genannten Zeitraum deutlich weniger einkaufen (34,3 Prozent; n = 134). Erheblich weniger geben an, dass sie mit ihren Eltern fernsehen oder ins Kino gehen. Über die Hälfte der zweiten Generation schaut mit ihren Eltern sehr selten oder niemals fernsehen oder besucht ein Kino (mit Müttern 55,8 Prozent; n = 156 und mit Vätern 61,2 Prozent; n = 129). Die Töchter-Mütter-Konstellation zeigt in dieser Kategorie leicht höhere Werte als bei anderen Konstellationen.

Auf die Frage, wie oft sie mit ihren Eltern essen und trinken, antworten 18,2 Prozent, dass sie täglich, und 46,5 Prozent, dass sie mehrmals pro Woche oder mehrmals pro Monat mit ihren Müttern gemeinsam essen und trinken (n = 170). Mit ihren Vätern 8 Prozent täglich und 48,1 Prozent mehrmals pro Woche oder mehrmals pro Monat (n = 137). Die genderspezifische Betrachtung zeigt, dass die Söhne tendenziell öfter mit ihren Vätern essen und trinken als dies Töchter zu tun pflegen.

Die zweite türkische Generation kocht häufiger mit ihren Müttern als mit ihren Vätern. So geben 9,3 Prozent an, dass sie täglich und 32,3 Prozent, dass sie mehrmals pro Woche oder mehrmals pro Monat mit ihren Müttern kochen (n = 161). Mit ihren Vätern sind die Prozentwerte dagegen gering. 0,8 Prozent kochen mit ihren Vätern täglich und 14,4 Prozent mehrmals pro Woche oder mehrmals pro Monat (n = 125). Zudem kochen die Töchter häufiger mit ihren Müttern als die Söhne.

Die prozentuale Häufigkeit in der Subkategorie *Unterhalten* ist wie folgt aufgeteilt: 24,6 Prozent der Befragten unterhalten sich mit ihren Müttern täglich und 49,7 Prozent mehrmals pro Woche oder mehrmals pro Monat (n = 175). Im Vergleich mit ihren Vätern unterhalten sie sich 12,9 Prozent täglich und 54,0 Prozent mehrmals pro Woche oder mehrmals pro Monat (n = 139). 5,1 Prozent der Befragten geben in Bezug auf ihre Mutter und 9,4 Prozent in Bezug auf ihren Vater an, dass sie sich selten oder nie mit einem Elternteil unterhalten.

Ein täglicher gemeinsamer Spaziergang mit Müttern (0,6 Prozent; n = 165) oder mit Vätern (1,5 Prozent; n = 130) bildet die Ausnahme. 38,2 Prozent jedoch geben an, dass sie mehrmals pro Woche oder mehrmals pro Monat mit ihren Müttern und 24,6 Prozent mit ihren Vätern spazieren gehen. Auch in dieser Subkategorie zeigt sich, dass die Kinder eher mit ihren Müttern aktiv sind als mit ihren Vätern. Bei den Töchtern ist der Prozentwert höher, die mit ihren Vätern selten oder nie spazieren gehen (60,7 Prozent) als bei den Söhnen (44,9 Prozent). Die stärkste Aktivität in diesem Bereich ist in der Kombination Töchter-Mütter zu verzeichnen.

Auf die Frage, wie oft sie mit ihren Eltern sportlich aktiv sind, geben sehr viele an, dass sie sehr selten mit ihren Eltern Sport treiben. 84,3 Prozent (n = 153) der Befragten haben mit ihren Müttern und 83,2 Prozent (n = 125) mit ihren Vätern selten oder nie Sport. Geschlechtsspezifische Konstellationen mit den Eltern zeigen in dieser Subkategorie keine großen Unterschiede.

40,1 Prozent (n = 167) der Befragten geben an, dass sie mit ihren Müttern mehrmals im Jahr verreisen oder den Urlaub gemeinsamen verbringen; 28,1 Prozent (n = 128) mit ihren Vätern. Ein großer Teil dagegen gibt an, dass sie selten oder nie mit ihren Eltern Reisen unternehmen oder gemeinsam im Urlaub sind (56,3 Prozent mit Müttern und 62,5 Prozent mit Vätern).

10,0 Prozent der Befragungsteilnehmer besuchen mit ihren Müttern Bekannte und Verwandte täglich oder mehrmals pro Woche und 21,2 Prozent mehrmals im Monat (n = 170). Der Prozentwert bei den Befragten, die mit ihren Vätern täglich oder mehrmals pro Woche Bekannte und Verwandte besuchen, beträgt 7,6 Prozent; 26,5 Prozent (n = 132) unternehmen diese Besuche mit dem Vater mehrmals pro Monat. Die meisten geben allerdings an, dass sie ihre Bekannten und Verwandten mehrmals im Jahr besuchen (mit Müttern 49,4 Prozent und mit Vätern 34,8 Prozent). Erwähnenswert ist auch, dass fast die Hälfte (44,3 Prozent) der Töchter mit ihren Vätern selten oder nie Bekannte und Verwandte besuchen (siehe Tabelle 6).

Die Aktivitätshäufigkeiten mit den Eltern wurden zwischen den vier Altersgruppen verglichen. Es konnte keine Tendenz oder Korrelation festgestellt werden, dass jüngere oder ältere Altersgruppen stärker oder seltener mit ihren Eltern in den dargestellten Subkategorien aktiv sind.

Es wurde auch nach ihrer subjektiven Meinung gefragt, mit welchem Elternteil sie am meisten etwas unternehmen und aktiv sind. 50,9 Prozent der weiblichen Befragten geben an, dass sie mit ihren Müttern öfter aktiv sind als mit ihren Vätern. 43,9 Prozent meinen, mit beiden gleich aktiv zu sein. Bei den männlichen Befragten ist die Verteilung etwas anders. Zwar geben auch hier rund 40 Prozent (41,7 Prozent) an, dass sie mit beiden Eltern ähnlich aktiv sind, aber über 30 Prozent (33,3 Prozent) sind der Meinung, mit ihren Vätern und 25,0 Prozent mit ihren Müttern aktiver zu sein (siehe Abbildung 14).

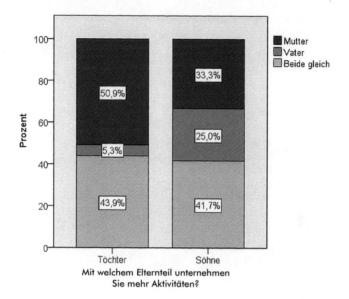

Abbildung 14: Aktivitätshäufigkeit mit Elternteilen

In der Tabelle 6 sind die prozentuale Verteilung der Subkategorien zwischen Müttern und Vätern sowie zwischen Töchtern und Söhnen abgebildet.

Tabelle 6: Häufigkeiten gemeinsamer Aktivitäten

			Täglich	Mehrmals in der Woche	Mehrmals im Monat	Mehrmals im Jahr	Seltener oder nie	n
Einkaufen	Mütter	Töchter	4,2 %	21,1 %	21,1 %	26,8 %	26,8 %	71
		Söhne	1,0 %	15,6 %	28,1 %	27,1 %	28,1 %	96
	Väter	Töchter	0,0 %	9,5 %	22,2 %	14,3 %	54,0 %	63
		Söhne	0,0 %	11,3 %	25,4 %	35,2 %	28,2 %	71
Fernsehen/ Kino	Mütter	Töchter	1,4 %	15,9 %	14,5 %	24,6 %	43,5 %	69
		Söhne	2,3 %	8,0 %	12,6 %	11,5 %	65,5 %	87
	Väter	Töchter	3,2 %	9,7 %	6,5 %	19,4 %	61,3 %	62
		Söhne	1,5 %	4,5 %	11,9 %	20,9 %	61,2 %	67
Essen/ Trinken	Mütter	Töchter	16,7 %	27,8 %	23,6 %	23,6 %	8,3 %	72
		Söhne	19,4 %	15,3 %	27,6 %	29,6 %	8,2 %	98
	Väter	Töchter	6,3 %	14,1 %	29,7 %	32,8 %	17,2 %	64
		Söhne	9,6 %	21,9 %	30,1 %	28,8 %	9,6 %	73
Kochen	Mütter	Töchter	11,1 %	20,8 %	25,0 %	31,9 %	11,1 %	72
		Söhne	7,9 %	9,0 %	12,4 %	21,3 %	49,4 %	89
	Väter	Töchter	1,7 %	5,1 %	10,2 %	15,3 %	67,8 %	59
		Söhne	0,0 %	9,1 %	4,5 %	19,7 %	67,7 %	66
Unterhalten	Mütter	Töchter	28,4 %	25,7 %	16,2 %	24,3 %	5,4 %	74
		Söhne	21,8 %	29,7 %	25,7 %	17,8 %	5,0 %	101
	Väter	Töchter	10,9 %	20,3 %	32,8 %	23,4 %	12,5 %	64
		Söhne	14,5 %	29,4 %	25,4 %	24,0 %	6,7 %	75
Spazieren	Mütter	Töchter	1,4 %	18,1 %	22,2 %	31,9 %	26,4 %	72
		Söhne	0,0 %	14,0 %	22,6 %	21,5 %	41,9 %	93
	Väter	Töchter	1,6 %	4,9 %	18,0 %	14,8 %	60,7 %	61
		Söhne	1,4 %	8,7 %	17,4 %	27,5 %	44,9 %	69
Sport	Mütter	Töchter	0,0 %	3,1 %	7,7 %	9,2 %	80,0 %	65
		Söhne	0,0 %	2,3 %	4,5 %	5,7 %	87,5 %	88
	Väter	Töchter	1,7 %	0,0%	5,0 %	5,0 %	88,3 %	60
		Söhne	0,0 %	1,5 %	10,8 %	9,2 %	78,5 %	65
Urlaub/ Reisen	Mütter	Töchter	1,4 %	0,0 %	1,4 %	40,6 %	56,5 %	69
		Söhne	1,0 %	0,0 %	3,1 %	39,8 %	56,1 %	98
	Väter	Töchter	0,0 %	3,3 %	5,0 %	20,0 %	71,7 %	60
		Söhne	0,0 %	0,0 %	10,3 %	35,3 %	54,4 %	68
Bekannte und Verwandte besuchen	Mütter	Töchter	4,2 %	11,3 %	19,7 %	45,1 %	19,7 %	71
		Söhne	2,0 %	4,0 %	22,2 %	52,5 %	19,2 %	99
	Väter	Töchter	3,3 %	4,9 %	18,0 %	29,5 %	44,3 %	61
		Söhne	1,4 %	5,6 %	33,8 %	39,4 %	19,7 %	71

6.3.5 Hauptkategorie – Beziehung

6.3.5.1 Ergebnisse der qualitativen Studie

Die Beziehung zu ihren Eltern wird größtenteils als sehr eng, stark und fürsorglich beschrieben. Des Weiteren ist die Beziehung zwischen den Großeltern und Enkelkindern sehr gut. Die Interviewpartner schildern die Beziehung zu ihren Eltern mehrheitlich als derzeit am besten. Sie fühlen gegenüber ihren Eltern aus diversen Gründen Dankbarkeit. Darüber hinaus ist sie zwischen den Eltern und Kindern noch intensiver, welche sehr lange zusammengewohnt haben, sozusagen mit den Kindern, die spät ausgezogen sind. Auch die Entfernung der Wohnungen beeinflusst die Beziehung zu den Eltern. Diejenigen, die näher bei ihren Eltern wohnen, haben meist ein engeres Verhältnis zu ihren Eltern, als die, die in einer größeren Entfernung zu ihnen wohnen. Dies gilt auch für die Beziehung zwischen den Großeltern und Enkelkindern. Zudem ist erwähnenswert, dass die Kinder eine immer noch distanzierte Beziehung zu ihren Eltern haben, die als Kind getrennt von ihnen waren. Insbesondere zu ihren Müttern ist die Beziehung sehr intensiv und offen. Mit ihnen können sie vertrauensvoller und offener reden als mit ihren Vätern, da die Väter autoritärer und strenger sind als die Mütter. Die Mütter wurden und werden oft als Schlichterin oder Mittlerin bei Auseinandersetzungen und Unstimmigkeiten mit den Vätern eingesetzt. Es kommt hinzu, dass viele ohne ihren Vater, aber mit ihrer Mutter in der Türkei aufgewachsen sind. Auch später nach vielen Jahren des Zusammenlebens mit ihren Vätern konnte die Beziehung nicht gleichwertig werden wie die zu ihren Müttern. Jedoch ist das Verhältnis zu den Vätern gegenüber der Beziehung in der Vergangenheit besser geworden. Des Weiteren haben viele Interviewpartnerinnen eine intensivere Beziehung zu ihren Eltern und insbesondere zu ihren Müttern als die Interviewpartner. In einigen Fällen wird das Verhältnis zu Schwiegertochter und -sohn und deren Kinder zum Teil distanzierter beschrieben, da sie einem anderen Kulturkreis und einer anderen Religion angehören. Die Beziehungen zwischen den Familienmitgliedern werden sehr oft als respektvoll beschrieben. Die Erwartungen an die älteren Kinder sind höher als an die jüngeren. Jüngere Kinder werden auch im Erwachsenenalter stärker unterstützt als die älteren Kinder, da sie als nicht selbstständig eingeschätzt werden. Ihre Bindung zu ihren Eltern ist zudem stärker als zu den älteren Kindern, obwohl die jüngeren Kinder weniger Achtung und Respekt gegenüber ihren Eltern zeigen.

In einigen Familien hat der ältere Sohn eine besondere Beziehung und Stellung in der Familie, insbesondere bei seiner Mutter. Die Beziehung zwischen den Eltern hat sich im Laufe der Zeit geändert. Die Eltern, insbesondere die Väter, waren überwiegend in der Vergangenheit autoritärer und verschlossener. Die Verhaltensweisen der Eltern gegenüber den jüngeren Geschwistern haben sich mehrheitlich verändert, sie wurden offener, toleranter und zeigten mehr Zuneigung und Liebe als vorher zu den älteren Kindern. Die Beziehung der Eltern zu den jüngeren Enkelkindern hat sich ebenfalls verbessert als dies zu den älteren Enkelkindern der Fall war. Der Grund liegt unter anderem darin, dass sie jetzt als Rentner mehr Zeit haben.

6.3.5.2 Ankerbeispiele – Beziehung

„Sehr gut. Meine Eltern lieben sie genauso wie mich, aber zu mir haben sie ein besseres Verhältnis, da sie über mir wohnen. Die Töchter sind verheiratet und sind von meinen Eltern irgendwie getrennt." (IP 6, Abs. 23)

„Er (Vater) ist lockerer und verständnisvoller zu meinen zwei jüngsten Geschwistern. Beispielsweise zu mir und zu meiner älteren Schwester verhält er sich konservativ, sein Verhalten ist anders gegenüber meinen zwei jüngeren Geschwistern." (IP 4, Abs. 27)

6.3.5.3 Ergebnisse der quantitativen Studie

Die Befragungsteilnehmer wurden nach ihrer Verbundenheit zu ihren Müttern und Vätern gefragt. Sie hatten bei dieser Frage eine fünfstufige Antwortskala (Likert-Skala) von *1 = Überhaupt nicht eng* bis *5 = Sehr eng* zur Auswahl. 62,1 Prozent der gültigen Antworten geben an, dass sie mit ihren Müttern eine sehr enge Verbundenheit haben. Mit ihren Vätern dagegen haben lediglich 49,0 Prozent eine sehr enge Verbundenheit. Zwar ist die Beziehung zu ihren Vätern ebenfalls eng, aber im Vergleich zu ihren Müttern ist die Verbundenheit geringer (siehe Tabelle 7). Werden diese Daten getrennt nach Geschlechtern betrachtet, so werden die Ergebnisse aus dem Forschungsschritt 1 bestätigt, dass Töchter eine stärkere Verbundenheit mit ihren Müttern aufweisen als Söhne. Die Vater-Sohn-Beziehungen sind leicht enger als Vater-Tochter-Beziehungen. Bei der direkten Befragung, ob die Teilnehmer eine engere Beziehung zu ihren Müttern oder Vätern haben, zeigte sich ebenfalls, dass Töchter öfter (48,2 Prozent) als Söhne (31,9 Prozent) ihre Mütter angaben als ihre Väter. Dagegen geben

7,1 Prozent der Töchter und 11,1 Prozent der Söhne eine engere Beziehung zu ihren Vätern an (n = 128). Bei dieser Frage wurde relativ oft *keine Antwort* oder *weiß nicht* angegeben. Die Beziehung zu Enkelkindern wird ebenfalls als positiv angegeben. 69,4 Prozent der Befragten werten die Beziehung zwischen Groß-eltern und Enkelkindern als eng oder sehr eng.

Tabelle 7: Derzeitige Beziehung zu den Eltern

Derzeitige Beziehungen		Mütter			Väter		
		Häufig-keit	Prozent	Gültige Prozente	Häufig-keit	Prozent	Gültige Prozente
Gültig	1 = Überhaupt nicht eng	5	2,5	2,8	7	3,4	4,8
	2	13	6,4	7,3	11	5,4	7,5
	3	22	10,8	12,4	29	14,2	19,7
	4	27	13,2	15,3	28	13,7	19,0
	5 = Sehr eng	110	53,9	62,1	72	35,3	49,0
	Gesamt	177	86,8	100,0	147	72,1	100,0
Fehlend	Nichtzutreffend (Filter-Frage)	11	5,4		49	24,0	
	Keine Angabe oder weiß nicht	16	7,8		8	3,9	
	Gesamt	27	13,2		57	27,9	
Gesamt		204	100		204	100	

$$(MW = 4,27; SD = 1,11) \qquad (MW = 4,00; SD = 1,19)$$

Weiterhin wurde gefragt, ob die Beziehung zu ihren Eltern grundsätzlich in der Vergangenheit (im Jugend- und frühen Erwachsenenalter) oder derzeit enger ist. 28,8 Prozent geben an, dass sie mit ihren Müttern in der Vergangenheit eine engere Beziehung hatten als in der Gegenwart. Im Gegensatz dazu geben 34,1 Prozent an, dass sie derzeit eine engere Beziehung haben als in der Vergangen-heit und 37,1 Prozent stellen keinen Unterschied fest (n = 170).

Die Häufigkeit derer, die in der Vergangenheit eine engere Beziehung zu ihren Vätern hatten als heute, beträgt 19,7 Prozent. 43,8 Prozent der Befragten haben eine gegensätzliche Erfahrung gemacht. Das bedeutet, sie haben derzeit eine engere Beziehung zu ihren Vätern als im Jugend- und frühen Erwachse-nenalter. 36,5 Prozent der Befragten sehen keinen Unterschied in ihrer Bezie-hung zu ihren Vätern (n = 137).

Eine genderspezifische Betrachtung zeigt, dass besonders die Töchter angeben, dass ihre Beziehungen zu ihren Eltern (mit Müttern 46,4 Prozent und mit Vätern 50,8 Prozent) derzeit enger ist als in der Vergangenheit. Ein relativ hoher Prozentsatz der Söhne gegenüber den Töchtern (Söhne 38,6 Prozent, Töchter 14,5 Prozent) dagegen gibt eine engere Beziehung zu ihren Müttern in der Vergangenheit an als in der Gegenwart (siehe Abbildungen 15a und 15b).

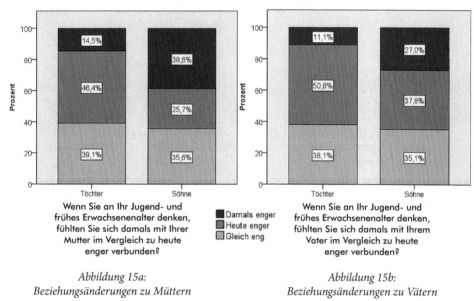

Abbildung 15a:
Beziehungsänderungen zu Müttern

Abbildung 15b:
Beziehungsänderungen zu Vätern

6.3.6   Hauptkategorie – Eigenschaften der Eltern

6.3.6.1   *Ergebnisse der qualitativen Studie*
Die Interviewpartner beschreiben ihre Eltern als sehr aufopferungsvoll und fürsorglich. Vor allem werden die Mütter mit diesen Eigenschaften charakterisiert. Sie erkennen weiterhin ihre Leistungen und Erfahrungen sowie ihren Fleiß und ihre Liebe zur Arbeit an. Die Eltern werden als gering gebildet und niedrig qualifiziert beschrieben. Sie haben eine sehr strenge Erziehung gehabt und zeigen selten ihre Zuneigung zu ihren Kindern. Einige Interviewpartner berichten,

dass ihre Eltern in der Vergangenheit aus diversen Gründen finanzielle Probleme hatten. Jedoch sind zurzeit die meisten Eltern finanziell unabhängig. Sie beziehen zum Teil Rente aus der Türkei und Deutschland. Für sie sind finanzielle und materielle Themen sehr wichtig, sie sind sehr sparsam und enthaltsam. Die Eltern sind derzeit relativ gesund und selbstständig. Jedoch schildern viele, dass ihre Eltern sich gesundheitlich verschlechtern und dass sie dadurch traurig sind. Sie berichten, dass viele Frauen psychische Krankheiten bekommen, da sie viele Belastungen ertragen mussten. Auffallend viele erzählen, dass ihre Eltern als Hobby im Garten arbeiten. Sie pendeln zwischen der Türkei und Deutschland. Sie bleiben ein halbes Jahr in der Türkei und ein halbes Jahr in Deutschland. Des Weiteren beschreiben die Interviewpartner ihre Eltern als sehr selbstständig. Sie lieben es, ihre eigenen Arbeiten selbst zu verrichten und beziehen ungern Hilfe. Ihre Deutschkenntnisse sind meist gering, wobei die von den Müttern schlechter sind. Sie haben sich im Laufe der Zeit verändert. Sie sind offener und toleranter geworden, aber auch religiöser. Sie respektieren die Entscheidungen der Kinder mehr und geben ihnen verstärkt Freiräume. Einige Interviewpartner berichten, dass ihre Eltern sensibler und uneinsichtiger geworden sind. Sie fühlen sich schnell verletzt und nehmen Ratschläge von ihren Kindern nicht ausreichend an.

6.3.6.2 Ankerbeispiele – Eigenschaften Eltern

„So hat man immer so eine Begründung, warum sie hier sind, weil sonst wollen sie nicht hier einfach tatenlos rumsitzen. Das mögen sie nicht. Meine Eltern waren sehr fleißige Leute, die haben ständig gearbeitet." (IP 8, Abs. 103)
„Meine Mutter ist sehr oft im Garten beschäftigt. Sie hat einen großen Garten, der ihr ein und alles ist." (IP 8, Abs. 23)

6.3.6.3 Ergebnisse der quantitativen Studie

Die Befragten konnten im Fragebogen einige mögliche Eigenschaften ankreuzen, die nach ihrer Meinung den Eltern zugeordnet werden können. 76,3 Prozent meinen, dass ihre Mütter und 53,5 Prozent, dass ihre Väter fürsorglich sind. Weiterhin kreuzen über die Hälfte an, dass ihre Eltern fleißig sind (67,1 Prozent bei den Müttern und 60,4 Prozent bei den Vätern). Nur 23,1 Prozent geben an, dass ihre Mütter und 17,4 Prozent, dass ihre Väter einsam oder allein seien. Knapp 30 Prozent (29,5 Prozent) der Mütter und knapp 40 Prozent (38,9 Prozent) der Väter haben als Hobby Gartenarbeit. Über die Hälfte der Befragten geben an, dass ihre Eltern nicht hilfsbedürftig sein wollen (59,5 Prozent bei den Müttern und 56,9 Prozent bei den Vätern). Die Mütter werden von 41,0 Prozent und die Väter von 39,6 Prozent der Befragten als sparsam deklariert. Dagegen werden die Eltern weniger autoritär oder streng wahrgenommen. 14,5 Prozent sind der Meinung, dass ihre Mütter autoritär oder streng sind und ca. doppelt so viele meinen, dass ihre Väter diese Eigenschaften besitzen (36,8 Prozent). Zuletzt wird auch gefragt, ob ihre Eltern uneinsichtig sind. 19,7 Prozent schätzen ihre Mutter und 23,6 Prozent ihren Vater als uneinsichtig ein (siehe Tabelle 8).

Tabelle 8:   Eigenschaften – Eltern

		Fürsorglich	Fleißig	Einsam/allein	Hobby: Garten	Möchte nicht hilfsbedürftig sein	Sparsam	Autoritär/streng	Uneinsichtig
Ausgewählt	Mutter (n = 173)	76,3 %	67,1 %	23,1 %	29,5 %	59,5 %	41,0 %	14,5 %	19,7 %
	Vater (n = 144)	53,5 %	60,4 %	17,4 %	38,9 %	56,9 %	39,6 %	36,8 %	23,6 %

Des Weiteren wird nach der finanziellen Situation der Eltern gefragt. Nahezu die Hälfte (48,4 Prozent) der Befragten geben an, dass sie die finanzielle Situation der Eltern als *mittelmäßig* einschätzen. 41,8 Prozent dagegen kreuzen sogar *sehr gut* oder *gut* an. Nur 9,8 Prozent schätzen die finanzielle Situation der Eltern als *eher schlecht* oder *schlecht* ein (siehe Abbildung 16).

Den derzeitigen Gesundheitszustand der Eltern schätzen ihre Kinder überwiegend als *mittelmäßig* ein. 53,8 Prozent geben in Bezug auf die Gesundheit der Mütter und 46,7 Prozent in Bezug auf die Väter zwischen *sehr gut* und *schlecht* ein (siehe Tabelle 9). Dabei wird der derzeitige Gesundheitszustand der Mütter leicht schlechter eingeschätzt als der der Väter.

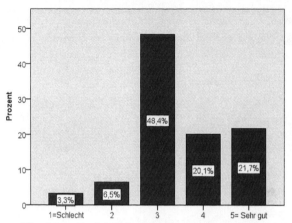

Abbildung 16: Finanzielle Situation der Eltern (MW = 3,51; SD = 1,0; n = 184)

Tabelle 9:   Derzeitiger Gesundheitszustand der Eltern

Derzeitiger Gesundheitszustand		Mütter			Väter		
		Häufig-keit	Prozent	Gültige Prozente	Häufig-keit	Prozent	Gültige Prozente
Gültig	1 = Schlecht	21	10,3	12,1	18	8,8	13,3
	2	30	14,7	17,3	20	9,8	14,8
	3	93	45,6	53,8	63	30,9	46,7
	4	23	11,3	13,3	23	11,3	17,0
	5 = Sehr gut	6	2,9	3,5	11	5,4	8,1
	Gesamt	173	84,8	100,0	135	66,2	100,0
Fehlend	Nichtzutreffend (Filter-Frage)	11	5,4		49	24,0	
	Keine Angabe oder weiß nicht	20	9,8		20	9,8	
	Gesamt	31	15,2		69	33,8	
Gesamt		204	100		204	100	
		(MW = 2,79; SD = 0,94)			(MW = 2,92; SD = 1,09)		

Insgesamt werden die deutschen Sprachkompetenzen der Eltern als eher gering eingeschätzt, wobei die Väter besser bewertet werden als die Mütter (siehe Tabelle 10).

Tabelle 10: Deutsche Sprachkenntnisse der Eltern

Deutsche Sprachkenntnisse der Eltern		Mütter			Väter		
		Häufig-keit	Prozent	Gültige Prozente	Häufig-keit	Prozent	Gültige Prozente
Gültig	1 = Schlecht	80	39,2	45,5	35	17,2	24,8
	2	41	20,1	23,3	33	16,2	23,4
	3	47	23,0	26,7	61	29,9	43,3
	4	5	2,5	2,8	11	5,4	7,8
	5 = Sehr gut	3	1,5	1,7	1	0,5	0,7
	Gesamt	176	86,3	100,0	141	69,1	100,0
Fehlend	Nichtzutreffend (Filter-Frage)	11	5,4		49	24,0	
	Keine Angabe oder weiß nicht	17	8,3		14	6,9	
	Gesamt	28	13,7		63	30,9	
Gesamt		204	100		204	100	
		(MW = 1,92; SD = 0,99)			(MW = 2,36; SD = 0,97)		

6.3.7 Hauptkategorie – Generationsunterschiede

6.3.7.1 Ergebnisse der qualitativen Studie

Die erste Generation ist sehr sparsam, hat auf vieles verzichtet und hat in Deutschland wenig investiert. Sie wollten sobald wie möglich in die Türkei zurückkehren. Die zweite und insbesondere die dritte Generation dagegen gönnen sich mehr und sind weniger sparsam. Die dritte Generation fühlt sich in Deutschland heimisch und weniger isoliert als die erste und zweite Generation. Die erste Generation war sehr streng in der Erziehung und gab der zweiten wenig soziale und finanzielle Freiräume. Besonders ihren Töchtern haben sie wenig Autonomie zugestanden. Sie konnten die zweite Generation wenig unterstützen und dachten kollektivistisch. Die dritte Generation dagegen bekommt von der zweiten mehr Freiräume und Unterstützung. Die Jüngeren der zweiten und auch die dritte Generation insgesamt folgen den Ratschlägen und Wünschen ihrer Eltern weniger als die Älteren in der zweiten Generation. Die erste Generation war gegenüber der zweiten Generation abhängiger, weil ihre Kinder für sie dolmetschen mussten. Die zweite wuchs überwiegend ohne ihre Verwandten auf, da viele Angehörige in der Türkei lebten. Somit haben sie weniger familiäre Unterstützung bekommen als die dritte Generation. Die zweite Generation, insbesondere die älteren unter ihnen, sehen sich als Opfer der Migration, weil sie weder vom deutschen noch vom türkischen Staat unterstützt wurden. Sie mussten türkischsprachige Schulen in Deutschland besuchen und lernten Deutsch als Zweitsprache. Hinzu kommt, dass einige der zweiten Generation teilweise in der Türkei aufwuchsen. Dadurch hatten sie weniger Chancen, einen höheren schulischen und beruflichen Abschluss zu erzielen als die dritte Generation. Durch die strenge Erziehung der ersten Generation, hat die zweite wenig Zuneigung von ihren Eltern erhalten. Die dritte dagegen bekommt mehr Anerkennung und Zuneigung durch die Eltern. Die zweite Generation hat, anders als die dritte, viel mehr Respekt und Achtung vor ihren Eltern, insbesondere vor ihrem Vater. Durch die Migration hatte die erste Generation psychische Belastungen, welche die zweite und die dritte noch zu spüren bekommt. Hinzukommt, dass die Frauen der ersten Generation noch mehr psychischen Belastungen ausgesetzt waren, da sie mehr Verantwortung hatten und von ihren Ehemännern finanziell abhängiger waren. Die darauffolgenden Frauengenerationen sind von ihren Ehemännern finanziell unabhängiger und wollen weniger Belastungen aufnehmen als ihre Mütter.

6.3.7.2 Ankerbeispiele – Generationsunterschiede

„Wir haben die Freiheiten und finanziellen Mittel nicht gehabt wie meine Kinder. Wir durften nicht mit Freunden Kaffee trinken oder Eis essen. Oder wir durften nicht an Klassenfahrten teilnehmen, die mit Übernachtung waren." (IP 5, Abs. 61)

„Meine Mutter hat das aufgefangen und ertragen, eine wahrhaft anatolische Frau, sie hat das ertragen. Die jetzigen jungen Frauen würden das nie dulden. Einmal, zweimal und beim dritten Mal würden sie abhauen und das kapiert er jetzt auch. Die älteren Frauen haben das geduldet, aber die jetzigen würden die Kinder nehmen und sagen: egal, es ist mir scheißegal, ich muss dich nicht ertragen." (IP 2, Abs. 87)

6.3.7.3 Ergebnisse der quantitativen Studie

Die überwiegende Mehrheit der Befragten (71,7 Prozent) kreuzen die Antwortmöglichkeiten 4 oder 5 (*1 = Stimme überhaupt nicht zu* bis *5 = Stimme voll und
ganz zu*) an und sind somit der Meinung, dass die erste Generation sparsamer
ist als die zweite (siehe Abbildung 17).

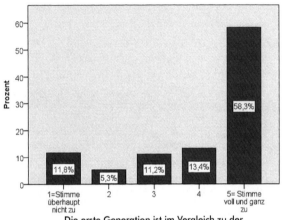

Abbildung 17: Generationsunterschied-Sparsamkeit (MW = 4,01; SD = 1,41; n = 187)

Bei der Frage, ob die erste Generation ihren Kindern weniger soziale und finanzielle Freiräume zugestanden hat als die zweite, ist ebenfalls eine hohe Zustimmung festzustellen. 66,1 Prozent der Befragten stimmen zu oder stimmen voll
und ganz zu, dass die erste Generation ihren Kindern weniger Freiräume in der
Vergangenheit gegeben hat (siehe Abbildung 18).

Da in den qualitativen Interviews (Forschungsschritt 1) besonders Töchter
angemerkt haben, dass sie in ihren sozialen und finanziellen Freiräumen eingeschränkt waren, wird der Datensatz auch genderspezifisch betrachtet. Die
Prozentwerte zwischen Töchtern und Söhnen in diesem Zusammenhang zeigen keine großen Unterschiede (siehe Abbildung 19). Zwar ist der Anteil der
Töchter mit 46,3 Prozent leicht höher als bei den Söhnen mit 38,5 Prozent, die
mit *5 = Stimme voll und ganz zu* geantwortet haben, jedoch ist die Differenz
sehr niedrig, wenn die Antworthäufigkeiten 4 und 5 insgesamt betrachtet wer-

den (Töchter mit 67 Prozent, Söhne mit 65,4 Prozent). Eine Analyse nach den Altersgruppen ergibt, dass die jüngeren tendenziell öfter der Aussage zustimmen als die älteren Altersgruppen.

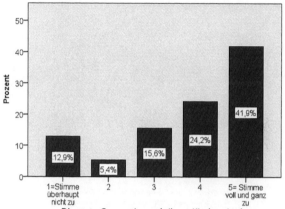

Die erste Generation gab ihren Kindern in der Vergangenheit weniger soziale und finanzielle Freiheiten als die zweite Generation ihren Kindern.

Abbildung 18: Generationsunterschied – Erziehungsaspekt Freiheiten (Gesamt: MW = 3,77; SD = 1,38; n = 186)

Auf die Frage, ob die erste Generation ihren Kindern weniger Liebe und Zuneigung zeigte als die zweite ihren Kindern gegenüber, beantworten über die Hälfte (53,1 Prozent) der Teilnehmer mit *stimme zu* oder *stimme voll und ganz zu*. Im Gegensatz dazu geben 28,5 Prozent an, dass sie dieser Aussage nicht oder überhaupt nicht zustimmen (siehe Abbildung 20). Die Verteilung der Prozentwerte zwischen weiblichen und männlichen Befragungsteilnehmern unterscheidet sich ebenfalls sehr gering. Ein ähnliches Bild zeigt sich auch bei der Frage, ob die zweite Generation von ihren Eltern als Kinder weniger Aufmerksamkeit und Unterstützung erhalten hat als die dritte Generation. Auch bei dieser Aussage stimmen über die Hälfte (54,9 Prozent) zu oder voll und ganz zu. Nur 25 Prozent verneinen oder verneinen voll und ganz diese Aussage (siehe Abbildung 21).

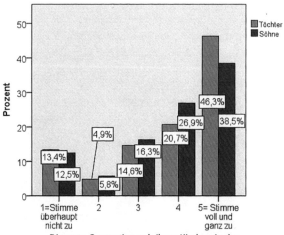

Abbildung 19: Generationsunterschied – Erziehungsaspekt Freiheiten (genderspezifisch)
(Töchter: MW = 3,82; SD = 1,42; n = 82; Söhne: MW = 3,73; SD = 1,36; n = 104)

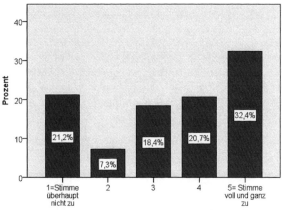

Abbildung 20: Generationenunterschied – Erziehungsaspekt Liebe und Zuneigung
(MW = 3,36; SD = 1,52; n = 179)

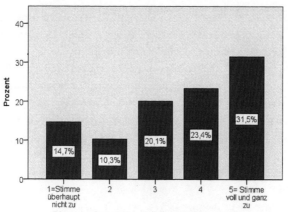

Abbildung 21: Generationenunterschied – Erziehungsaspekt Aufmerksamkeit und Unterstützung (MW = 3,47; SD = 1,41; n = 184)

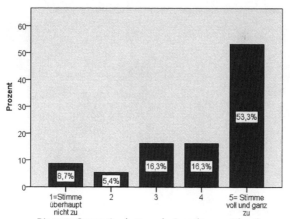

Abbildung 22: Generationenunterschied – Respekt (MW = 4,00; SD = 1,31; n = 184)

Die zweite Generation stimmt auch überwiegend zu oder voll und ganz zu (69,6 Prozent), dass die erste Generation mehr Respekt gegenüber ihren Eltern hatte als die Nachfolgegenerationen (siehe Abbildung 22).

Da in den Interviews thematisiert wurde, dass die erste Generation und insbesondere die Frauen in der ersten Generation, psychische Leiden ertragen mussten, beispielsweise durch Heimweh, soziale Isolation oder nicht Beherrschung der deutschen Sprache, wird diesbezüglich explizit im Fragebogen danach gefragt. Die Ergebnisse zeigen, dass knapp die Hälfte (43,9 Prozent) der Befragten dem zustimmen oder sogar voll und ganz zustimmen; 26,3 Prozent kreuzen einen Mittelwert an und 29,9 Prozent sind nicht oder überhaupt nicht dieser Meinung (MW = 3,2; SD = 1,46; n = 171). Relativ viele kreuzen bei dieser Frage die Antwortmöglichkeiten *keine Antwort* oder *weiß nicht* an (16,2 Prozent). Die separate Analyse der Daten zwischen den Geschlechtern zeigt, dass die Töchter dieser Aussage stärker zustimmen als die Söhne. So stimmen weibliche Befragte mit 50,6 Prozent (MW = 3,44; SD = 1,51; n = 75) zu oder voll und ganz zu, während dies bei männlichen Befragten 38,6 Prozent (MW = 3,02; SD = 1,4; n = 96) ausmacht.

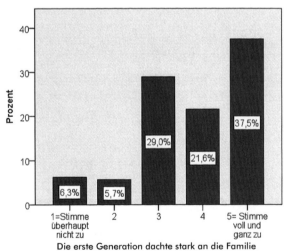

Abbildung 23: Generationenunterschied-Kollektivismus und Individualismus
(MW = 3,78; SD = 1,19; n = 176)

Weiterhin war einer der Ergebnisse im Forschungsschritt 1, dass die erste Generation stärker der Familie und Verwandtschaft zugewandt war und ist, somit intensivere kollektivistische Verhaltensformen hat als die Nachfolgegenerationen, die eher individualistische Denkzüge aufweisen. Dieser Aussage stimmen mit 59,1 Prozent der Befragten zu oder voll und ganz zu. 12,0 Prozent dagegen stimmen diesbezüglich nicht oder überhaupt nicht zu (siehe Abbildung 23). Auch bei genderspezifischer Betrachtung der Daten zeigt sich ein ähnliches Bild.

6.3.8   Hauptkategorie – Unterstützung

6.3.8.1   Ergebnisse der qualitativen Studie

Die Unterstützung zwischen Eltern und Kindern ist insgesamt sehr intensiv. Die Häufigkeit der gegenseitigen Unterstützung ist stark von der Wohnentfernung zwischen den Eltern und deren Kindern abhängig. Je näher sie zusammen wohnen, umso stärker ist die gegenseitige Unterstützung. Die Unterstützungshäufigkeit der Eltern hängt auch von ihrem gesundheitlichen Zustand ab. In einigen Fällen sank die Hilfe der Eltern, weil sich ihr gesundheitliches Befinden verschlechterten. Somit erhalten manchmal die Eltern und manchmal die Kinder mehr Unterstützung. Sie unterstützen sich gegenseitig emotional und geben geistigen Beistand. Die Eltern passen häufig auf die Enkelkinder auf und versorgen sie. Sie beschenken und unterstützen sie. Die erste und zweite Generation hilft sich auch finanziell, wobei die erste mehr finanzielle Unterstützung gibt, wenn sie die Ressourcen dafür hat. Weiterhin helfen sie sich gegenseitig im Haushalt, wie beim Kochen, Einkaufen oder im Garten. Durch das nähere Wohnen verstärken sie die Kontakthäufigkeit. Sie rufen sich auch gegenseitig häufig an. Derzeit sind die Eltern relativ gesund und nicht pflegebedürftig. Wenn jedoch die Eltern Pflege benötigen würden, würden die Interviewpartner mehrheitlich ihre Eltern selbst in der Wohnung der Eltern oder in der eigenen Wohnung pflegen. Sie würden bei starker Pflegebedürftigkeit eine Pflegeperson als Unterstützung hinzuziehen, die sie auch selbst finanzieren würden. Die meisten sind gegen Pflege- und Altersheime, doch vereinzelt geben Interviewpartner an, dass sie nur bis zu einem Grad oder bis zu einer gewissen Zeitdauer pflegen würden. Einige würden sich die Pflege mit ihren Geschwistern teilen. Viele jedoch haben nicht mit ihren Eltern und Geschwistern über dieses Thema gesprochen. Eine konkrete Vorstellung haben sie diesbezüglich auch nicht. Die Pflege der Eltern wird überwiegend von den Frauen getragen. Weiterhin unterstützen sie sich gegenseitig mit Ratschlägen, insbesondere bei wichtigen Entscheidungen. Themen bei den Ratschlägen sind Beruf und Arbeit, Kindererziehung und Immobilienkauf. Die Kinder unterstützen ihre Eltern in Bezug auf Verwaltungsarbeiten und Arztbesuche, da ihre Eltern der deutschen Sprache nicht mächtig genug oder sie gesundheitlich angeschlagen sind.

6.3.8.2 Ankerbeispiele – Unterstützung

„Wenn ich einen Termin habe oder irgendwohin muss, dann passt meine Mutter auf die Kinder auf. Sie schaut nach den Kindern." (IP 10, Abs. 5)

„Oder, wenn sie einkaufen müssen, dann helfe ich ihnen beim Einkaufen, weil schwere Sachen zu tragen ist ja auch nicht leicht für sie oder wenn sie ein anderes Bedürfnis haben, z. B. irgendwas fehlt ihnen, dann rufen sie mich an, dann fahren wir gemeinsam zum Einkaufen oder zur Ärztin, weil viele Arzttermine können sie leider nicht mehr allein wahrnehmen." (IP 8, Abs. 13)

6.3.8.3 Ergebnisse der quantitativen Studie

Die gegenseitige Unterstützungsintensität ist, wie oben erwähnt, stark von vielen Faktoren und Rahmenbedingungen (Bedürfnis- und Opportunitätsstrukturen) abhängig, wie Finanzen, Gesundheit, Wohnentfernung, Lebensort (Land) und Pendelverhalten der Eltern. Diese Rahmenbedingungen können in der deskriptiven Ergebnisdarstellung nicht berücksichtigt werden und benötigen andere Auswertungsmethoden, wie die Multiregressionsanalyse. Aus diesem Grund werden die Datensätze als Ganzes betrachtet und nicht nach diversen Kriterien differenziert, wie etwa soziodemografische Gegebenheiten. Es wird allerdings nach Geschlecht und Altersgruppe teilweise unterschieden, da diese Kriterien im Forschungsschritt 1 eine bedeutende Rolle gespielt haben.

Im Folgenden werden Unterstützungsleistungen, welche die zweite Generation ihren Eltern in den vergangenen zwölf Monaten gegeben haben, vorgestellt:

21,6 Prozent geben an, dass sie täglich oder mehrmals in der Woche ihren Müttern, und 11,0 Prozent, dass sie ihren Vätern Trost spenden. Mehrmals pro Monat Trost geben 29,8 Prozent der Befragten ihren Müttern und 15,4 Prozent ihren Vätern. Nie oder sehr selten trösten dagegen 18,7 Prozent ihre Mütter und

50,0 Prozent ihre Väter. Insgesamt erhalten die Väter somit seltener Trost als Mütter, wobei die Väter deutlich weniger Trost von ihren Töchtern erhalten als von ihren Söhnen. 67,2 Prozent der Töchter geben ihren Vätern selten oder nie Trost.

Mit ihren Müttern reden 32,7 Prozent der Befragten täglich oder mehrmals pro Woche über deren Kummer und die Sorgen, mit ihren Vätern dagegen sind es nur 16,3 Prozent. Beinahe ein Drittel (30,4 Prozent) gibt an, dass sie mehrmals pro Monat über den Kummer und Sorgen mit ihren Müttern reden und 19,9 Prozent mit ihren Vätern. Die Antwort selten oder nie kreuzten 11,7 Prozent in Bezug auf ihre Mütter und 25,5 Prozent in Bezug auf ihre Väter an. Auch bei dieser Kategorie erhalten die Mütter deutlich mehr Unterstützung als die Väter. Die Töchter sprechen mit ihren Müttern öfters über ihren Kummer und ihre Sorgen als mit ihren Vätern.

Unterstützungen im Haushalt, beim Einkaufen oder im Garten geben täglich oder mehrmals pro Woche 21,3 Prozent der Interviewten ihren Müttern und 17,2 Prozent ihren Vätern. Mehrmals pro Monat bekommen die Mütter von 25,9 Prozent und die Väter von 17,1 Prozent der Befragten Unterstützung in der genannten Kategorie. 22,4 Prozent geben an, dass sie selten oder nie ihre Mütter und 32,9 Prozent ihre Väter unterstützen. Die genderspezifische Sicht zeigt, dass die Töchter ihren Vätern im Haushalt, Einkaufen oder im Garten mit 47,6 Prozent selten oder nie unterstützen.

Emotionale Unterstützung erhalten täglich oder mehrmals pro Woche 31,2 Prozent der Mütter und 19,9 Prozent der Väter. 23,7 Prozent der Mütter und 21,3 Prozent der Väter erhalten mehrmals pro Monat emotionale Unterstützung von ihren Kindern. Nur 15,0 Prozent der Teilnehmer geben an, dass sie ihre Mütter selten oder nie unterstützen. Fast doppelt so viele (29,8 Prozent) geben demgegenüber an, dass sie ihre Väter selten oder nie unterstützen. Somit erhalten die Mütter gegenüber den Vätern eine stärkere emotionale Unterstützung von ihren Kindern, insbesondere von ihren Söhnen. Fast drei Viertel der Befragten bieten ihren Eltern selten oder nie pflegerische Unterstützung (72,7 Prozent ihren Müttern; 73,9 Prozent ihren Vätern). 18,0 Prozent pflegen ihre Mütter und 17,5 Prozent ihre Väter mehrmals pro Monat oder mehrmals pro Jahr. Täglich oder mehrmals pro Woche pflegen 9,3 Prozent ihre Mütter und 8,2 Prozent ihre Väter.

24,8 Prozent der Mütter und 17,6 Prozent der Väter bekommen täglich oder mehrmals pro Woche Ratschläge von ihren Kindern; mehrmals pro Monat erhalten diese Hilfe 26,6 Prozent der Mütter und 18,2 Prozent der Väter. Dagegen erhalten 19,1 Prozent der Mütter und 30,1 Prozent der Väter selten oder nie Ratschläge. Überwiegend erhalten die Mütter auch in dieser Kategorie mehr Unterstützung als die Väter. Zudem fällt es auf, dass die Töchter häufiger die Antwortmöglichkeit *selten oder nie* in Bezug auf ihre Väter ankreuzen (40,9 Prozent) als die Söhne (20,8 Prozent).

Übersetzungshilfen geben 23,7 Prozent der Befragungsteilnehmer ihren Müttern und 18,0 Prozent ihren Vätern täglich oder mehrmals pro Woche. 27,2 Prozent geben an, dass sie ihren Müttern, und 28,1 Prozent, dass sie ihren Vätern mehrmals pro Monat bei der Übersetzung helfen. Mehrmals im Jahr geben 24,3 Prozent ihren Müttern und 28,1 Prozent ihren Vätern Dolmetscherhilfen. Dagegen geben 24,9 Prozent bei den Müttern und 25,9 Prozent bei den Vätern an, dass sie selten oder nie Unterstützungshilfen leisten. Söhne geben durchschnittlich etwas mehr Übersetzungshilfen als die Töchter.

Hilfe beim Ausfüllen von Unterlagen oder bei Arzt- und Behördengängen geben täglich oder mehrmals pro Woche 25,3 Prozent in Bezug auf ihre Mütter und 21,8 Prozent in Bezug auf ihre Väter an. 27,5 Prozent helfen ihren Müttern und 26,1 Prozent helfen ihren Vätern in dieser Kategorie mehrmals pro Monat. Fast genauso viele geben an, dass sie dies mehrmals im Jahr tun (26,4 Prozent bei Müttern und 27,5 Prozent bei Vätern). 20,8 Prozent geben ihren Müttern und 24,6 Prozent geben selten oder nie Unterstützung beim Ausfüllen von Unterlagen oder bei Arzt- und Behördengängen.

In der folgenden Tabelle werden Unterstützungsleistungen, welche die Befragten an ihre Eltern geben, geschlechterspezifisch dargestellt (siehe Tabelle 11; Fragen D31–D38 bzw. E31–E38).

Nun werden im Gegenzug die Unterstützungsleistungen, welche die zweite Generation von ihren Eltern in den vergangenen zwölf Monaten erhalten hat, vorgestellt. 24,7 Prozent der Befragten erhielten von ihren Müttern täglich oder mehrmals pro Woche, 23,5 Prozent mehrmals pro Monat und 28,8 Prozent mehrmals pro Jahr Trost. Von ihren Vätern dagegen erhielten 13,6 Prozent täglich oder mehrmals pro Woche, 16,4 Prozent mehrmals pro Monat und 33,6 Prozent mehrmals pro Jahr Trost. Selten oder nie Trost erhielten 22,9 Prozent von ihren Müttern und 36,4 Prozent von ihren Vätern. Somit erhalten die erwachsenen Kinder mehr Trost von ihren Müttern.

Tabelle 11:   Unterstützungsleistung an Eltern in Prozent

Folgende Unterstützungen wurden in den letzten 12 Monaten gegeben:			Täglich	Mehrmals in der Woche	Mehrmals im Monat	Mehrmals im Jahr	Seltener oder nie	n
Trost	Mütter	Töchter	4,2 %	18,3 %	29,6 %	31,0 %	16,9 %	71
		Söhne	4,0 %	17,0 %	30,0 %	29,0 %	20,0 %	100
	Väter	Töchter	3,3 %	3,3 %	9,8 %	16,4 %	67,2 %	61
		Söhne	1,3 %	13,3 %	20,0 %	29,3 %	36,0 %	75
Über Kummer und Sorgen reden	Mütter	Töchter	6,8 %	28,4 %	32,4 %	23,0 %	9,5 %	74
		Söhne	8,2 %	22,7 %	28,9 %	26,8 %	13,4 %	97
	Väter	Töchter	6,3 %	6,3 %	17,5 %	30,2 %	39,7 %	63
		Söhne	3,8 %	15,4 %	21,8 %	44,9 %	14,1 %	78
Unterstützung (Einkauf, Haushalt ...)	Mütter	Töchter	9,3 %	13,3 %	26,7 %	25,3 %	25,3 %	75
		Söhne	6,1 %	14,1 %	25,3 %	34,3 %	20,2 %	99
	Väter	Töchter	1,6 %	11,1 %	15,9 %	23,8 %	47,6 %	63
		Söhne	6,5 %	14,3 %	18,2 %	40,3 %	20,8 %	77
Emotionale Unterstützung	Mütter	Töchter	7,1 %	22,9 %	24,3 %	30,0 %	15,7 %	70
		Söhne	10,7 %	21,4 %	23,3 %	30,1 %	14,6 %	103
	Väter	Töchter	6,3 %	11,1 %	19,0 %	20,6 %	42,9 %	63
		Söhne	3,8 %	17,9 %	23,1 %	35,9 %	19,2 %	78
Pflege	Mütter	Töchter	1,4 %	2,8 %	8,3 %	9,7 %	77,8 %	72
		Söhne	6,0 %	7,0 %	6,0 %	12,0 %	69,0 %	100
	Väter	Töchter	1,7 %	1,7 %	10,0 %	6,7 %	80,0 %	60
		Söhne	1,4 %	10,8 %	6,8 %	12,2 %	68,9 %	74
Ratschläge	Mütter	Töchter	8,1 %	16,2 %	28,4 %	25,7 %	21,6 %	74
		Söhne	11,1 %	14,1 %	25,3 %	32,3 %	17,2 %	99
	Väter	Töchter	6,1 %	4,5 %	19,7 %	28,8 %	40,9 %	66
		Söhne	2,6 %	20,8 %	16,9 %	39,0 %	20,8 %	77
Übersetzungshilfen	Mütter	Töchter	8,0 %	14,7 %	25,3 %	21,3 %	30,7 %	75
		Söhne	8,2 %	16,3 %	28,6 %	26,5 %	20,4 %	98
	Väter	Töchter	6,3 %	1,6 %	25,4 %	33,3 %	33,3 %	63
		Söhne	6,6 %	19,7 %	30,3 %	23,7 %	19,7 %	76
Hilfe bei Arzt-, Behördengängen und Verwaltung	Mütter	Töchter	10,7 %	13,3 %	24,0 %	25,3 %	26,7 %	75
		Söhne	8,7 %	17,5 %	30,1 %	27,2 %	16,5 %	103
	Väter	Töchter	7,9 %	4,8 %	23,8 %	33,3 %	30,2 %	63
		Söhne	8,0 %	21,3 %	28,0 %	22,7 %	20,0 %	75

Über den eigenen Kummer und die eigenen Sorgen sprechen täglich oder mehrmals in der Woche 25,0 Prozent mit ihren Müttern und 14,8 Prozent mit ihren Vätern. Mehrmals pro Monat sprechen 21,4 Prozent der Befragten mit ihren Müttern und 14,8 Prozent mit ihren Vätern. 25,0 Prozent geben an, mit ihren Müttern und 37,0 Prozent mit ihren Vätern seltener als mehrmals im Jahr oder nie mit den Eltern über den eigenen Kummer und Sorgen gesprochen zu haben. Söhne sprechen öfter mit ihren Vätern über ihren eigenen Kummer und ihre Sorgen als Töchter.

Hilfe bei der Betreuung der Kinder bekommt ca. die Hälfte selten oder nie (45 Prozent in Bezug auf die Mütter; 54 Prozent in Bezug auf die Väter). 16,4 Prozent der Mütter und 9,7 Prozent der Väter geben täglich oder mehrmals pro Woche Hilfe. Mehrmals pro Monat geben bei der Kinderbetreuung Hilfe 21,4 Prozent der Mütter und 14,2 Prozent der Väter. Diese Unterstützung ist sehr stark von der Wohnentfernung der Eltern sowie vom Alter der Kinder (Bedarf) abhängig.

Auch beim Einkaufen, im Haushalt sowie im Garten bekommt rund die Hälfte der zweiten Generation selten oder nie Unterstützung (57,9 Prozent von ihren Müttern und 53,3 Prozent von ihren Vätern). Täglich oder mehrmals Unterstützung pro Woche erhalten die Befragten in dieser Kategorie 7,6 Prozent von ihren Müttern und 11,1 Prozent von ihren Vätern. 13,5 Prozent der Mütter und 13,3 Prozent der Väter geben mehrmals pro Monat Unterstützung beim Einkaufen, Haushalt und im Garten.

Emotionale Unterstützung erhalten täglich oder mehrmals pro Woche 28,3 Prozent von ihren Müttern und 14,2 Prozent von ihren Vätern. 23,7 Prozent der Mütter und 21,3 Prozent der Väter geben ihren Kindern mehrmals pro Monat emotionale Unterstützung. Mehrmals im Jahr dagegen geben 19,7 Prozent der Mütter und 28,4 Prozent der Väter. 28,3 Prozent der Mütter und 36,2 Prozent der Väter geben seltener oder nie emotionale Unterstützung. Insgesamt erhalten die Kinder, insbesondere die Söhne, mehr emotionale Unterstützung von ihren Müttern als von ihren Vätern.

Ratschläge bekommen täglich oder mehrmals pro Woche 30,0 Prozent von ihren Müttern und 16,9 Prozent von ihren Vätern. 26,0 Prozent kreuzen in Bezug auf ihre Mütter und 28,9 Prozent in Bezug auf ihre Väter an, dass sie mehrmals pro Monat Ratschläge erhalten. Diejenigen, die nur mehrmals im Jahr Ratschläge bekommen, machen in Bezug auf die Mütter 26,6 Prozent und in Bezug auf die Väter 28,9 Prozent aus. Seltener oder nie Ratschläge geben 17,3 Prozent der Mütter und 25,4 Prozent der Väter. Ratschläge erhalten Söhne öfter von ihren Vätern als Töchter.

In der folgenden Tabelle werden Unterstützungsleistungen, die die Befragten von ihren Eltern erhalten, geschlechterspezifisch dargestellt (siehe Tabelle 12, Fragen D39–D44 bzw. E39–E44).

Tabelle 12: Unterstützungsleistung von Eltern

Folgende Unterstützungen wurden in den letzten 12 Monaten *erhalten*:			Täglich	Mehrmals in der Woche	Mehrmals im Monat	Mehrmals im Jahr	Seltener oder nie	n
Trost	Mütter	Töchter	7,0 %	18,3 %	25,4 %	22,5 %	26,8 %	71
		Söhne	11,1 %	13,1 %	22,2 %	33,3 %	20,2 %	99
	Väter	Töchter	3,1 %	4,6 %	18,5 %	29,2 %	44,6 %	65
		Söhne	4,0 %	14,7 %	14,7 %	37,3 %	29,3 %	75
Über Kummer und Sorgen reden	Mütter	Töchter	5,6 %	19,4 %	25,0 %	25,0 %	25,0 %	72
		Söhne	10,4 %	14,6 %	18,8 %	31,3 %	25,0 %	96
	Väter	Töchter	3,2 %	6,5 %	14,5 %	24,2 %	51,6 %	62
		Söhne	4,1 %	15,1 %	15,1 %	41,1 %	24,7 %	73
Unterstützung bei der Betreuung der Kinder	Mütter	Töchter	7,4 %	1,9 %	14,8 %	20,4 %	55,6 %	54
		Söhne	5,8 %	15,1 %	25,6 %	15,1 %	38,4 %	86
	Väter	Töchter	4,2 %	4,2 %	16,7 %	12,5 %	62,5 %	48
		Söhne	3,1 %	7,7 %	12,3 %	29,2 %	47,7 %	65
Unterstützung (Einkauf, Haushalt ...)	Mütter	Töchter	1,4 %	2,8 %	11,1 %	26,4 %	58,3 %	72
		Söhne	5,1 %	5,1 %	15,2 %	17,2 %	57,6 %	99
	Väter	Töchter	3,2 %	4,8 %	15,9 %	17,5 %	58,7 %	63
		Söhne	4,2 %	9,7 %	11,1 %	26,4 %	48,6 %	72
Emotionale Unterstützung	Mütter	Töchter	7,0 %	15,5 %	22,5 %	23,9 %	31,0 %	71
		Söhne	11,8 %	20,6 %	24,5 %	16,7 %	26,5 %	102
	Väter	Töchter	4,6 %	6,2 %	18,5 %	24,6 %	46,2 %	65
		Söhne	6,6 %	10,5 %	23,7 %	31,6 %	27,6%	76
Ratschläge	Mütter	Töchter	9,7 %	20,8 %	25,0 %	31,9 %	12,5 %	72
		Söhne	13,9 %	15,8 %	26,7 %	22,8 %	20,8 %	101
	Väter	Töchter	4,5 %	4,5%	31,8 %	24,2 %	34,8 %	66
		Söhne	13,2 %	10,5 %	26,3 %	32,9 %	17,1 %	76

Des Weiteren wird nach der gegenseitigen regelmäßigen finanziellen Unterstützung gefragt. 90,8 Prozent der Befragungsteilnehmer geben an, dass sie keine regelmäßigen finanziellen Unterstützungen von ihren Eltern erhalten (n = 184).

Im Gegenzug geben über drei Viertel der Teilnehmer (77,3 Prozent; n = 181) an, dass sie ihrerseits keine regelmäßige finanzielle Unterstützung ihren Eltern geben. Ein geringerer Austausch von finanziellen und materiellen Werten wird auch bei der nächsten Frage deutlich. 65,3 Prozent der Befragten haben weniger als 500 Euro, 15,3 Prozent haben zwischen 500–1.000 Euro und 19,3 Prozent über 1.000 Euro in Form von finanziellen oder materiellen Geschenken von ihren Eltern in den vergangenen zwölf Monaten vor dem Befragungszeitpunkt erhalten. Dagegen haben 56,6 Prozent der Befragten weniger als 500 Euro, 20,6 Prozent haben zwischen 500–1.000 Euro und 22,8 Prozent über 1.000 Euro finanzielle Unterstützung oder Geld an ihre Eltern in den vergangenen zwölf Monaten vor dem Befragungszeitpunkt gegeben. Diese Fragen werden von relativ vielen Befragungsteilnehmer nicht beantwortet.

47,4 Prozent der Befragten sind der Meinung, dass sich die derzeitige Unterstützung in ihrer Gesamtheit, die sie ihren Eltern geben und von ihnen erhalten in einem Gleichgewicht befindet. 34,7 Prozent schätzen, dass sie ihren Eltern derzeit mehr Unterstützung geben, als sie von ihnen erhalten. Nur 17,9 Prozent schätzen ihre Unterstützungsleistung derzeit stärker ein als die, die sie durch ihre Eltern beziehen (n = 173).

Im Fragebogen wird zudem der Themenkomplex Pflege der Eltern behandelt. Die Ergebnisse zeigen, dass die erste Generation überwiegend nicht pflegebedürftig ist. Die Befragungsteilnehmer geben an, dass 80,4 Prozent (n = 179) der Mütter und 88,6 Prozent (n = 140) der Väter keine regelmäßige Pflege benötigen. Es wird auch gefragt, ob die zweite Generation grundsätzlich ihre Eltern pflegen sollte, wenn sie pflegebedürftig sind. Die meisten sind der Meinung, dass die Kinder ihre Eltern pflegen sollten (*1 = Stimme überhaupt nicht zu, 5 = Stimme voll und ganz zu;* MW = 4,12; SD = 1,28; n = 187). Knapp die Hälfte (44,6 Prozent) der Befragten stimmen der Aussage zu oder stimmen voll und ganz zu, dass sie ihre Eltern in deren Zuhause pflegen würden (MW = 3,05; SD = 1,69; n = 130). Eine noch höhere Zustimmung findet sich bei der Aussage, die Eltern in der eigenen Wohnung zu pflegen. 63,3 Prozent stimmen dieser Aussage zu oder stimmen voll und ganz zu (MW = 3,76; SD = 1,48; n = 139). 33,3 Prozent würden keine und 52,2 Prozent würden Hilfe bei der Pflege von außen in Anspruch nehmen (MW = 3,25; SD = 1,65; n = 138). Die geschlechterspezifische Analyse zeigt, dass die Töchter stärker von außen Hilfe in Anspruch (62,1 Prozent) nehmen würden als Söhne (45,1 Prozent). Bei der Frage, ob die

Geschwister die Eltern pflegen werden, ist das Ergebnis nicht so eindeutig wie die Frage an die eigene Person. 42,5 Prozent stimmen zwar zu oder stimmen voll und ganz zu, aber 28,3 Prozent stimmen nicht oder stimmen überhaupt nicht zu (MW = 3,17; SD = 1,46; n = 120). 57,2 Prozent sind allerdings der Meinung, dass sie die Pflege mit ihren Geschwistern abwechselnd teilen werden (MW = 3,56; SD = 1,43; n = 131). Die große Mehrheit der Befragten (89 Prozent) wollen nicht, dass ihre Eltern in Alters- oder Seniorenheimen gepflegt werden (MW = 1,41; SD = 1,01; n = 127). Die Mehrheit spricht sich dagegen aus, ob die Eltern nicht in Deutschland gepflegt werden wollen, falls sie pflegebedürftig werden (MW = 2,77; SD = 1,72; n = 106). Abschließend wird auch gefragt, ob sie sich mit ihren Eltern und gegebenenfalls mit den Geschwistern gemeinsame Gedanken und Pläne gemacht haben, wie sie ihre Eltern pflegen werden, falls sie pflegebedürftig werden. 85,6 Prozent geben an, dass dies nicht der Fall ist. Bei dem Fragenkomplex zum Thema Pflege wird relativ oft mit *keine Antwort* oder *weiß ich nicht* angekreuzt, insbesondere wenn die Fragen sehr konkret werden.

6.3.9 Hauptkategorie – Konflikte

6.3.9.1 *Ergebnisse der qualitativen Studie*
Größtenteils sind die Konflikte gegenüber der Vergangenheit geringer. Auseinandersetzungen kommen tendenziell weniger vor bei Familien, die weiter voneinander weg wohnen. Dies mag daran liegen, weil sie sich selten sehen oder dass insgesamt konfliktreiche Themen vermieden werden. Spannungen entstehen, weil die Eltern, überwiegend die Väter, gegenüber ihren Kindern sehr autoritär, kritisch, verschlossen und ohne Zuneigung zu zeigen auftreten. Dies war insbesondere in der Vergangenheit eine gängige Verhaltensweise, insbesondere gegenüber den älteren Kindern. Dies beeinflusste die Art und Weise der Erziehung und brachte Konflikte mit sich. Die älteren Kinder beklagen sich, dass sie von ihren Eltern oder von ihren Vätern getrennt aufgewachsen sind. Die Eltern kritisieren die Erziehung und Verhaltensweisen der Enkelkinder, wie Kleidung oder Respektlosigkeit. In der Vergangenheit gab es Konflikte in Bezug auf Schule und Ausbildung. Besonders Töchter wurden von ihren Eltern nicht genügend unterstützt und konnten keine Berufsausbildung durchlaufen. Einige Konflikte entstanden, weil die Familien in der Vergangenheit finanzielle Probleme hatten.

Die Besitztümer in der Türkei lieferten ebenfalls Konfliktgründe. Durch das gemeinsame Wohnen mit den Eltern (*Dreigenerationenhaushalt*) entstanden relativ viele Konflikte. Auseinandersetzungen entstanden auch, weil die Eltern die Individualität und Selbstständigkeit ihrer Kinder nicht gefördert und ihre Meinungen und Entscheidungen nicht ausreichend akzeptiert haben. Einige Eltern wollen, dass ihre Kinder sie mehr besuchen oder anrufen. Vor allem die Kinder, die weiter weg wohnen, beklagen sich, dass ihnen die Organisation der Besuche den Eltern Schwierigkeiten bereitet, da sie die Urlaubsorganisation oder die Schulferien der Enkelkinder berücksichtigen müssen. Auseinandersetzungen entstehen zudem in Bezug auf kulturelle Erwartungen der Eltern. Besonders an die Töchter und Schwiegertöchter wurden in der Vergangenheit sehr strenge Erwartungen seitens der Eltern gestellt. Zusätzlich beeinflusste das türkisch-kulturelle Umfeld die Eltern, beispielsweise in Bezug auf ihr Erziehungsverhalten. Konflikte könnten auch entstehen in Bezug auf die Pflege der Eltern. Die Pflegearbeit würden dann die Personen übernehmen müssen, die näher bei den Eltern wohnen und nicht berufstätig sind. Einige möchten diese Belastung ihren eigenen Familienmitgliedern, beispielsweise ihren Kindern und Ehepartnern, nicht zumuten. Weitere Konflikte könnten bei der Vereinbarkeit zwischen Pflege und Beruf entstehen. Die Wohnentfernung zu den Eltern könnte ebenfalls Schwierigkeiten bei der Pflege darstellen. Ein weiterer Grund für Auseinandersetzungen ist der Wunsch der Eltern nach einer stärkeren Religiosität ihrer Kinder. So sollen sie beispielsweise täglich beten oder die Töchter oder Schwiegertöchter Kopftuch tragen. Religiöse und kulturelle Konflikte entstanden auch in interkulturellen Familien. Einige Interviewpartner beklagen sich, dass ihre Eltern sie oder ihre Kinder ungerecht behandeln. Sie werden vernachlässigt. Obwohl sie selbst viel für ihre Eltern getan und sie unterstützt haben, schenken die Eltern, so lautet ihr Vorwurf, stattdessen häufig den jüngeren Geschwistern oder deren Kindern mehr Beachtung und Unterstützung. In einigen Fällen waren auch Verwandtschaft oder Eheprobleme Auslöser von Konflikten, wobei diese bei Scheidungsfamilien sehr häufig vorkamen.

6.3.9.2   Ankerbeispiele – Konflikte

„Manchmal gefällt ihnen das Verhalten meiner Kinder nicht. Sie sagen zu mir, dass meine Kinder, bzw. meine Tochter, mehr Respekt zeigen soll. Sie sollen richtige oder angemessene Kleidung tragen. Die meisten Auseinandersetzungen, die wir haben, haben damit zu tun." (IP 6, Abs. 15)

„Da ich sehr lange gearbeitet habe und meinen Eltern mein gesamtes Geld überlassen habe, finde ich, dass ich mehr für sie und meine Familie geleistet habe, als meine (jüngeren) Geschwister." (IP 2, Abs. 11)

6.3.9.3   Ergebnisse der quantitativen Studie

Die Teilnehmer werden gefragt, ob sie oft mit ihren Eltern anderer Meinung sind und ob sie mit ihren Eltern oft streiten. Die Ergebnisse zeigen, dass dies nicht der Fall ist. Die Mittelwerte betragen bei der ersten Frage in Bezug auf die Mütter MW = 3,04 (SD = 1,28; n = 179) und in Bezug auf die Väter MW = 3,13 (SD = 1,33; n = 143), wobei *1* für *Stimme überhaupt nicht zu* und *5* für *Stimme voll und ganz zu* stehen. Die Mittelwerte bei der zweiten Frage sind geringer. Die zweite Generation hat mit ihren Eltern wenig Streit, wie die Mittelwerte in Zusammenhang mit den Müttern MW = 1,95 (SD = 1,16; n = 174) und mit den Vätern MW = 2,09 (SD = 1,2; n = 139) zeigen. Töchter geben gegenüber Söhnen öfter an, dass sie Meinungsverschiedenheiten und Streit mit ihren Eltern haben.

Sehr viele stimmen nicht zu, dass sie derzeit nicht genügend Zuneigung und Nähe von ihren Eltern bekommen (MW = 1,77; SD = 1,17; n = 171 in Bezug auf Mütter und MW = 2,09; SD = 1,37; n = 141 in Bezug auf Väter). Die geschlechtsspezifischen Analysen zeigen leichte Unterschiede zwischen den Angaben der Töchter und Söhne in Abhängigkeit zur Beziehung zu beiden Elternteilen. Töchter wünschen sich öfter Zuneigung und Nähe als Söhne. Zwar ist der Mittelwert in Bezug auf die Väter gegenüber den Müttern relativ hoch, doch ist die Differenz entgegen der Erwartung gering. Die jüngeren Altersgruppen sind eher der Meinung, dass sie von ihren Vätern nicht genügend Zuneigung und Nähe bekommen als die älteren (siehe Abbildungen 24a und 24b).

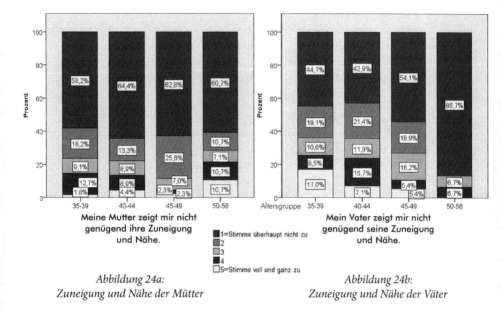

Abbildung 24a:
Zuneigung und Nähe der Mütter

Abbildung 24b:
Zuneigung und Nähe der Väter

Konflikte in Bezug auf fehlende Unterstützungsanerkennung seitens der Eltern sind ebenfalls nicht feststellbar. 70,2 Prozent der Teilnehmer stimmen nicht oder stimmen überhaupt nicht zu, dass die Eltern ihre Unterstützungsleistungen nicht ausreichend akzeptieren oder anerkennen (MW = 1,98; SD = 1,30; n = 181).

Ein relativ höherer Mittelwert gegenüber der letzten Aussage ist bei der Frage zu verzeichnen, ob die Eltern oft verschiedener Meinung sind und sich streiten. 23,4 Prozent (siehe Abbildung 25) der Befragungsteilnehmer stimmen dieser Aussage mit *stimme zu* oder *stimme voll und ganz zu* (MW = 2,56; SD = 1,29; n = 124).

60,0 Prozent geben an, dass sie von ihren Eltern nicht oft kritisiert werden in punkto Kindererziehung (MW = 2,27; SD = 1,34; n = 155). Im Gegensatz zu diesen Ergebnissen gaben viele im qualitativen Forschungsschritt an, dass ihre Eltern mit der Erziehung nicht zufrieden sind. Beispielsweise in Bezug auf Verhaltensweisen gegenüber Älteren, Kleidungsauswahl oder Schulleistungen.

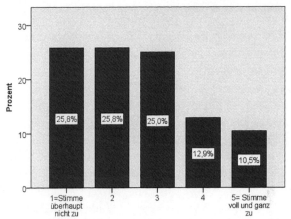

Meine Eltern sind oft unterschiedlicher Meinung und streiten sich.

Abbildung 25: Ehekonflikte der Eltern

Auch bei der nächsten Aussage – *Meine Eltern kritisieren mich oft, weil ich nicht sparsam bin* – stimmen über die Hälfte (52,2 Prozent) der Befragungsteilnehmer nicht zu oder überhaupt nicht zu (MW = 2,53; SD = 1,46; n = 180). Ein weiteres Konfliktpotenzial wurde im ersten Forschungsschritt in Zusammenhang mit starken kulturellen und traditionellen Erwartungen der Eltern an den eigenen Partner, insbesondere an die Schwiegertöchter, festgestellt. In der quantitativen Studie jedoch stellt sich heraus, dass 64,2 Prozent der Teilnehmer angeben, dass sie dies bei sich nicht oder eher nicht wahrnehmen (MW = 2,14; SD = 1,40; n = 154).

Deutlich mehr stimmen der folgenden Aussage zu: *Meine Eltern wollen, dass ich sie mehr besuche oder anrufe.* Fast die Hälfte (43,3 Prozent) bejahen diese Aussage (MW = 3,13; SD = 1,56; n = 178), wobei Söhne stärker zustimmen (46,4 Prozent) als Töchter (39,2 Prozent).

Ein weiteres Spannungspotenzial kann in Zukunft die Pflege der Eltern darstellen. Zwar ist die Bereitschaft der Kinder die Eltern zu pflegen hoch, aber es kristallisierte sich in den qualitativen Interviews heraus, dass die Pflege der Eltern in Abhängigkeit mit Beruf, Wohnort und Familie schwer zu vereinbaren sein wird. 37,0 Prozent stimmen nicht oder überhaupt nicht zu, dass die Vereinbarkeit schwerfallen wird. Fast genauso viele sind der Meinung (34,5 Prozent), dass dies schwer zu vereinbaren sein wird (MW = 2,92; SD = 1,50; n = 165). 39

von 204 Personen (19,1 Prozent) kreuzen bei dieser Frage *weiß nicht* oder *keine Angabe* an. Es ist wieder zu beobachten, wie im Kapitel Unterstützung, dass bei dem Thema *Pflege* relativ viele Teilnehmer keine Angaben machen. Da in der qualitativen Studie vor allem Töchter ihre Bedenken zu diesem Thema geäußert haben, werden die Ergebnisse nach den Geschlechtern getrennt analysiert. Die Trennung der Daten zeigen überraschenderweise keine großen Unterschiede zwischen Töchtern und Söhnen.

Des Weiteren gaben viele in den qualitativen Interviews an, dass die Eltern von ihnen eine stärkere Religionsausübung wünschen, wie Kopftuch tragen oder beten, was zu Konflikten oder Spannungen führte. 30,8 Prozent sind der Meinung, dass ihre Eltern von ihnen eine stärkere Religionsausübung wün-schen. 56,4 Prozent dagegen kreuzen die Auswahlmöglichkeit *stimme nicht zu* oder *stimme überhaupt nicht zu* an (MW = 2,52; SD = 1,65; n = 179). Da dieses Thema besonders von Töchtern intensiver beschrieben worden ist, werden die Daten auch nach Geschlecht untersucht, um die Unterschiede deutlich heraus-zuarbeiten (siehe Abbildung 26).

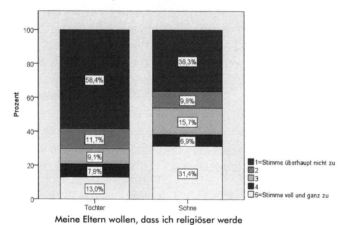

Meine Eltern wollen, dass ich religiöser werde
(z. B. fünfmal am Tag beten oder Kopftuch tragen).

Abbildung 26: Wunsch der Eltern nach stärkerer Religionsausübung der Kinder

Die genderspezifischen Ergebnisse zeigen, dass 38,3 Prozent der Söhne und nur 20,8 Prozent der Töchter zu- oder voll und ganz zustimmen. Ein weiterer Aspekt, der Konflikte auslösen kann, ist, dass die jüngeren mehr Verständnis und

Unterstützung erhielten als die älteren Kinder. Die Fragebogenergebnisse in der quantitativen Forschung zeigen eine geteilte Meinung. Zwar sind 47,4 Prozent nicht oder eher nicht der Meinung, dass die jüngeren Kinder bevorzugt werden, doch geben 31,4 Prozent das Gegenteilige an (MW = 2,62; SD = 1,51; n = 175). Wenn die Ergebnisse nach Altersgruppen getrennt betrachtet werden, so sind keine großen Unterschiede erkennbar. Jedoch geben fast doppelt so viele in den zwei älteren Altersgruppen fünf Punkte (21,9 Prozent/22,0 Prozent) wie in den zwei jüngeren (12,7 Prozent/10,6 Prozent) Altersgruppen (siehe Abbildung 27).

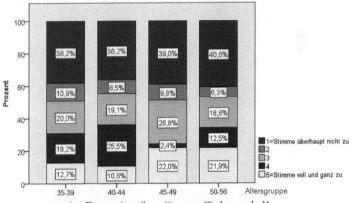

Meine Eltern zeigen ihren jüngeren Kindern mehr Verständnis und Unterstützung als ihren älteren Kindern.

Abbildung 27: Unterstützung und Verständnis gegenüber jüngeren Kindern

34,3 Prozent der Befragten stimmen zu oder voll und ganz zu und 43,5 Prozent stimmen nicht oder überhaupt nicht zu, dass die Konflikte (Unstimmigkeiten) in der Vergangenheit, besonders im Jugend- und früheren Erwachsenenalter, stärker waren als in der Gegenwart (MW = 2,76; SD = 1,55; n = 184). Töchter stimmen tendenziell stärker der Aussage zu als Söhne, wobei der Unterschied sehr gering ist. 35,2 Prozent der Befragungsteilnehmer stimmen in Bezug auf ihre Mütter (MW = 2,79; SD = 1,57; n = 173) und 52,5 Prozent in Bezug auf ihre Väter (MW = 3,34; SD = 1,61; n = 139) zu oder voll und ganz zu, dass sie sich verändert haben und nicht mehr so streng sind wie in der Vergangenheit. Wenn jedoch die Antworten geschlechtsspezifisch betrachtet werden, so stellt sich heraus, dass vor allem Töchter ihre Eltern und besonders ihre Väter früher als strenger wahrgenommen haben als heute. Beispielsweise stimmen die Töchter mit 52,3 Prozent voll und ganz zu, dass ihre Väter in der Vergangenheit strenger waren als heute (siehe Abbildungen 28a und 28b).

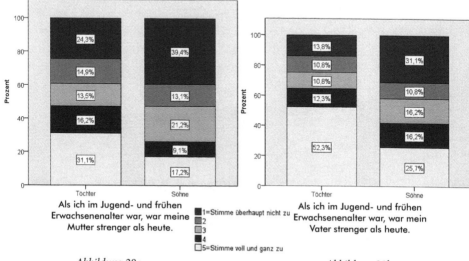

Abbildung 28a:
Vergleich der Mütterbeziehung in
Bezug auf Toleranz

Abbildung 28b:
Vergleich der Väterbeziehung in
Bezug auf Toleranz

Es wird auch gefragt, ob die Unterstützungsleistung im Jugend- und früheren Erwachsenenalter nicht genügend von den Eltern anerkannt wurden. 52,8 Prozent stimmen zu dieser Aussage nicht oder überhaupt nicht zu. 23,9 Prozent dagegen stimmen zu oder voll und ganz zu (MW = 2,49; SD = 1,44; n = 180). Wenn diese Werte mit den Ergebnissen der Aussage verglichen werden, ob die Eltern derzeit die Unterstützungsleistungen nicht genügend anerkennen, dann wird deutlich, dass die Anerkennung der Eltern gegenüber der in der Vergangenheit gestiegen ist. Töchter sind häufiger als Söhne der Meinung, dass ihre Unterstützungsleistungen nicht ausreichend von ihren Eltern anerkannt wurden. So stimmen 27,6 Prozent der Töchter und 21,0 Prozent der Söhne der oben genannten Aussage zu oder voll und ganz zu. Während 16,6 Prozent in Bezug auf ihre Mütter (MW = 2,04; SD = 1,36; n = 180) bestätigen oder voll und ganz bestätigen, dass ihre Eltern in der Vergangenheit (im Kindes- und Jugendalter) relativ distanziert waren und ihren Kindern nicht genügend Liebe und Zuneigung gezeigt haben, liegt der Prozentwert in Bezug auf die Väter bei 27,6 Prozent (MW = 2,52; SD = 1,47; n = 170). Auch bei dieser Aussage werden die Gegenwarts- und Vergangenheitsbezüge verglichen. Es zeigt sich auch hier, dass sich die Beziehungen verbessert haben und dass sich das Spannungspotenzial verringert hat. Die Werte sind deutlich geringer. Besonders die Töchter sind der Meinung, dass ihre Eltern im Kindes- und Jugendalter ihre Liebe und Zuneigung nicht ausreichen gezeigt hätten. Die Töchter-Väter-Konstellation zeigt die größten Prozentwerte (siehe Abbildungen 29a und 29b). 27,0 Prozent stimmen zu oder voll und ganz zu, dass sie von ihren Eltern im Kindes- und Jugendalter nicht ausreichend Unterstützung erhalten haben (MW = 2,38; SD = 1,51; n = 185). Da besonders Töchter in den problemzentrierten Interviews schilderten, dass sie wenig Unterstützung erhalten haben, beispielsweise bei der Berufsausbildung, werden diesbezüglich die Daten geschlechtsspezifisch betrachtet. 30,8 Prozent der Töchter und 24,3 Prozent der Söhne stimmen der Aussage zu oder stimmen voll und ganz zu. Dagegen stimmen 59,7 Prozent der Töchter und 57,9 Prozent der Söhne nicht oder überhaupt nicht zu.

Wenn die Daten nach Altersgruppen betrachtet werden, so stellt sich heraus, dass besonders die jüngste Altersgruppe (35- bis 40-Jährigen) geringer zustimmt als die älteren Altersgruppen. Einige gaben in der ersten Forschungsstudie an, dass in der Vergangenheit ihre Eltern stärkere kulturelle oder traditionelle Erwartungen an ihre Partner hatten. Diesbezüglich werden die Teilnehmer in der zweiten Studie gefragt, ob dies bei ihnen der Fall war. 64,6 Prozent stimmen nicht oder überhaupt nicht zu, dass ihre Eltern diese Erwartungen hatten (MW = 2,15; SD = 1,50; n = 158). Da besonders die Schwiegertöchter mit diesen Erwartungen der Eltern konfrontiert wurden, wie in den Interviews beschrieben, werden die Datensätze zwischen Töchtern und Söhnen getrennt betrachtet. Die Ergebnisse zeigen, dass an die Schwiegertöchter und Partnerinnen der Söhne höhere Erwartungen gerichtet worden sind (MW = 2,27; SD = 1,50; n = 96) als an die Schwiegersöhne und Partner der Töchter (MW = 1,97; SD = 1,48; n = 62). Jedoch sind die Mittelwerte insgesamt gering.

Über die Hälfte der Befragten (54,4 Prozent) ist nicht oder überhaupt nicht der Meinung, dass ihre Eltern sie nicht in ihrer Selbstständigkeit und Eigenständigkeit gefördert hätten (MW = 2,49; SD = 1,55; n = 182). Auch bei der nächsten Aussage ist die Zustimmung relativ gering. Es wurde gefragt, ob in der Vergangenheit Unstimmigkeiten in der Familie wegen Verwandten und Bekannten entstanden sind. 53,9 Prozent stimmen hierzu nicht oder überhaupt nicht zu. 31,1 Prozent dagegen stimmen zu oder voll und ganz zu (MW = 2,58; SD = 1,60; n = 180).

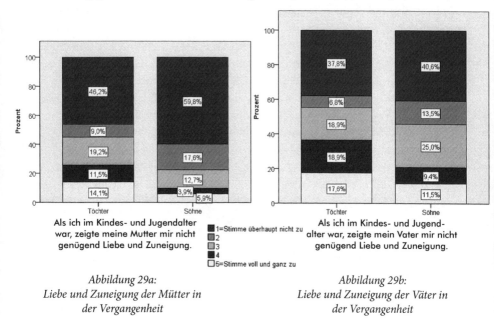

Als ich im Kindes- und Jugendalter war, zeigte meine Mutter mir nicht genügend Liebe und Zuneigung.

1=Stimme überhaupt nicht zu
2
3
4
5=Stimme voll und ganz zu

Als ich im Kindes- und Jugendalter war, zeigte mein Vater mir nicht genügend Liebe und Zuneigung.

Abbildung 29a:
Liebe und Zuneigung der Mütter in
der Vergangenheit

Abbildung 29b:
Liebe und Zuneigung der Väter in
der Vergangenheit

In der qualitativen Studie wurde des Weiteren häufig genannt, dass die jüngeren Kinder in der Vergangenheit mehr Verständnis und Unterstützung erhalten hätten als die älteren. 31,9 Prozent bestätigen dies oder bestätigen dies voll und ganz. Andererseits stimmen 46,7 Prozent nicht zu oder überhaupt nicht zu (MW = 2,69; SD = 1,54; n = 182). Die Mittelwerte ändern sich kaum, wenn diese Aussage in Bezug auf die Vergangenheit und Gegenwart gegenübergestellt wird.

Ein weiteres Thema, das in der qualitativen Studie mehrmals mitgeteilt wurde, ist, dass die erwachsenen Kinder immer noch traurig sind, weil sie im Kindes- oder/und im Jugendalter von ihren Eltern getrennt waren. Einige Kinder waren von beiden Elternteilen getrennt, manche sogar mehrmals. Diese Trennungen führte zu einer dauerhaften Beziehungsdistanz zu den Eltern, die auch nach vielen Jahren nicht mehr beseitigt werden konnte. Die Ergebnisse der Fragebögen in der quantitativen Studie unterstreichen die Befunde. 66,1 Prozent der Teilnehmer stimmen zu oder stimmen voll und ganz der Aussage zu: *Ich finde es traurig, dass ich als Kind von meinen Eltern oder von einem Elternteil getrennt gelebt habe* (siehe Abbildung 30).

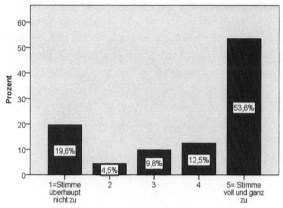

Abbildung 30: Traurigkeit wegen Trennungserfahrung (MW = 3,76; SD = 1,60; n = 112)

61,7 Prozent der Teilnehmer stimmen nicht oder überhaupt nicht zu, dass sie Unstimmigkeiten mit ihren Eltern hatten, weil sie zusammengewohnt haben. 24,3 Prozent dagegen stimmen zu oder voll und ganz zu (MW = 2,29; SD = 1,60; n = 115).

6.3.10 Hauptkategorie – Sorgen

6.3.10.1 Ergebnisse der qualitativen Studie

Eltern und Großeltern machen sich Sorgen, dass sich ihre Kinder und Enkelkinder in der Migration assimilieren. Sie haben Angst, dass sie ihre türkische Sprache sowie ihre türkische Kultur verlieren. Des Weiteren äußern einige Interviewpartner ihre Sorgen um die Eheprobleme der Eltern. Sie teilen oder teilten diesbezüglich wiederum die Sorgen der Eltern und haben sie unterstützt. Vereinzeln geben einige Interviewpartner an, dass sie die finanzielle oder materielle Lage der Eltern mit Sorge betrachten. Doch alle würden sie bei finanziellen Engpässen unterstützen. Mehrheitlich macht sich die zweite Generation sorgen um die Gesundheit der Eltern. Sie befürchten Krankheiten, die einen Pflegebedarf ihre Eltern bewirken würde und sie möchten vermeiden, dass ihre Eltern unnötig leiden. Sie haben Angst, dass ihre Eltern, wenn sie in der Türkei sind, nicht unmittelbar die nötige ärztliche Versorgung erhalten, falls ihnen etwas passiert. Insbesondere haben sie Bedenken bei Unfällen, da ihre Eltern allein dort leben und kein soziales Umfeld haben. Es wird auch einmal angesprochen, dass die Migration langfristig zu Krankheiten führen könnte. Daneben fürchten sie den Tag, an dem die Eltern sterben werden. Vereinzelt äußern sich Interviewpartner, dass ihre Mutter oder Schwiegermutter Suizid begehen könnte. Sie sind besorgt, da sie nicht wissen, ob sie beim Sterben der Eltern dabei sein können. Die mögliche Pflegebedürftigkeit der Eltern in der Zukunft wird ebenfalls mit Sorge von der zweiten Generation betrachtet. Die Eltern wollen den Kindern nicht zur Last fallen. Sie wissen nicht, wie die Versorgung im Falle einer Pflegebedürftigkeit aussehen wird und wie sie die Pflege der Eltern beispielsweise mit Familie und Beruf vereinbaren können. Die zweite Generation macht sich auch Sorgen, dass ein Elternteil vereinsamt, wenn der andere stirbt. Insbesondere Mütter sind stark von ihren Ehemännern abhängig.

6.3.10.2 Ankerbeispiele – Sorgen

„Sie wollen nicht, dass ihre Nachkommen ihre Religion, Kultur und Herkunft vergessen. Sie wollen zwar, dass ihre Enkelkinder sich hier integrieren und qualifizieren, aber ihre Wurzeln nicht verlieren." IP 6, Abs. 19

„Also jetzt ist es am schlimmsten, weil sie wie gesagt ganz, ganz wenig Geld hat, Frührentnerin ist, sich nach dreißig Jahren von ihrem Mann getrennt hat und gesundheitlich schlecht beieinander ist." IP 7, Abs. 37

6.3.10.3 Ergebnisse der quantitativen Studie

Da viele der Befragten sich in der ersten Studie geäußert haben, dass sie oder ihre Eltern Sorgen haben, weil die Kinder sich in Deutschland assimilieren und ihre türkische und religiöse Identität verlieren könnten, wird hierzu in der quantitativen Studie danach gefragt. 37,7 Prozent der Befragten stimmen zu oder voll und ganz zu, dass sie diesbezüglich Sorgen haben. Demgegenüber stimmen 44,3 Prozent nicht oder überhaupt nicht zu (MW = 2,81; SD = 1,66; n = 183).

Ein weiteres Thema, welches sich in der qualitativen Studie herauskristallisierte, war, dass einige Teilnehmer die Ehen ihrer Eltern als konfliktreich wahrnehmen und dies mit Sorge betrachteten. Die Ergebnisse in der quantitativen Studie zeigen jedoch, dass nur ganz wenige diese Sorgen teilen. Nur 15,0 Prozent stimmen zu oder voll und ganz der Aussage zu: *Ich mache mir Sorgen, dass die Ehe meiner Eltern konfliktreich ist* (MW = 2,04; SD = 1,28; n = 126). In Bezug auf die Frage H8 und ihre Ergebnisse kann gesagt werden, dass zwar die Elternkonflikte relativ hoch sind (vgl. H8; MW = 2,56; SD = 1,29; n = 124), aber die Sorgen diesbezüglich sind gering.

Eine deutlich größere Sorge stellt die Verschlechterung der Elterngesundheit für die zweite türkische Generation dar. 62,5 Prozent stimmen dieser Aussage zu oder stimmen voll und ganz zu (MW = 3,7; SD = 1,50; n = 181). Auch um die Pflege der Eltern sind die erwachsenen Kinder besorgt. 61,3 Prozent sind der Meinung oder sind voll und ganz der Meinung, dass sie ihre Eltern nicht ausreichend pflegen können (MW = 3,67; SD = 1,45; n = 181). Eine geringere Zustimmung findet die Aussage: *Ich mache mir Sorgen, dass ich die Pflege meiner Eltern nicht mit meinem Beruf und meiner Familie vereinbaren kann, wenn sie pflegebedürftig sind.* 39,7 Prozent stimmen dieser Aussage zu oder voll und ganz zu. Demgegenüber stehen 36,4 Prozent, die nicht oder überhaupt nicht zustimmen (MW = 2,99; SD = 1,54; n = 176). Diese Werte ähneln den Ergebnissen der Frage, in der die Vereinbarkeit der Pflege zu Konflikten führen könnte. In den problemzentrierten Interviews stellte sich heraus, dass einige Befragungsteilnehmer darüber besorgt sind, wie und wo ihre Eltern später gepflegt werden. Knapp die Hälfte (43,5 Prozent) der Teilnehmer stimmen dieser Aussage zu oder voll und ganz zu (MW = 3,09; SD = 1,57; n = 177). Wenn die Ergebnisse nach Töchtern und Söhnen getrennt analysiert wird, so wird sichtbar, dass die Töchter größere Sorgen diesbezüglich haben als Söhne. 52,0 Prozent der Töchter und nur 37,3 Prozent der Söhne stimmen dieser zu oder voll und ganz zu (siehe Abbildung 31).

Da viele der ersten Generation zwischen Deutschland und der Türkei pendeln, haben einige Befragungsteilnehmer in der qualitativen Studie beschrieben, dass sie Sorgen haben, wenn ihre Eltern in der Türkei leben, da sie dort nicht die gleiche qualitative und quantitative medizinische Versorgung haben wie in Deutschland. 43,6 Prozent der Befragungsteilnehmer stimmen der Aussage zu oder voll und ganz zu, dass sie diese Sorgen haben und 44,8 Prozent haben diese Sorgen nicht oder überhaupt nicht (MW = 2,92; SD = 1,66; n = 181).

Die geschlechterspezifische Betrachtung zeigt in den Ergebnissen keine großen Unterschiede. Eine weitere Sorge ist, dass die Eltern in der Türkei einsam sind, wenn sie allein reisen. Auch bei dieser Aussage stimmen fast die Hälfte (44,9 Prozent) zu oder voll und ganz zu, dass ihnen dieser Gedanke Sorgen bereitet (MW = 3,04; SD = 1,69; n = 185).

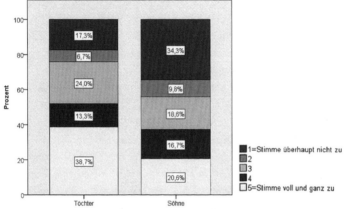

Abbildung 31: Sorge um die Pflege der Eltern

Die Interviewpartner gaben auch in der qualitativen Studie an, dass sie befürchten, dass sich ein Elternteil einsam fühlen wird, wenn der andere stirbt. 66,6 Prozent der Befragten stimmen bei dieser Frage zu oder voll und ganz zu. Bei diesen Ergebnissen ist auffallend, dass auch Teilnehmer diese Frage beantworten, deren Elternteil bereits verstorben waren (MW = 3,78; SD = 1,62; n = 180). Sehr viele der Befragten stimmen darüber hinaus der Sorge zu oder voll und ganz zu (65,7 Prozent), bei ihren Eltern nicht zu sein, wenn sie versterben (MW = 3,7; SD = 1,63; n = 181). Töchter haben im Vergleich zu Söhnen bei den letzten zwei Themen leicht höhere Prozentwerte und somit intensivere Sorgen.

Abschließend wird die Frage gestellt, ob ihre Eltern Sorgen haben, dass ihre Kinder und Enkelkinder die türkische und religiös-islamische Identität verlieren. 40,7 Prozent stimmen der Aussage zwar zu oder voll und ganz zu, aber

45,1 Prozent stimmen dagegen nicht oder überhaupt nicht zu (MW = 2,85; SD = 1,64; n = 184).

6.3.11 Hauptkategorie – Wünsche

6.3.11.1 Ergebnisse der qualitativen Studie

Bei Konflikten wünschen sich einige Interviewpartner in der Beziehung Abstand von ihren Eltern. Sie möchten, dass ihre Eltern sich weniger einmischen und dass sie generell weniger Konflikte in der Familie haben. Die meisten jedoch wünschen sich von ihren Eltern und insbesondere von ihren Vätern, dass sie mehr Zuneigung von ihnen bekommen. Sie sollten ihre Emotionen zeigen und die Beziehungsdistanz verringern. Die Trennung von ihren Eltern oder von ihren Vätern in der Kindheit hätten sie sich nicht gewünscht. Des Weiteren erhoffen sich einige Interviewte, dass ihre Eltern ihr Fehlverhalten in der Ehe und Familie einsehen und sich bei den Beteiligten entschuldigen. Viele hätten sich in der Vergangenheit eine andere Erziehung von ihren Eltern gewünscht. Sie hätten sich mehr Zeit nehmen und ihren Kindern stärkeres Interesse zeigen müssen. In der Schul- und Berufsausbildung hat sich die zweite Generation mehr Unterstützung erwartet. Die nachfolgende Generation soll nach einigen Befragten gebildeter und weniger psychisch belastet sein als die zweite. Ein Interviewpartner hätte sich gewünscht, dass die Eltern gebildeter wären, weil dadurch auch seine Erziehung und Schul- und Berufsausbildung besser gewesen wäre. Die erste Generation dagegen wünscht sich, dass sich die folgenden Generationen zwar integrieren, aber nicht assimilieren sollen. Die meisten wünschen ihren Eltern Glück und Gesundheit. Sie hoffen, dass sich die Gesundheit der Eltern nicht verschlechtert und dass sie kein Pflegefall werden. Insgesamt wünschen sich viele mehr Kontakt zu ihren Eltern und Geschwistern. Sie würden es begrüßen, wenn alle Familienmitglieder an einem Ort wohnen würden. Die Interviewpartner möchten ihre Eltern besser kennenlernen und mit ihnen mehr Gespräche führen. Des Weiteren möchten sie von ihren Eltern Offenheit, Toleranz und eine konstruktive Haltung in ihrer Beziehung. Sie möchten nicht, dass ihre Eltern zu kritisch sind und in Gesprächen mit ihnen schnell aggressiv werden. Zudem wünschen sie sich, dass sie eines Tages den religiösen Erwartungen der Eltern nachkommen können, wie das Tragen eines Kopftuches. Die meisten der Interviewpersonen glauben, dass sich ihre Eltern nicht verändern werden. Die Resignation begründen sie mit dem hohen Alter der Eltern. Sie wünschen sich auch, dass ihre Eltern die deutsche, aber auch die türkische Sprache besser beherrscht hätten. Abschließend hätten sie sich mehr Unterstützung von ihren Eltern in der Vergangenheit gewünscht. Durch die hohe Investition der Eltern in der Türkei, statt in Deutschland, haben sie schlechtere finanzielle Bedingungen gehabt. Sie waren zu stark auf die Remigration in die Türkei fixiert. Die Interviewpartner dagegen wünschen sich, dass sie ihre Eltern mehr soziale und pflegerische Unterstützung geben könnten, insbesondere bei den Interviewpartnern, die von ihren Eltern weiter weg wohnen. Vereinzeln würden auch Interviewpartner von ihren Eltern soziale und finanzielle Unterstützung wünschen.

6.3.11.2 Ankerbeispiele – Wünsche

„Von meiner Mutter nicht, aber von meinem Vater hätte ich mir damals mehr Zuneigung und Liebe gewünscht." (IP 4, Abs. 65)

„Wir haben zwar sehr viel Respekt vor unseren Eltern, doch ich wünschte mir noch, dass meine Religionsausübung so wäre, wie mein Vater sie von mir wünscht." (IP 10, Abs. 86)

6.3.11.3 Ergebnisse der quantitativen Studie

66,1 Prozent der Befragten stimmen nicht oder überhaupt nicht zu, dass sie sich wünschen, ihre Eltern würden sich weniger in ihren Angelegenheiten einmischen. Lediglich 18,8 Prozent stimmen hierin zu oder voll und ganz zu, dass sich die Eltern weniger einmischen sollen (MW = 2,10; SD = 1,42; n = 186).

30,4 Prozent (MW = 2,57; SD = 1,57; n = 174) stimmen in Bezug auf ihre Mütter zu oder stimmen voll und ganz zu und 35,4 Prozent (MW = 2,79; SD = 1,61; n = 141) in Bezug auf ihre Väter, dass sie sich von ihnen mehr Liebe und Zuneigung wünschen. Deutlich mehr Teilnehmer hätten sich im Kindes- und Jugendalter mehr Zuneigung und Liebe von ihren Eltern gewünscht. 41,6 Prozent (MW = 3,04; SD = 1,60; n = 178) wünschen sich von ihren Müttern und 52,3 Prozent (MW = 3,45; SD = 1,54; n = 178) von ihren Vätern, dass sie früher mehr Liebe und Zuneigung gezeigt hätten, und kreuzen daher *stimme zu* oder *stimme voll und ganz zu*. Bei dieser Frage wird deutlich, dass die Teilnehmer in der Kindheit und vor allem von ihren Vätern relativ selten Liebe und Zuneigung gespürt haben.

Des Weiteren zeigen die Ergebnisse, dass sich die Töchter stärker dies von ihren Eltern wünschen als die Söhne. Und die Söhne wünschen sich insbesondere von ihren Vätern im Kindes- und Jugendalter mehr Liebe und Zuneigung (siehe Abbildungen 32a und 32b). Personen in der Altersgruppe von 50 bis 56 Jahren stimmen öfter voll und ganz zu, dass sie sich von ihren Eltern in der Vergangenheit mehr Liebe und Zuneigung gewünscht hätten. Die zweite Generation sieht dies jedoch nicht als Konflikt (vgl. Hauptkategorie Konflikte).

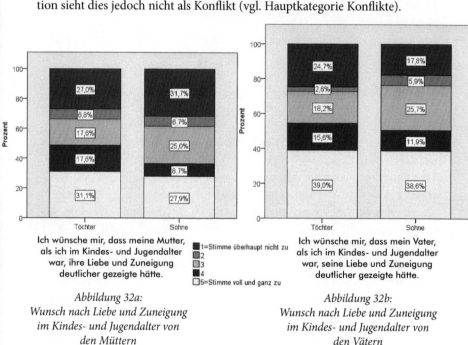

Abbildung 32a:
Wunsch nach Liebe und Zuneigung
im Kindes- und Jugendalter von
den Müttern

Abbildung 32b:
Wunsch nach Liebe und Zuneigung
im Kindes- und Jugendalter von
den Vätern

Im Forschungsschritt 1 haben die Befragungsteilnehmer thematisiert, dass ihre Eltern ihr Fehlverhalten einsehen und dies ihren Kindern mitteilen und eingestehen sollen. 40,8 Prozent sind der Meinung oder sind voll und ganz der Meinung, dass sie diesen Wunsch haben. 40,7 Prozent dagegen teilen diese Meinung nicht oder überhaupt nicht (MW = 3,02; SD = 1,55; n = 179). Die genderspezifische Analyse zeigt, dass Töchter (44,3 Prozent) stärker dieser Aussage zustimmen als Söhne (38,0 Prozent). Sehr viele (81,6 Prozent) stimmen zu oder voll und ganz zu, dass sie den Wunsch haben, dass die Gesundheit ihrer Eltern sich nicht verschlechtert und sie kein Pflegefall werden (MW = 4,34; SD = 1,22; n = 190).

Mehr Kontakt mit Eltern und mit ihren Geschwistern sowie im gleichen Ort mit ihnen zu wohnen, wünschen sich ebenfalls die Mehrheit. 65,8 Prozent der Befragten stimmen der Aussage zu oder voll und ganz zu, mit ihren Eltern und Geschwistern mehr Kontakt haben zu wollen (MW = 3,73; SD = 1,54; n = 184). Im gleichen Ort mit ihnen zu wohnen, wünschen sich 58,6 Prozent der Befragungsteilnehmer (MW = 3,6; SD = 1,49; n = 150).

Eine geringere Zustimmung erfährt die Wunschaussage, dass die Eltern offener und toleranter werden sollen. Dennoch stimmen fast die Hälfte der Befragten (45,6 Prozent) zu oder voll und ganz zu (MW = 3,15; SD = 1,60; n = 180). Personen in den älteren Altersgruppen stimmen den Wunsch häufiger voll und ganz zu, dass ihre Eltern in der Vergangenheit offener und toleranter hätten sein sollen.

In den Befragungsergebnissen des Forschungsschritts 2 wird auch deutlich, dass die zweite Generation weniger den Wunsch nach mehr Unterstützung von ihren Eltern hat. Vielmehr wird hier der Wunsch geäußert, ihnen mehr Unterstützung zu geben. 52,1 Prozent (MW = 2,56; SD = 1,59; n = 186) stimmen nicht oder überhaupt nicht zu, dass sie derzeit mehr Unterstützung wollen. Demgegenüber wünschen sich 67,7 Prozent der Befragten (MW = 3,88; SD = 1,32; n = 189), den Eltern mehr Unterstützung geben zu können.

Zudem wurde in der qualitativen Studie häufig von den Interviewpartnern genannt, dass sie sich mehr Zeit und Interesse im Kindes- und Jugendalter von ihren Eltern gewünscht hätten. Eine hohe Zustimmung ist wie in der letzten Frage zu verzeichnen: 53,0 Prozent der Befragten stimmen zu oder voll und ganz zu, dass sie dies wünschen (MW = 3,43; SD = 1,47; n = 183). Auch hier ist die Zustimmung besonders bei den Töchtern hoch. 41,0 Prozent (MW = 3,55; SD = 1,50; n = 78) der Töchter und nur 27,6 Prozent der Söhne (MW = 3,33; SD = 1,44; n = 105) stimmen dieser Aussage mit voll und ganz zu. Die Interviewpartner äußerten rückblickend weiterhin, dass sie im Kindes- und Jugendalter von ihren Eltern mehr Unterstützung erhalten hätten. 54,6 Prozent der Befragten im Forschungsschritt 2 stimmen dieser Wunschaussage zu oder voll und ganz zu (MW = 3,52; SD = 1,43; n = 187), wobei wieder die Töchter stärker zustimmen als die Söhne. Befragten, die zu den älteren Altersgruppen gehören, stimmen ebenfalls stärker zu als Personen in den jüngeren Altersgruppen.

62,3 Prozent stimmen dem Wunsch zu oder voll und ganz zu, dass ihre Eltern gebildeter gewesen und die deutsche sowie die türkische Sprache besser beherrscht hätten (MW = 3,73; SD = 1,51; n = 183).

Des Weiteren wünschen sich knapp über die Hälfte (50,2 Prozent) der Befragten, dass ihre Eltern mehr in Deutschland investiert hätten, etwa in Immobilen oder Grundstücke, als in der Türkei (MW = 3,25; SD = 1,57; n = 181). Bei dieser Frage ist die Zustimmung der Söhne leicht höher als die der Töchter.

Überdies werden die Teilnehmer gefragt, ob ihre Eltern sich wünschen, dass ihre Kinder stärker ihre Religion ausüben, wie fünfmal am Tag beten oder Kopftuch tragen. 43,3 Prozent stimmen dem zu oder voll und ganz zu. 46,1 Prozent der Befragten hingegen stimmen der Aussage nicht oder überhaupt nicht zu (MW = 2,90; SD = 1,74; n = 178). Die Aussagen bei Töchtern sowie Söhnen zeigen keine großen Unterschiede. Abschließend werden die Teilnehmer gefragt, ob ihre Eltern sich wünschen, dass sie ihre türkische und religiös-islamische Identität bewahren. Deutlich mehr als über die Hälfte (62,7 Prozent) stimmen diesbezüglich zu oder voll und ganz zu (MW = 3,75; SD = 1,54; n = 188). Dieser Prozentwert bestätigt die Befunde im Forschungsschritt 1 und zeigt die Wichtigkeit dieses Themas für die erste Generation.

6.3.12 Sonstige statistische Ergebnisse

Wie im ersten Forschungsschritt eruiert sowie in vielen vergangenen Studien berücksichtigt, können sich nicht nur die Hauptdimensionen (assoziative, affektive und funktionale Solidarität) gegenseitig beeinflussen, sondern auch die Rahmenbedingungen prägen die Hauptdimensionen. Einige Rahmenbedingungen können nach Syzdlik in vier Faktorengruppen zusammengefasst werden (Szydlik 2000, S. 43 ff.; vgl. Kapitel 2.4.4).

Um den Einfluss auf die derzeitige Beziehung multiperspektivisch zu analysieren, werden in diesem Kapitel die Auswertungsmethoden Faktoranalyse sowie binomische logistische Regression angewandt. Als abhängige Variable werden die Fragen D26/E26 ausgewählt: *Wie eng fühlen Sie sich mit Ihrer/m leiblichen Mutter/Vater heute verbunden?* Da die abhängigen Variablen eine stark linksschiefe Verteilung aufweisen (vgl. Kapitel 6.3.4), wird die Zielvariablen dichotomisiert. Dabei wird die Fünf-Punkte-Likert-Skala bei den Fragen D26/E26 *1 = Überhaupt nicht eng* bis *5 = Sehr eng* getrennt, sodass nur die Ausprägungen vier und fünf die Dummy-Variable (2) erhalten. Alle anderen Ausprägungen werden mit (1) kategorisiert.

Es werden 26 Einflussfaktoren als unabhängige Variablen betrachtet. In den vergangenen Studien wurden häufig die Einflussmöglichkeiten der soziodemografischen und sozioökonomischen Gegebenheiten bei der Eltern-Kind-Beziehung untersucht und postuliert (Baykara-Krumme 2007, S. 34). Aus diesem Grund werden diverse soziodemografische und sozioökonomische Einflussfaktoren berücksichtigt, welche im ersten Forschungsschritt sowie in vielen bisherigen Studien als wichtig erachtet wurden (zum Beispiel Baykara-Krumme 2013a, S. 21; Bordone, de Valk 2016, S. 263): Geschlecht (A1), Geburtsort (A3), Trennung (A5/A9) und Häufigkeit der Trennung in der Kindheit (A6/A10), Staatsangehörigkeit (A14), Schulabschluss (A15), Anzahl der Geschwister mit Berücksichtigung des Geschlechts (A18), Geschwisterrangfolge (A19), Gesundheit (A22), finanzielle Situation (A23), Sprachkenntnisse (D9/E9) und Gesundheit der Eltern (D10/E10) sowie gegenseitige Unterstützungsleistungen (D31–D44 und E31–E44). Da die Items der gegenseitigen Unterstützungsleistungen zahlreich sind, werden sie mittels Faktorenanalyse auf ihren Einfluss untersucht und zusammengefasst. Es werden nur ausgewählte Inhalte und Tabellen aus der originalen Dissertation präsentiert. Insbesondere konnte der Anhang nicht aus Vorgabegründen aufgenommen werden.

Faktorenanalyse: Zunächst werden die Variablen deskriptiv dargestellt, um die Eignung für eine Faktorenanalyse festzustellen. Die Ergebnisse der Korrelationsmatrizen zeigen sehr signifikante p-Werte und geben somit Hinweise darauf, dass die Variablen für eine Faktorenanalyse geeignet sind. Auch die KMO- und Barlet-Tests deutet darauf hin, dass die Variablen für eine Faktorenanalyse anwendbar sind. Die KMO-Werte sind über 0,8 und die Barlett-Tests sind hoch signifikant. Die Werte der Anti-Image-Matrizen sind gering. Die Kommunalitätsfaktoren liegen bei den meisten Werten über 0,5. Nur die Variablen D35 und E35 haben kleinere Werte (siehe Tabellen 13 und 14).

Anschließend werden die erklärten Gesamtvarianzen in den Gruppen untersucht. Dabei wird das Kaiser-Guttmann-Kriterium angewandt. Es zeigt sich, dass in der ersten Itemgruppe *Unterstützung an die Mütter gegeben* (D31–D38) zwei gemeinsame Faktoren (erklären kumuliert 69,868 Prozent der Varianz) und in der zweiten Itemgruppe *Unterstützung von Müttern erhalten* (D39–D44) ein Faktor zu extrahieren sind (erklärt 67,052 Prozent der Varianz). In der dritten und vierten Itemgruppe *Unterstützung an die Väter gegeben* (E31–E38) und *Unterstützung von Vätern erhalten* (D39–D44) ist je ein Faktor (erklären je 65,854 und 68,981 Prozent der Varianz) zu bilden (siehe Tabellen 14–16).

Um die Ladungen der Variablen mit den Faktoren darzustellen, wurden die Komponentenmatrizen sortiert erstellt. Da die Variablengruppe D31–D38 zwei Faktoren aufweist, wurde eine rotierte Komponentenmatrix generiert, um die Varianzen maximiert darzustellen. Es zeigt sich, dass die Variablen D32, D31, D34 und D36 dem Faktor 1 sowie die Variablen D38, D37, D33 und D35 dem Faktor 2 zugeordnet werden können (siehe Tabellen 17 und 18).

Tabelle 13:   Kommunalitätenanalyse – Unterstützung Mütter

Kommunalitäten					
Unterstützung an *Mütter* gegeben	Anfänglich	Extraktion	Unterstützung von *Müttern* erhalten	Anfänglich	Extraktion
Unterstützung Trost (D31)	1,000	0,764	Unterstützung Trost (D39)	1,000	0,701
Unterstützung Kummer und Sorgen (D32)	1,000	0,806	Unterstützung Kummer und Sorgen (D40)	1,000	0,693
Unterstützung Einkauf, Haushalt ... (D33)	1,000	0,625	Unterstützung Kinderbetreuung (D41)	1,000	0,606
Emotionale Unterstützung (D34)	1,000	0,676	Unterstützung Einkauf, Haushalt ... (D42)	1,000	0,563
Unterstützung Pflege (D35)	1,000	0,401	Emotionale Unterstützung (D43)	1,000	0,719
Unterstützung Ratschläge (D36)	1,000	0,603	Unterstützung Ratschläge (D44)	1,000	0,740
Unterstützung Übersetzungshilfe (D37)	1,000	0,839			
Unterstützung Arzt- und Behördengänge (D38)	1,000	0,874			

Extraktionsmethode: Hauptkomponentenanalyse.

Tabelle 14: Kommunalitätenanalyse – Unterstützung Väter

Kommunalitäten					
Unterstützung an _Väter_ gegeben	Anfänglich	Extraktion	**Unterstützung von _Vätern_ erhalten**	Anfänglich	Extraktion
Unterstützung Trost (E31)	1,000	0,658	Unterstützung Trost (E39)	1,000	0,757
Unterstützung Kummer und Sorgen (E32)	1,000	0,703	Unterstützung Kummer und Sorgen (E40)	1,000	0,742
Unterstützung Einkauf, Haushalt … (E33)	1,000	0,698	Unterstützung Kinderbetreuung (E41)	1,000	0,563
Emotionale Unterstützung (E34)	1,000	0,604	Unterstützung Einkauf, Haushalt… (E42)	1,000	0,662
Unterstützung Pflege (E35)	1,000	0,478	Emotionale Unterstützung (E43)	1,000	0,762
Unterstützung Ratschläge (E36)	1,000	0,745	Unterstützung Ratschläge (E44)	1,000	0,652
Unterstützung Übersetzungshilfe (E37)	1,000	0,707			
Unterstützung Arzt- und Behördengänge (E38)	1,000	0,675			

Extraktionsmethode: Hauptkomponentenanalyse.

Tabelle 15: Erklärte Gesamtvarianzen – Unterstützung an Mütter gegeben/von Müttern erhalten

Erklärte Gesamtvarianz (Unterstützung an Mütter gegeben, D31–D38)

Komponente	Anfängliche Eigenwerte			Summen von quadrierten Faktorladungen für Extraktion		
	Gesamt	% der Varianz	Kumulierte %	Gesamt	% der Varianz	Kumulierte %
1	4,538	56,730	56,730	4,538	56,730	56,730
2	1,051	13,139	69,868	1,051	13,139	69,868
3	0,678	8,472	78,340			
4	0,516	6,453	84,793			
5	0,407	5,093	89,886			
6	0,377	4,713	94,600			
7	0,266	3,324	97,923			
8	0,166	2,077	100,000			

Komponente	Rotierte Summe der quadrierten Ladungen (D31–D38)		
	Gesamt	% der Varianz	Kumulierte %
1	2,840	35,502	35,502
2	2,749	34,366	69,868
3			
4			
5			
6			
7			
8			

Erklärte Gesamtvarianz (Unterstützung von Müttern erhalten, D39–D44)

Komponente	Anfängliche Eigenwerte			Summen von quadrierten Faktorladungen für Extraktion		
	Gesamt	% der Varianz	Kumulierte %	Gesamt	% der Varianz	Kumulierte %
1	4,023	67,052	67,052	4,023	67,052	67,052
2	0,637	10,616	77,668			
3	0,440	7,335	85,003			
4	0,357	5,954	90,957			
5	0,289	4,818	95,776			
6	0,253	4,224	100,000			

Extraktionsmethode: Hauptkomponentenanalyse.

Tabelle 16: *Erklärte Gesamtvarianzen – Unterstützung an Väter gegeben/von Vätern erhalten*

Erklärte Gesamtvarianz (Unterstützung an Väter gegeben, E31–E38)

Kompo-nente	Anfängliche Eigenwerte			Summen von quadrierten Faktor-ladungen für Extraktion		
	Gesamt	% der Varianz	Kumulierte %	Gesamt	% der Varianz	Kumulierte %
1	5,268	65,854	65,854	5,268	65,854	65,854
2	0,901	11,257	77,111			
3	0,618	7,722	84,832			
4	0,362	4,522	89,354			
5	0,285	3,567	92,921			
6	0,270	3,372	96,293			
7	0,252	3,153	99,446			
8	0,044	0,554	100,000			

Erklärte Gesamtvarianz (Unterstützung von Vätern erhalten, E39–E44)

Kompo-nente	Anfängliche Eigenwerte			Summen von quadrierten Faktor-ladungen für Extraktion		
	Gesamt	% der Varianz	Kumulierte %	Gesamt	% der Varianz	Kumulierte %
1	4,139	68,981	68,981	4,139	68,981	68,981
2	0,683	11,379	80,360			
3	0,394	6,574	86,934			
4	0,319	5,313	92,247			
5	0,267	4,447	96,694			
6	0,198	3,306	100,000			

Extraktionsmethode: Hauptkomponentenanalyse.

Tabelle 17: Komponentenmatrizen – Unterstützung an Mütter gegeben/von Müttern erhalten

Komponentenmatrix[a]			Rotierte Komponentenmatrix[a]		
Unterstützung an Mütter gegeben	Komponente		Unterstützung an Mütter gegeben	Komponente	
	1	2		1	2
Unterstützung D38	0,798	0,487	Unterstützung D32	0,863	0,248
Unterstützung D32	0,791	–0,425	Unterstützung D31	0,862	0,144
Unterstützung D33	0,781	0,126	Unterstützung D34	0,740	0,358
Unterstützung D34	0,780	–0,260	Unterstützung D36	0,598	0,495
Unterstützung D36	0,774	–0,063	Unterstützung D38	0,231	0,906
Unterstützung D37	0,742	0,537	Unterstützung D37	0,157	0,902
Unterstützung D31	0,718	–0,498	Unterstützung D33	0,471	0,635
Unterstützung D35	0,626	0,097	Unterstützung D35	0,381	0,507

Extraktionsmethode: Hauptkomponentenanalyse.

a. 2 Komponenten extrahiert

Extraktionsmethode: Hauptkomponentenanalyse. Rotationsmethode: Varimax mit Kaiser-Normalisierung.[a]

a. Die Rotation ist in 3 Iterationen konvergiert.

Komponentenmatrix[a]	
Unterstützung von Müttern erhalten	Komponente
	1
Unterstützung D44	0,860
Unterstützung D43	0,848
Unterstützung D39	0,838
Unterstützung D40	0,832
Unterstützung D41	0,779
Unterstützung D42	0,750

Extraktionsmethode: Hauptkomponentenanalyse.

a. 2 Komponenten extrahiert

Tabelle 18: Komponentenmatrizen – Unterstützung an Väter gegeben/von Vätern erhalten

| Komponentenmatrix[a] | | Komponentenmatrix[a] | |
Unterstützung an Väter gegeben	Komponente	Unterstützung von Vätern erhalten	Komponente
	1		1
Unterstützung D36	0,863	Unterstützung D43	0,873
Unterstützung D37	0,841	Unterstützung D39	0,870
Unterstützung D32	0,839	Unterstützung D40	0,861
Unterstützung D33	0,835	Unterstützung D42	0,814
Unterstützung D38	0,821	Unterstützung D44	0,808
Unterstützung D31	0,811	Unterstützung D41	0,751
Unterstützung D34	0,777		
Unterstützung D35	0,691		

Extraktionsmethode: Hauptkomponentenanalyse.

a. 2 Komponenten extrahiert

Logistische Regressionsanalyse: Die Variablen werden mit dem Einschlussverfahren untersucht. Um die Regressionsanalysen insgesamt auf Signifikanz zu überprüfen, werden Chi-Quadrat-Tests durchgeführt. Der Chi-Quadrat-Test ist nur signifikant in Bezug auf die Väterbeziehung mit einem Wert von 17,812 und nicht in Bezug auf die Mütterbeziehung mit einem Wert von 18,549 ($p = 0,032$ < Signifikanzlevel 0,05 und $p = 0,115$ > Signifikanzlevel 0,05). In Zusammenhang mit der Mütterbeziehung betragen der –2Log-Likelihood-Wert 77,094, das Cox & Snell R-Quadrat 0,210 und der Nagelkerkes R-Quadrat 0,320. Im Hinblick mit der Väterbeziehung dagegen betragen der –2Log-Likelihood-Wert 71,068, das Cox & Snell R-Quadrat 0,276 und der Nagelkerkes R-Quadrat 0,390 (siehe Tabelle 19). Die R-Quadratwerte deuten auf mittlere eine Modellerklärungsgüte (< 0,5).

Tabelle 19: Omnibus-Tests und Modellzusammenfassung (D26/E26)

Omnibus-Tests der Modellkoeffizienten (D26)					Omnibus-Tests der Modellkoeffizienten (E26)			
		Chi-Quadrat	df	Sig.			Chi-Quadrat	df	Sig.
Schritt 1	Schritt	18,549	15	0,115	Schritt 1		17,812	14	0,032
	Block	18,549	15	0,115		Block	17,812	14	0,032
	Modell	18,549	15	0,115		Modell	17,812	14	0,032

Modellzusammenfassung (D26)				Modellzusammenfassung (E26)			
Schritt	−2 Log-Likelihood	Cox & Snell R-Quadrat	Nagel-kerkes R-Quadrat	Schritt	−2 Log-Likelihood	Cox & Snell R-Quadrat	Nagel-kerkes R-Quadrat
1	77,094[a]	0,210	0,320	1	71,068[a]	0,276	0,390

a. Schätzung beendet bei Iteration Nummer 9, weil die Parameterschätzer sich um weniger als 0,001 änderten.	a. Schätzung beendet bei Iteration Nummer 5, weil die Parameterschätzer sich um weniger als 0,001 änderten.

In der nächsten Tabelle *Variablen nicht in der Gleichung – D26* (siehe Tabelle 20a) werden die Variablen einzeln ohne das Gesamtmodell – D26 betrachtet. Es zeigt sich, dass die Variablen D9 und die Faktorgruppe *Unterstützung nehmen (Faktor 3)* leicht signifikant sind ($p < 0{,}05$). Die Werte der Variablen A18-2, A23, Faktorgruppe *Unterstützung geben (Faktor 1+2)* sind auch relativ gering, aber nicht signifikant. In Tabelle 20b werden ebenfalls die Variablen für die Väterbeziehung getrennt auf ihre Signifikanz überprüft. Hier zeigt sich, dass die Variablen A9, A14, A18-1, A18-2, A23, E9, E10 und *Unterstützung nehmen (Faktor 2)* relativ geringe Werte aufweisen, aber nur die Faktorgruppe *Unterstützung geben (Faktor 1)* signifikant ist ($p < 0{,}05$).

Anschließend wird das gesamte Regressionsmodell für die abhängige Variable D26 mit den 15 Variablen berechnet. Alle Variablen in der Analyse zeigen, bis auf die Variable D9 ($p < 0{,}05$) keine Signifikanz (siehe Tabelle 21a).

Die Ergebnisse für das Regressionsmodell E26 werden in der Tabelle 21b dargestellt. Bei dieser Analyse ist zu verzeichnen, dass die Variablen (*Unterstützung geben Vater, Faktor 1*) sowie A18-2 signifikant sind.

Tabelle 20a: Regressionsanalyse: Variablen nicht in der Gleichung – D26

Variablen nicht in der Gleichung – D26

Schritt 0	Wert	df	Sig.
Geschlecht (A1)	0,620	1	0,431
Geburtsort (A3)	0,320	1	0,572
Trennung v. Mutter (A5)	0,206	1	0,650
Staatsangehörigkeit (A14)	0,552	1	0,458
Schulabschluss (A15)	0,001	1	0,969
Schwesteranzahl (A18-1)	0,875	1	0,350
Brüderanzahl (A18-2)	1,295	1	0,255
Geschwisterranfolge (A19)	0,178	1	0,673
Eigene Gesundheit (A22)	0,442	1	0,506
Eigene finanzielle Situation (A23)	2,925	1	0,087
Sprachkenntnisse d. Mutter (D9)	4,751	1	0,029
Gesundheitszustand d. Mutter (D10)	0,202	1	0,653
Unterstützung geben Mutter (Faktor 1)	2,374	1	0,123
Unterstützung geben Mutter (Faktor 2)	1,169	1	0,280
Unterstützung nehmen Mutter (Faktor 3)	5,522	1	0,019
Gesamtstatistik	19,189	15	0,205

Tabelle 20b: Regressionsanalyse: Variablen nicht in der Gleichung – E26

Variablen nicht in der Gleichung – E26

Schritt 0	Wert	df	Sig.
Geschlecht (A1)	0,537	1	0,464
Geburtsort (A3)	0,002	1	0,969
Trennung v. Vater (A9)	2,202	1	0,138
Staatsangehörigkeit (A14)	1,190	1	0,275
Schulabschluss (A15)	0,773	1	0,379
Schwesteranzahl (A18-1)	1,270	1	0,260
Brüderanzahl (A18-2)	1,633	1	0,201
Geschwisterranfolge (A19)	0,051	1	0,821
Eigene Gesundheit (A22)	0,089	1	0,765
Eigene finanzielle Situation (A23)	1,138	1	0,286
Sprachkenntnisse d. Vater (E9)	2,390	1	0,122
Gesundheitszustand d. Vater (E10)	1,536	1	0,215
Unterstützung geben Vater (Faktor 1)	7,637	1	0,006
Unterstützung nehmen Vater (Faktor 2)	2,319	1	0,128
Gesamtstatistik	22,086	14	0,077

Tabelle 21a: Regressionsanalyse: Variablen in der Gleichung – D26

Schritt 1a	Regressions-koeffizientB	Standard-fehler	Wald	df	Sig.	Exp(B)
Variablen in der Gleichung – D26						
Geschlecht (A1)	–0,748	0,687	1,183	1	0,277	0,474
Geburtsort (A3)	–1,044	0,822	1,611	1	0,204	0,352
Trennung v. Mutter (A5)	–0,840	0,689	1,486	1	0,223	0,432
Staatsangehörigkeit (A14)	–0,207	0,443	0,219	1	0,640	0,813
Schulabschluss (A15)	0,058	0,349	0,028	1	0,867	1,060
Schwesteranzahl (A18-1)	0,407	0,319	1,636	1	0,201	1,503
Brüderanzahl (A18-2)	–0,084	0,343	0,061	1	0,805	0,919
Geschwisterranfolge (A19)	–0,301	0,259	1,356	1	0,244	0,740
Eigene Gesundheit (A22)	–0,139	0,381	0,133	1	0,715	0,870
Eigene finanzielle Situation (A23)	–0,360	0,357	1,017	1	0,313	0,697
Sprachkenntnisse d. Mutter (D9)	–0,842	0,341	6,106	1	0,013	0,431
Gesundheitszustand d. Mutter (D10)	–0,355	0,424	0,699	1	0,403	0,701
Unterstützung geben Mutter (Faktor 1)	0,163	0,397	0,169	1	0,681	1,177
Unterstützung geben Mutter (Faktor 2)	0,474	0,410	1,336	1	0,248	1,607
Unterstützung nehmen Mutter (Faktor 3)	0,562	0,481	1,363	1	0,243	1,754
Konstante	10,528	4,078	6,666	1	0,010	37361,194

Tabelle 21b: Regressionsanalyse: Variablen in der Gleichung – E26

Variablen in der Gleichung – E26					
Schritt 1a	Regressions-koeffizientB	Standard-fehler	Wald	df	Sig.	Exp(B)
Geschlecht (A1)	–0,117	0,634	0,034	1	0,853	0,889
Geburtsort (A3)	0,276	1,000	0,076	1	0,783	1,318
Trennung v. Vater (A9)	0,605	0,953	0,403	1	0,525	1,832
Staatsangehörigkeit (A14)	0,201	0,461	0,190	1	0,663	1,222
Schulabschluss (A15)	–0,603	0,387	2,429	1	0,119	0,547
Schwesteranzahl (A18-1)	0,396	0,343	1,330	1	0,249	1,485
Brüderanzahl (A18-2)	–0,839	0,398	4,431	1	0,035	0,432
Geschwisterranfolge (A19)	–0,029	0,270	0,012	1	0,913	0,971
Eigene Gesundheit (A22)	0,294	0,339	0,749	1	0,387	1,342
Eigene finanzielle Situation (A23)	–0,835	0,458	3,324	1	0,068	0,434
Sprachkenntnisse d. Vater (E9)	0,658	0,426	2,383	1	0,123	1,930
Gesundheitszustand d. Vater (E10)	0,013	0,313	0,002	1	0,968	1,013
Unterstützung geben Vater (Faktor 1)	1,891	0,747	6,414	1	0,011	6,627
Unterstützung nehmen Vater (Faktor 2)	–0,772	0,600	1,656	1	0,198	0,462
Konstante	1,821	3,575	0,259	1	0,611	6,178

6.4   Zusammenführung der Ergebnisse

Im folgenden Abschnitt werden die wichtigsten Ergebnisse der Forschungsstudien 1 (qualitative Studie) und 2 (quantitative Studie) komprimiert zusammengeführt und verglichen. Unter Rücksichtnahme gemeinsamer, widersprüchlicher und offener Aspekte werden bedeutsame Ergebnisse dargestellt.

- Die persönliche Kontakthäufigkeit zwischen der ersten und zweiten Generation ist sehr intensiv. Dies zeigte sich in beiden Forschungsschritten. Im Forschungsschritt 2 stellte sich beispielsweise heraus, dass mindestens über die Hälfte der Teilnehmer ihre Eltern einmal in der Woche sieht. Im zweiten Forschungsschritt dagegen zeigte sich gegenüber dem ersten, dass Söhne einen stärkeren persönlichen Kontakt zu ihren Eltern haben als Töchter sowie häufiger mit ihren Eltern in derselben Wohnung oder in demselben Haus wohnen (Koresidenz). Wie in beiden Teilstudien sichtbar wurde, pendeln viele Eltern zwischen der Türkei und Deutschland und bleiben somit mehrere Monate in der Türkei. Das Pendeln und die weite Wohnentfernung wirken sich insgesamt negativ auf die persönliche Kontakthäufigkeit aus. Wie im Forschungsschritt 1 und 2 festgestellt, ist die telefonische und schriftliche Kontaktfrequenz (Internet-Telefonie, SMS, WhatsApp etc. inbegriffen) der Töchter mit ihren Müttern höher als die der Söhne. Insgesamt haben Töchter und Söhne häufigeren telefonischen Kontakt zu ihren Müttern als zu ihren Vätern. Das Pendelverhalten der Eltern wirkt sich, wie bei der persönlichen Kontakthäufigkeit, negativ auf die telefonische Kontakthäufigkeit aus. Im Forschungsschritt 2 stellte sich heraus, dass die jüngeren Kinder tendenziell höhere persönliche sowie telefonische Kontakthäufigkeit zu ihren Eltern haben als die älteren.
- Einer der gemeinsamen Aktivitäten zwischen den Generationen ist das Einkaufen. Im ersten Forschungsschritt 1 wurde von den Interviewteilnehmern erwähnt, dass sie gemeinsam mit ihren Eltern einkaufen, insbesondere mit ihren Müttern. Es zeigte sich dann in Forschungsschritt 2, dass etwa die Hälfte mit ihren Müttern mindestens einmal pro Monat einkaufen geht, wobei diese Aktivitätsform mit ihren Vätern deutlich geringer ausfällt. Signifikant wenige Befragungsteilnehmer in der zweiten Studie geben an, dass sie mit ihren Eltern Fernsehen schauen oder ein Kino

besuchen. Die qualitative und quantitative Studie zeigt, dass die Generationen gemeinsam essen und trinken. Aus dem Forschungsschritt 2 geht hervor, dass insbesondere die Kinder mit ihren Müttern öfter kochen, essen und trinken als mit ihren Vätern. Dabei hat insgesamt die Töchter-Mütter-Konstellation in dieser Aktivitätskategorie höhere Prozentwerte. Die stärkste Aktivitätsform zwischen der ersten und zweiten Generation ist das Unterhalten. In beiden Forschungsschritten ist festzustellen, dass die Generationen Gespräche führen und dass zudem die Mütter öfter Gespräche mit ihren Kindern führen als die Väter. Väter dagegen haben häufiger Gespräche mit ihren Söhnen als mit ihren Töchtern. Zwar wurde im ersten Forschungsschritt von einigen Interviewteilnehmern erwähnt, dass sie mit ihren Eltern spazieren gehen, doch im zweiten Forschungsschritt stellte sich heraus, dass die zweite Generation relativ selten miteinander spazieren geht. Wie in der vorherigen Aktivitätsform gehen auch hier Töchter mit ihren Müttern relativ oft spazieren. Sehr selten treiben die Generationen miteinander Sport, wie sich in der zweiten Studie herauskristallisierte. In der qualitativen Studie zeigte sich, dass die Generationen miteinander reisen oder in den Urlaub fahren. In der zweiten Studie war die Häufigkeit hierzu gering. Bekannte und Verwandte besuchen die meisten mehrmals im Jahr. Töchter und Väter haben in dieser Aktivitätskategorie die geringsten Prozentwerte. Summa summarum zeigen die Ergebnisse deutlich, dass die zweite Generation stärker mit ihren Müttern aktiv ist als mit ihren Vätern. Gleichzeitig gibt fast die Hälfte der Teilnehmer an, dass sie nach ihrer subjektiven Einschätzung mit beiden Elternteilen gleich oft aktiv sind.

– Die Ergebnisse des ersten sowie des zweiten Forschungsschritts verdeutlichen eine sehr enge Beziehung zwischen den beiden Generationen. Des Weiteren zeigen die Ergebnisse, dass die Beziehung der zweiten Generation (Töchter wie Söhne) zu ihren Müttern enger ist als zu ihren Vätern. Wie sich im ersten Forschungsschritt herauskristallisierte, pflegen Töchter eine engere Beziehung zu ihren Müttern als Söhne, was sich quantitativ im zweiten Forschungsschritt bestätigte. Töchter sowie Söhne geben an, derzeit eine ähnlich enge Beziehung zu ihren Vätern zu haben. In einer anderen Fragestellung, in der nach einem direkten Vergleich der Beziehungen zu den Eltern gefragt wurde, gaben Töchter ebenfalls häufiger an, dass sie eine engere Beziehung zu ihren Müttern haben als Söhne. Rund ein Drittel der Befragten haben zum Zeitpunkt der Befragung zu ihren Müttern und etwa die Hälfte zu ihren Vätern eine engere Beziehung als im Jugend- und früheren Erwachsenenalter. Relativ oft gaben Töchter an, dass ihre Beziehung derzeit zu ihren Eltern, insbesondere zu ihren Vätern, enger ist als in der Vergangenheit. Im Gegensatz zum Forschungsschritt 1 zeigte sich in Forschungsschritt 2, dass sie in der Vergangenheit zu ihren Müttern eine engere Beziehung hatten als in der Gegenwart. Des Weiteren hat die erste Generation auch mit ihren Enkeln, d. h. mit der dritten Genration, eine enge Beziehung.

– In beiden Forschungsstudien zeigten sich, dass Befragungsteilnehmer ihre Eltern als fürsorglich und fleißig ansehen. Zudem nehmen sie ihre Eltern nicht als einsam oder allein wahr. Die meisten der ersten Generation möchten laut ihren Kindern nicht hilfsbedürftig sein und somit selbstständig bleiben. Im ersten Forschungsschritt deutete sich an, dass die erste Generation Gartenarbeit als Hobby ausübt, was sich jedoch im zweiten Forschungsschritt nicht bestätigte. Zudem nehmen die meisten ihre Eltern derzeit nicht als uneinsichtig oder autoritär wahr. Die Väter werden leicht häufiger als uneinsichtig oder autoritär wahrgenommen als die Mütter, was mit dem ersten Forschungsschritt übereinstimmt. Wie sich in beiden Forschungsstudien herausstellte, sieht die zweite Generation die finanzielle Lage ihrer Eltern als eher mittelmäßig bis gut. Ihre Eltern pendeln häufig zwischen Deutschland und der Türkei. Der Gesundheitszustand wird derzeit eher als mittelmäßig empfunden, dabei wird die Gesundheit der Väter im Forschungsschritt 2 durchschnittlich als eher besser eingeschätzt als der gesundheitliche Zustand der Mütter. In beiden Studien wurde sichtbar, dass die zweite Generation die deutschen Sprachkenntnisse der Eltern als eher unzureichend werten, insbesondere die der Mütter.

– Im ersten Forschungsschritt zeigte sich, dass sich die zweite und insbesondere die dritte gegenüber der ersten Generation in Deutschland heimischer fühlt und sie sich in ihren Einstellungen sowie Lebensstilen unterscheiden. In beiden Forschungsstudien ging hervor, dass die erste Generation allgemein als sparsamer beschrieben wird als die Nachfolgegenerationen. Paradoxerweise wurden die eigenen Eltern dagegen in der

Kategorie *Eigenschaften der Eltern* im Forschungsschritt 2 selten als sparsam wahrgenommen. In beiden Studien zeigte sich auch, dass die erste Generation ihren Kindern in der Vergangenheit weniger soziale und finanzielle Freiräume gegeben hat als die zweite Generation derzeit ihren Kindern. Die Ergebnisse im Forschungsschritt 1, dass besonders Töchter in ihren sozialen und finanziellen Freiräumen eingeschränkt waren, konnten im Forschungsschritt 2 nicht eindeutig bestätigt werden. Auch dass vor allem ältere Kinder davon betroffen sind und somit die jüngeren mehr Freiräume hatten, wurde im Forschungsschritt 2 nicht zweifellos belegt. Beide Studienergebnisse zeigen, dass die erste Generation ihren Kindern in der Vergangenheit tendenziell weniger Liebe und Zuneigung zukommen ließ als die zweite ihren Kindern. Des Weiteren hat die zweite in der Vergangenheit gegenüber der dritten Generation von ihren Eltern auch weniger Aufmerksamkeit und Unterstützung erhalten. Die Ergebnisse beider Studien zeigen zudem, dass die erste Generation mehr Respekt gegenüber ihren Eltern hatte als die Nachfolgegeneration. Die zweite Generation beschrieb im Forschungsschritt 1, dass die erste Generation aus diversen Gründen, insbesondere die Frauen, psychische Leiden ertragen mussten. Im zweiten Forschungsschritt konnten diese Ergebnisse teilweise bestätigt werden. Bei dieser Frage haben viele *weiß nicht* oder *keine Angabe* angekreuzt. Ein klares Bild dagegen konnte aus beiden Studien generiert werden, wonach die erste Generation kollektivistischer gedacht hat als die Nachfolgegeneration.

– Die Unterstützungsintensität zwischen den Generationen ist von vielen Bedürfnis- und Opportunitätsstrukturen abhängig, wie Wohnentfernung oder Pendelverhalten der Eltern, und ist insgesamt sehr vielschichtig und reziprok, was aus beiden Studien hervorgeht. Die Generationen unterstützen sich, indem sie sich gegenseitig trösten und indem sie über ihren Kummer und ihre Sorgen reden. Es stellte sich zusätzlich im Forschungsschritt 2 heraus, dass die Väter ihren Kindern weniger Trost geben und von ihnen bekommen als die Mütter. In diesen Unterstützungskategorien tauschen sich vor allem wenig Töchter und Väter aus. Die Generationen unterstützen sich im Haushalt, beim Einkaufen oder bei der Gartenarbeit. Dabei erhält die erste Generation laut den Ergebnissen beider Studien mehr Unterstützung als sie der zweiten gibt. Die Generationen unterstützen sich auch in emotionaler Hinsicht. In der qualitativen Studie deutete sich an und in der quantitativen Studie bestätigte sich, dass sich die Kinder in diesem Kontext mit Müttern häufiger austauschen als mit ihren Vätern. Zudem zeigte sich im zweiten Forschungsschritt, dass die Söhne einen intensiveren Austausch mit ihren Müttern in dieser Unterstützungskategorie haben als die Töchter. Die Generationen unterstützen sich auch, indem sie sich Ratschläge geben. Wie in vielen Unterstützungskategorien ist auch in dieser der Austausch zwischen Töchtern und Vätern relativ gering. Söhne geben und erhalten häufiger Ratschläge von ihren Vätern als Töchter. Dies zeigt sich insbesondere im zweiten Forschungsschritt. In beiden Studien zeigt sich, dass die zweite Generation ihren Eltern Übersetzungshilfen gibt, da sie die deutsche Sprache oft nicht ausreichend beherrschen und Hilfe beim Ausfüllen von Unterlagen oder bei Arzt- und Behördengängen benötigen. Während die Hilfeleistungen der Töchter und Söhne an die Mütter etwa gleich hoch sind, bieten die Söhne ihren Vätern deutlich öfter Hilfe in diesen Unterstützungskategorien an als die Töchter, wie sich im zweiten Forschungsschritt herausstellte. In beiden Studien zeigte sich weiterhin, dass die Generationen nicht regelmäßige finanzielle Unterstützung geben oder erhalten. Der finanzielle und materielle Austausch ist leicht *aufwärtsgerichtet* und eher gering einzuordnen, so die Ergebnisse im zweiten Forschungsschritt. Die meisten aus der ersten Generation sind derzeit nicht pflegebedürftig und so erhalten sie fast keine Pflegeunterstützung von ihren Kindern, was in beiden Studien deutlich wurde. Sehr viele Befragungsteilnehmer würden ihre Eltern pflegen, wenn sie pflegebedürftig wären. Sie würden sie entweder in der eigenen oder in der Wohnung der Eltern pflegen und dabei von außen eine Pflegekraft hinzuziehen, wenn sich dies als notwendig herausstellen würde. Im zweiten Forschungsschritt zeigten die Ergebnisse, dass annähernd die Hälfte davon ausgeht, dass ihre Geschwister auch die Eltern pflegen und dass sie die Pflege mit ihnen abwechselnd übernehmen würden. Pflege- und Altersheime lehnen die meisten ab. Des Weiteren wurde die Annahme der ersten Studie in der zweiten bestätigt, dass die meisten mit ihren Eltern über das Thema *Pflege* bisher noch nicht gesprochen haben sowie dass die meisten der Meinung sind, dass die Pflege ihrer Eltern in Deutschland stattfinden wird.

– In beiden Studien zeigte sich weiterhin, dass zwar zwischen den Generationen gewisse Einstellungs- und Meinungsunterschiede bestehen,
doch die Beziehungen sind insgesamt sehr konfliktarm. Die Konflikte
waren auch im Jugend- und früheren Erwachsenenalter gering. Entgegen der Annahme der ersten Forschungsstudie, zeigt sich in der zweiten, dass viele nicht der Meinung sind, dass ihre Eltern und insbesondere ihre Väter nicht genügend Zuneigung und Nähe zeigen. Im Kontext
des Kindes- und Jugendalters steigt jedoch die Zustimmung der Töchter,
dass die Eltern und im Besonderen die Väter in der Vergangenheit nicht
genügend Liebe und Zuneigung gezeigt haben. Darüber hinaus wird im
zweiten Forschungsschritt entgegen des ersten ersichtlich, dass insbesondere die jüngeren Gruppen dieser Aussage zustimmen. In der ersten
Forschungsstudie haben einige Interviewpartner mitgeteilt, dass sie von
den Eltern für ihre Unterstützungsleistungen nicht genügend Anerken-
nungen erhalten haben. Dies wurde durch zweite Studie nicht erhärtet.
Jedoch stiegen die Zustimmungen leicht, als diese Aussage in Bezug auf
das Jugend- und frühere Erwachsenenalter formuliert wurde. Auch die
folgenden Konflikte, welche im ersten Forschungsschritt generiert wur-
den, bekamen im zweiten Forschungsschritt geringe Zustimmungen:
Ehekonflikte der Eltern, Kritik der ersten Generation in Bezug auf die
Enkelkindererziehung sowie Kritik der Eltern an der eigenen geringen
Sparsamkeit. Des Weiteren bestätigte sich nicht, dass die Eltern in der
Vergangenheit oder derzeit starke kulturelle oder traditionelle Erwartungen an die Schwiegertöchter oder -söhne hatten oder haben, wobei die
Werte in Bezug auf die Schwiegertöchter leicht höher waren. In beiden
Studien zeigte sich, dass die Eltern von ihren Kindern öfter besucht oder
angerufen werden möchten und somit eine stärkere Kontaktdichte wünschen. Die Pflege der Eltern kann zu einem Konflikt mit dem eigenen
Beruf und der Familie führen, was im ersten Forschungsschritt von Inter-
viewteilnehmerinnen geäußert wurde. In der quantitativen Studie zeigte
sich dagegen eine geteilte Meinung, die genderspezifisch unauffällig war.
Relativ viele machten bei dieser Frage keine Angaben. Konflikte zwischen
den Generationen in Bezug auf Religionsausübung sind gering. Gegenüber dem ersten Forschungsschritt kristallisierte sich im zweiten heraus,
dass die Söhne eher von ihren Eltern zur stärkeren Religionsausübung

aufgefordert werden als die Töchter. Ein weiteres Konfliktthema war in der ersten Studie, dass jüngere Geschwister stärker in der Vergangenheit und Gegenwart unterstützt wurden als die älteren. Dies wurde ebenfalls nicht ausreichend in der zweiten Forschungsstudie als Konflikt bestätigt. In beiden Studien zeigte sich, dass die Väter in der Vergangenheit strenger beurteilt wurden als die Mütter. Besonders die Töchter werteten ihre Väter im Jugend- und früheren Erwachsenenalter als streng. Entgegen der Vermutungen im ersten Forschungsschritt stimmten viele im zweiten nicht zu, dass sie im Kindes- und Jugendalter von ihren Eltern schulisch oder beruflich sowie in ihrer Selbst- und Eigenständigkeit unterstützt wurden und dies als Konflikt sehen. Die im ersten Forschungsschritt aufgedeckten Konflikte, die durch Verwandte und Bekannte sowie durch das gemeinsame Wohnen mit den Eltern (*Dreigenerationenhaushalt*) entstanden sind, wurden im Forschungsschritt 2 von nur wenigen Teilnehmern bestätigt. Sehr viele der befragten Personen dagegen haben in der zweiten Studie zugestimmt, dass sie es traurig finden, als Kind von ihren Eltern oder von einem Elternteil getrennt gelebt zu haben.

– Die erste, aber auch die zweite Generation machen sich Sorgen, dass sich ihre Kinder in Deutschland assimilieren und ihre türkisch-islamische Identität verlieren, so einige Aussagen in der Forschungsstudie 1. Diesen Aussagen wurde zwar relativ häufig in der zweiten Forschungsstudie zugestimmt, doch insgesamt stimmen ihnen die meisten nicht zu. Noch weniger haben Sorgen um die Ehekonflikte der Eltern, die ebenfalls in der zweiten Studie abgefragt wurden. Deutlich stärker sorgt sich die zweite Generation laut der zweiten Studie, dass sich die Gesundheit ihrer Eltern verschlechtert. Besonders viele der Befragten teilen die Sorge, dass sie ihre Eltern nicht genügend pflegen können, wenn sie pflegebedürftig sind. Einige Teilnehmer im Forschungsschritt 1 und ein Drittel der Teilnehmer im Forschungsschritt 2 haben auch Sorge, dass sie die Pflege der Eltern mit ihrem Beruf und Familie nicht vereinbaren können. Gegenüber des Forschungsschritts 1, in dem die Interviewpartner sehr zuversichtlich über den Ort und die Art der Pflege der Eltern sprachen, waren die Befragungsteilnehmer im zweiten Forschungsschritt besorgter. So stimmten fast die Hälfte der Aussage zu, dass sie in diesem Zusammenhang Sorge haben. Diese Sorge teilten besonders die Töchter, was mit beiden Forschungsstudien übereinstimmt. Des Weiteren wurde im Forschungsschritt 1 aufgedeckt, dass einige Befragungsteilnehmer besorgt sind, wenn ihre Eltern in der Türkei sind, da sie dort einerseits keine gleichwertige medizinische Versorgung bekommen und andererseits einsam sind. Diese Ergebnisse konnten im zweiten Forschungsschritt nicht eindeutig gesichert werden. In beiden Studien indessen zeigt sich, dass die zweite Generation Sorge hat, dass ein Elternteil einsam sein wird, wenn der andere stirbt. Zudem zeigen auch beide Studien, dass die Befragten Angst haben, nicht bei den Eltern zu sein, falls ein Elternteil verstirbt. Eine weitere Sorge, die im ersten Forschungsschritt entdeckt wurde, war, dass die Eltern besorgt sind und dass ihre Kinder und Enkelkinder ihre religiös-islamische Identität verlieren. Im zweiten Forschungsschritt jedoch kristallisierte sich diesbezüglich eine geteilte Zustimmung der Befragten heraus.

– In beiden Studien zeigte sich, dass die meisten Kinder auch bei Konflikten keine Distanz zu ihren Eltern wünschen. Im ersten Forschungsschritt äußerten sich einige Interviewteilnehmer, dass sie sich wünschen von ihren Eltern, insbesondere von ihren Vätern derzeit und/oder im Kindes- und Jugendalter, mehr Liebe und Zuneigung zu bekommen oder bekommen zu haben. Ein Drittel wünscht sich dies im Forschungsschritt 2 für derzeit und fast die Hälfte für die Vergangenheit, wobei die Wünsche stärker auf die Väter bezogen sind als auf die Mütter. Töchter wünschen sich dies stärker als Söhne. Dieses Thema wurde in der Kategorie *Konflikte* ebenfalls gestellt. Die Zustimmungswerte sind insgesamt deutlich geringer als in der Kategorie *Wünsche*. Relativ viele Befragungsteilnehmer wünschen sich auch, dass ihre Eltern ihr Fehlverhalten einsehen und mit ihnen darüber reden. Im zweiten Forschungsschritt stellte sich außerdem heraus, dass die Töchter dieser Aussage öfter zustimmen als Söhne. Wie in der ersten elaboriert, zeigte sich in der zweiten Studie, dass viele ihren Eltern Gesundheit wünschen und dass ihre Gesundheit sich nicht verschlechtert. Die zweite Generation wünscht sich überwiegend laut beider Studien mehr Kontakt zu ihren Eltern und Geschwistern und sie wünschen sich, in demselben Ort mit ihnen zu wohnen. In beiden Studien zeigte sich der Wunsch, dass die Eltern offener, toleranter, gebildeter sein sollten und somit auch die deutsche Sprache besser beherrschen. Einige Interviewpartner in der ersten Forschungsstudie erwarten sich mehr Unterstützung von ihren Eltern, andere wiederum wünschen sich, ihnen mehr Unterstützung geben zu können. In der zweiten Studie aber wurde festgestellt, dass die Mehrheit sich wünscht, den Eltern stärker Unterstützung zu geben als von ihnen zu bekommen. Die Befragten äußerten in beiden Studien den Wunsch, dass ihre Eltern im Kindes- und Jugendalter für sie mehr Zeit und Interesse gezeigt und dass sie von ihnen mehr Unterstützung bekommen hätten. Besonders Töchter stellten diesen Wunsch. Dieses Thema wurde auch in der Kategorie *Konflikte* gestellt und die Zustimmungswerte waren im Vergleich geringer. Es zeigt sich, dass die Befragten in den älteren Altersgruppen in Bezug auf das Kindes- und Jugendalter mehr Toleranz, Offenheit, Unterstützung und Zeit von ihren Eltern wünschen als die jüngeren. Die Eltern hätten auch mehr in Deutschland investieren sollen (Immobilien etc.) als in der Türkei, so die übereinstimmenden Ergebnisse beider Studien. Des Weiteren wurde auch gefragt, ob die Eltern von ihren Kindern intensivere Religionsausübung wünschen, da dies in der ersten Studie genannt wurde. Die Ergebnisse der zweiten ist hierzu nicht eindeutig. Die Mehrheit stimmt weder dafür noch dagegen. Dagegen wünschen sich die Eltern, dass ihre Nachkommen ihre türkische und religiös-islamische Identität bewahren, wie dies in beiden Studien ersichtlich wurde. Auch diese Ergebnisse zeigen einen höheren Wert als die in der Kategorie *Sorge,* in der das gleiche Thema quantitativ gefragt wurde.

6.5 Beantwortung der Forschungsfrage

Die forschungsleitende Fragestellung
Wie beschreibt die zweite türkische Migrantengeneration ihre Beziehung zu ihren Eltern?
wird wie folgt beantwortet:
– Die persönliche und telefonische/schriftliche Kontakthäufigkeit zu ihren Eltern ist hoch. Söhne haben einen stärkeren persönlichen, Töchter dagegen häufiger telefonischen Kontakt mit ihren Eltern, insbesondere mit ihren Müttern. Die Koresidenz mit ihren Eltern ist bei Söhnen öfter anzutreffen als bei Töchtern, doch sie ist insgesamt gering. Da viele Eltern

zwischen Deutschland und der Türkei pendeln und mehrere Monate in der Türkei bleiben, wirkt sich dies negativ auf die Kontaktdichte aus.

- Die Aktivitäten zwischen ihren Eltern sind sehr vielfältig und das Gespräch mit ihnen stellt die häufigste Aktivitätsform dar. Die Aktivitätshäufigkeiten mit beiden Eltern, aber auch mit den jeweiligen Elternteilen zwischen Söhnen und Töchtern sind unterschiedlich. Die zweite Generation jedoch ist insgesamt mit ihren Müttern aktiver als mit ihren Vätern.
- Die derzeitige Beziehung zu beiden Eltern kann als eng beschrieben werden. Jedoch ist die Beziehung zu ihren Müttern enger als zu ihren Vätern. Tendenziell haben die Töchter eine noch stärkere Bindung zu ihren Müttern als zu ihren Vätern. Die Beziehung zwischen Großeltern und Enkelkindern kann ebenfalls als eng beschrieben werden. Die zweite Generation hat derzeit eine intensivere Beziehung zu ihren Vätern als in der Vergangenheit. Besonders Töchter geben an, dass sie derzeit eine deutlich stärkere Beziehung haben als im Kindes- und Jugendalter.
- Ihre Eltern sieht die zweite Generation als fürsorglich und fleißig an. Sie möchten laut ihren Kindern auch im Alter autonom bleiben. Sie werden zwar nicht oft als autoritär und uneinsichtig beschrieben, doch werden die Väter relativ stärker als autoritär und uneinsichtig wahrgenommen als die Mütter. Einige Eltern, insbesondere Väter, beschäftigen sich mit Gartenarbeit. Die gesundheitliche Situation der Eltern wird als mittelmäßig eingeschätzt, die finanzielle Lage dagegen als mittelmäßig bis gut. Die deutsche Sprachkompetenz der Väter wird eher mittelmäßig und die der Mütter eher schlecht bewertet.
- Zwischen der ersten und den Nachfolgegenerationen werden Unterschiede in ihren Einstellungen und Lebensstilen geäußert. Die erste Generation ist sparsamer und erzog ihre Kinder strenger als die zweite Generation. Des Weiteren war sie gegenüber ihren Kindern distanzierter und zeigte ihnen weniger Liebe und Zuneigung als die Nachfolgegeneration. Die erste Generation gab ihren Kindern auch weniger Unterstützung als dies die zweite den eigenen Kindern gibt. Jedoch hat sie mehr Respekt gegenüber ihren Eltern und denkt stärker an die Familie (kollektivistisch) als die Nachfolgegeneration.
- Die Unterstützungsleistung zwischen der ersten und zweiten Generation ist relativ intensiv, vielschichtig und reziprok. So geben sie sich

beispielsweise Trost, Ratschläge oder reden über ihren Kummer und ihre Sorgen. Die erste Generation erhält Hilfe bei Arzt- und Behördengängen oder bei Verwaltungsarbeiten. Die Unterstützungsleistungen zwischen Geben und Nehmen sind je nach Art unterschiedlich. Zudem ist der Austausch mit den Müttern intensiver als mit den Vätern. Besonders Töchter haben einen geringeren Unterstützungsaustausch mit ihren Vätern als Söhne. Die materielle und finanzielle Unterstützung zwischen den Generationen ist als eher gering und ausgewogen bis aufwärtsgerichtet einzuordnen. Es stellt sich dar, dass die Eltern leicht mehr materielle und finanzielle Unterstützung erhalten. Derzeit hat die erste Generation fast keinen Bedarf an Pflegeunterstützung. Ihre Kinder würden sie pflegen, wenn sie pflegebedürftig sind. Viele haben zwar nicht mit ihren Eltern und Geschwistern über dieses Thema gesprochen, doch sie würden die Pflege mit ihren Geschwistern abwechselnd in Deutschland durchführen, indem sie auch von außen Unterstützung hinzuziehen würden. Alters- und Pflegeheime lehnen sie sehr häufig ab. Abschließend ist festzuhalten, dass die Unterstützungsleistung zwischen den Generationen, wie bei der Kontakthäufigkeit und Aktivitätshäufigkeit, auch von den Bedürfnis- und Opportunitätsstrukturen abhängt.

- Die Konflikte zwischen den Generationen sind derzeit gering. Tendenziell waren die Konflikte in der Vergangenheit leicht stärker als in der Gegenwart und mit ihren Vätern etwas häufiger als mit ihren Müttern. Einige Konfliktthemen waren in der Vergangenheit Erziehungsstil und starke kulturell-traditionelle Erwartungen der Eltern, insbesondere an die Töchter sowie Schwiegertöchter. In der Gegenwart werden Themen, wie Erziehung der Enkelkinder oder der Wunsch der Eltern, sie häufiger zu besuchen oder anzurufen, als Konfliktgrund genannt. Viele waren auch sehr traurig, dass sie als Kind von ihren Eltern und am häufigsten von ihren Vätern getrennt waren.

- Die zweite Generation macht sich Sorgen um die Gesundheit ihrer Eltern und hat Angst, dass sie pflegebedürftig werden. Sie machen sich auch Sorgen, wie sie ihre Eltern pflegen werden, besonders die Töchter unter ihnen. Wenn ihre Eltern in der Türkei sind, so haben sie Sorge, dass sie dort nicht die gleiche medizinische Versorgung erhalten oder einsam sind. Sie haben auch Angst, dass ein Elternteil vereinsamt, wenn der

andere Elternteil stirbt. Des Weiteren haben einige Sorgen, nicht dabei zu
sein, wenn die Eltern sterben.

- Die zweite Generation wünscht sich derzeit von ihren Eltern teilweise
mehr Liebe, Zuneigung, Offenheit und Toleranz. Dieser Wunsch nach
Liebe und Zuneigung steigt deutlich in Bezug auf die Vergangenheit
(Kindes- und Jugendalter) und in Bezug auf die Väter an. Die Töchter
hätten sich gewünscht, häufiger in der Vergangenheit Liebe und Zuneigung zu bekommen als die Söhne. Dieses Bild zeigt sich auch in Bezug
auf den Erziehungsstil der ersten Generation. Die zweite Generation
wünscht sich, insbesondere die Töchter, dass ihre Eltern sie in der Vergangenheit stärker unterstützt, für sie mehr Zeit gehabt und mehr Interesse entgegengebracht hätten. Des Weiteren wünschen sich Töchter stärker als Söhne, dass ihre Eltern ihr Fehlverhalten einsehen und dies den
Kindern mitteilen. Ferner sollte sich die Gesundheit ihrer Eltern nicht
verschlechtern, damit sie kein Pflegefall werden. Die zweite Generation
wünscht sich nicht nur einen stärkeren Kontakt mit ihren Eltern, sondern sie wünschen sich auch mit ihnen sowie mit ihren Geschwistern in
derselben Stadt zu wohnen (örtliche Nähe). Sie wünschen sich weiterhin,
dass ihre Eltern gebildeter wären, die deutsche Sprache besser beherrscht
und stärker in Deutschland investiert hätten. Teilweise wünscht sich die
erste Generation eine intensivere Religionsausübung von ihren Kindern
und dass ihre Kinder ihre türkische sowie religiös-islamische Identität
nicht verlieren.

7 Diskussion

Das Kapitel *Diskussion* beginnt zunächst mit der Vorstellung des Diskussions-ansatzes und wird mit der Reflexion und der kritischen Würdigung des Metho-deneinsatzes weitergeführt. Hierbei werden die Rahmenbedingungen und die Vorgehensweise sowie der Einsatz der Methoden bewertet und reflektiert. Anschließend werden die persönlichen Erfahrungen des Autors während des Forschungsprozesses erläutert. Zudem werden einige Befunde mit ausgewähl-ten Studien verglichen. Abschließend werden ausgewählte Ergebnisse interdis-ziplinär diskutiert.

7.1 Diskussionsansatz

Die Ergebnisse in diesem Forschungsprojekt zeigen, dass die zweite türkische Migrantengeneration im mittleren Alter ihre Beziehung zu ihren Eltern durch mehrere und vielfältige Themen beschreibt. Da nicht alle Themen in diesem Kapitel aus forschungsökonomischen Gründen beachtet und diskutiert werden können, wird diesbezüglich eine Auswahl an Themen vorgenommen. Folgende Themen erscheinen dem Autor aus diversen Gründen als relevant:

1. Erziehungsverhalten der Eltern
2. Trennungserfahrungen im Kindes- und Jugendalter
3. Gesundheit und Pflege der Eltern

7.2 Reflexion und kritische Würdigung der methodischen Vorgehensweise

7.2.1 Qualitative Studie – Forschungsschritt 1

Der Zugang zur Zielgruppe 1 erwies sich als relativ unproblematisch, da der Autor neben seinen beruflichen und privaten auch weitere Netzwerke aktivie-ren konnte. Es wurden insbesondere islamische Gemeinden, Sport- und Kul-turvereine sowie türkische Behörden konsultiert. Die türkischen Behörden als Netzwerk für Kontaktaufnahme zeigten sich allerdings als wenig hilfreich. Als schwierig erwies sich konkret, die Personen ausfindig zu machen, die in dieser

Arbeit als die zweite türkische Migrantengeneration definiert sind. Beispielsweise wurden Personen kontaktiert, die im mittleren Alter waren und einen türkischstämmigen Migrationshintergrund hatten, jedoch erst im Erwachsenenalter im Zuge der Familienzusammenführung nach Deutschland gezogen sind und somit nicht der Zielgruppe angehörten.

Die Vorgehensweise nach dem *Schneeballsystem* zeigte einen hohen Wirkungsgrad. Da der Verfasser selbst einen türkischstämmigen Migrationshintergrund aufweist und die türkische Sprache sehr gut beherrscht, entstanden bei den potenziellen Interviewpartnern schnell Offenheit und Vertrauen. Trotzdem haben einige Personen aus diversen Gründen abgesagt. Der Autor hatte auch bei einigen Absagen den Eindruck, dass manche Personen nicht über ihre Beziehungen zu ihren Eltern sprechen wollten und daher andere *Schein-Begründungen* mitteilten, wie Zeit- und Terminprobleme oder kein Interesse.

Einige Interviewpartnerinnen waren zudem sehr skeptisch, mit einem (fremden) männlichen Interviewer ein Gespräch zu führen. Das Angebot vor dem Interview, ihre Ehemänner oder weitere Familienmitglieder dabei haben zu dürfen, wurde von einigen Interviewpartnerinnen gern angenommen. Dies führte bei manchen Personen sogar erst zur Einwilligung. Ein *Matching* von weiblichen und männlichen Interviewern hätte eventuell bei Interviewpartnerinnen zu einer schnellen Zusage führen können. Die Kontaktaufnahme und Organisation war zum Teil sehr zeitintensiv, sodass zunächst einige (Vor-) Gespräche geführt werden mussten. Die Interviewpersonen interessierten sich auch für den privaten Hintergrund des Autors, wie Beruf, Familie und Abstammung in der Türkei, und wollten darüber sprechen, was im Nachhinein für die Vertrauensbildung sehr bedeutsam war. Zusammenfassend kann festgestellt werden, dass die Akquise von Interviewpersonen sehr erfolgreich war. In einem überschaubaren Zeitraum erklärten sich 23 Personen für ein Interview bereit, wobei nach der Einsetzung der theoretischen Sättigung und aus ökonomischen Gründen lediglich elf Interviews geführt wurden.

Die Auswahl der Methode des *problemzentrierten Interviews* und die Fragen im Leitfaden bewährten sich in der Praxis und ermöglichten zum einen ein strukturiertes Vorgehen und zum anderen Offenheit und Flexibilität. Besonders trugen die *Ad-hoc-Fragen* oder *Vertiefungsfragen* zur stärkeren Exploration und zum tieferen Verständnis bei. Die Anwendung der Methode *SPSS* (Sammeln, Prüfen, Sortieren, Subsumieren) bei der Erstellung des Leitfadens war sehr effektiv und praxisorientiert. Durch sie konnten Vorwissen und Ergebnis-erwartungen des Autors verbunden und reflektiert werden.

Das *problemzentrierte Interview* war sehr zeitintensiv, sodass einige Gesprä-che mit Vor- und Nachbesprechung bis zu drei Stunden dauerten. Eine andere Interviewmethode, wie das *(teil-)narrative Interview* wäre noch zeitintensiver gewesen und nicht zielführender. Die Geschenke (*Incentives*) vor dem Interview wurden als kleine Aufmerksamkeit wahrgenommen und wirkten sich positiv auf die Interviewsituation aus. Des Weiteren wirkte sich auch die Möglichkeit, Interviewort und -sprache selbst auszuwählen, förderlich aus. Die meisten Inter-viewpartner wollten die Gespräche in türkischer Sprache führen, obwohl sie die deutsche sehr gut beherrschten. Auf die Frage, warum sie die türkische Sprache wählten, gaben viele an, dass dies ein emotionales Thema sei und sie emotionale Themen gerne in der Herkunftssprache besprechen wollten. Manchmal jedoch haben die Interviewpartner beide Sprachen benutzt, um so ihre Einstellungen oder Wahrnehmungen genauer zu schildern. Wie oben erwähnt, waren aus unterschiedlichen Gründen weitere Personen, meist Familienmitglieder, jedoch nicht die eigenen Eltern, anwesend. Dies kann partiell die Antworten der Inter-viewpartner beeinflusst, aber auch ein offenes und vertrauliches Gespräch erst ermöglicht haben.

Die Nachbereitung der Interviews war ebenfalls sehr zeitintensiv, da die Tonbandaufzeichnungen in voller Länge transkribiert und meist anschließend übersetzt werden mussten. Zudem wurden die Übersetzungen von zwei unab-hängigen Personen überprüft und die daraus folgenden zahlreichen Anregun-gen wurden eingearbeitet. Die Auswertungsmethode *qualitative Inhaltsanalyse* mit den Schwerpunkten *induktive Kategorienbildung* und *zusammenfassende Inhaltsanalyse* erwiesen sich probat, um explorativ aus dem Material Katego-rien zu entwickeln und die wesentlichen Inhalte herauszuarbeiten. Auch das Computerprogramm *MAXQDA* war sehr hilfreich und ermöglichte ein struk-turiertes, übersichtliches sowie zügiges Arbeiten.

7.2.2 Quantitative Studie – Forschungsschritt 2

Ursprünglich war die Intension des Forschungsschrittes 2, eine quantitative, repräsentative Studie in Bayern durchzuführen. Jedoch zeigte sich bei den Recherchen, dass keine zentralen repräsentativen Datensätze (Adressen) für die

Zielgruppe in Bayern existierten. Aus diesem Grund wurden alternativ einige Städte und Landkreise in Bayern separat angeschrieben und um Adressen angefragt (Melderegisterauskunft), sodass um die 2.000 Adressen gesammelt werden konnten. Eine großflächigere und damit bayernweite Anfrage bei den Ämtern hätte zu mehr Adressen führen können. Die erhaltenen Adressen kamen somit nicht flächendeckend aus Bayern und stammten hauptsächlich aus den Metropolregionen Nürnberg und München. Einige kleine Städte und Landkreise gaben keine Rückmeldung auf die Anfrage nach der Melderegisterauskunft des Autors, obwohl mehrere Erinnerungsmails gesendet wurden. Darüber hinaus waren in den Listen der Melderegisterauskunft Personen aufgelistet, die nicht in die Zielgruppe eingeordnet werden konnten. Genauere Ein- und Ausschlusskriterien hätten dies vermeiden können, wie Einreisealter nach Deutschland. Es wird auch angenommen, dass im Adressenpool einige Adressen fehlerhaft waren, da manche Fragebögen nicht zustellbar waren.

Daneben wurden nach dem *Schneeballsystem* weitere Personen kontaktiert, um die Rücklaufquote der Fragebögen zu erhöhen (Misoch 2015, S. 193 f.). Aus ökologischen und ökonomischen Gründen wurde diese Entscheidung im Verlauf des Forschungsprozesses getroffen. Diese zweite Methode, um weitere Befragungspersonen zu generieren, war zielführend. Bei der Akquise der Befragungsteilnehmer mit Hilfe der Melderegisterauskunft und des *Schneeballsystems* füllten auch Personen die Fragebögen aus, die in der ersten oder dritten Generation sind. Diese Fragebögen wurden später identifiziert und aussortiert. Über 250 Fragebögen konnten eingesammelt werden. Der Autor geht davon aus, dass die Teilnahmebereitschaft bei den Personen mit geringerer Schulbildung stärker gewesen wäre, wenn die Befragung persönlich (*face-to-face*) stattgefunden hätte anstatt durch schriftliche Fragebögen. Dies hätte jedoch andere Nachteile mit sich gebracht, wie einen höheren Zeit- und Planungsaufwand. Die Zahl der schätzungsweise 383 ausgefüllten Fragebögen, welche angestrebt waren, konnten aus zeitlichen und ökonomischen Aspekten nicht erreicht werden. Aus diesen Gründen kann die quantitative Studie – Forschungsschritt 2 nicht den Anspruch einer repräsentativen Untersuchung für Bayern genügen. Der Forschungsschritt 2 war nicht nur organisatorisch aufwendig, sondern auch finanziell. Viele Fragebögen wurden mit einem adressierten und frankierten Rückumschlag per Post gesendet. Des Weiteren wurden teilweise Erinnerungsschreiben ebenfalls per Post verschickt und weitere persönlich an die Teilnehmer übergeben.

Die Konzipierung des eigenen Fragebogens *Beziehungen der zweiten türkischen Migrantengeneration zu ihren Eltern: Einschätzungen, Erwartungen, Verhalten* unter Berücksichtigung des Forschungsschritts 1 und anlehnend an die Fragebögen der *pairfam*-Begleituntersuchung *Berliner Studie* von Baykara-Krumme (2010b) erwies sich als sehr hilfreich. Dadurch konnte ein Instrument generiert werden, das viele Aspekte der türkischen Generationenbeziehung berücksichtigt und eine breite und tiefere Datenerhebung ermöglichte. Dies stellte gleichzeitig einen Vor- und Nachteil dar, da das Ausfüllen des Instruments relativ viel Zeit, etwa 40 Minuten, in Anspruch nimmt. Weiterhin beinhaltet es Themen, welche für einige Befragungsteilnehmer *zu persönlich* oder *zu privat* sein können, wie die Pflege der Eltern oder finanzielle und materielle Ressourcen. Diese Themen allerdings können die Generationenbeziehungen nachhaltig beeinflussen und mussten in diesem Forschungsprojekt berücksichtigt werden.

Die quantitative Auswertung mit dem *SPSS*-Programm war hilfreich und zeitsparend, sodass von Uni- bis Multivariate-Analysen alle durchgeführt werden konnten. Mit den zahlreichen erhobenen Daten hätten *weitere und tiefere* Auswertungen durchgeführt, aber auch andere Fragestellungen beantwortet werden können. Diese müssen in späteren Forschungsprojekten bearbeitet werden.

Weitere Triangulationsdesigns im jeweiligen qualitativen und quantitativen sowie zwischen den beiden Forschungsschritten hätten zu einer breiteren und tiefen Erkenntnisgewinnung führen können. Auch die Befragungen von Eltern-Kind-Dyaden in der türkischen Migrationsbevölkerung und parallel dazu in der Mehrheitsbevölkerung hätten in beiden Forschungsschritten zur stärkeren Erkenntnisgewinnung beitragen können. Dies jedoch hätte einen deutlichen Forschungs- und somit Ressourcenaufwand für den Forscher bedeutet.

7.2.3   Methodenevaluierung

Aus den Reflexionen, welche in den Kapiteln 7.2.1 und 7.2.2 aufgeführt sind, werden zusammenfassend die angewendeten Methoden in den beiden Forschungsschritten bewertet. Hierzu werden folgende Kriterien ausgewählt: Der Aufwand in der Vorbereitungs-, während der Durchführungs- und in der Auswertungsphase sowie die Ausbeuten, also die Ergebnisfülle der Methoden. Abschließend werden die Methoden gesamtbeurteilt (siehe Tabelle 22).

Die Methode des *problemzentrierten Interviews* wird insgesamt mit gut und die Methode *quantitativer Fragebogen* dagegen mit befriedigend bewertet.

Tabelle 22: Methodenevaluation

Methode:	Aufwand Vorbereitung	Aufwand Durchfüh-rung	Aufwand Auswertung	Ergebnisfülle	**Gesamt-bewertung**
Problem-zentriertes Interview	2	3	3	1	**2**
Quantitativer Fragebogen	3	3	2	2	**3**
	1 = sehr gering bis 5 = sehr groß		1 = sehr gut bis 5 = ungenügend		

7.2.4 Persönliche Erfahrungen des Autors während der Forschung

Da der Autor selbst der zweiten türkischen Migrationsgeneration angehört und somit *Insider* ist, soll in diesem Kapitel die persönliche Erfahrung des Autors im Forschungsprozess reflektiert werden.

Im gesamten Forschungsprozess, von der Vorbereitung über die Datenerhebung bis zur Nachbereitung, hatte der Verfasser den Eindruck, dass die *Insiderrolle* eher von Vor- als von Nachteil ist. Sehr viele Personen (*Gatekeeper*) haben sich besondere Mühe gegeben, damit die Interviews und Befragungen zustande gekommen sind (Kruse 2015, S. 251). Auch die teilnehmenden Personen in beiden Studien waren oft sehr konstruktiv und offen. Der Verfasser fühlte sich bei den Datenerhebungen fast immer von den Teilnehmern akzeptiert. So konnten erst in den Interviews diverse Themen, welche stellenweise sehr privat waren, besprochen werden. Die Befragungsteilnehmer hatten oft ein großes Interesse und waren stolz, dass einer von *ihnen* promoviert. Dies führte auch dazu, dass sie besonders nach dem privaten und beruflichen Lebenslauf des Autors fragten. Mit einigen Personen, welche bei der Zielgruppensuche involviert waren, entstanden sogar Freundschaften und der Autor hat immer noch Kontakt zu ihnen. Fast alle der Interviewten und einige Personen, die die Fragebögen ausfüllten, haben sich eine Kopie der Dissertationsschrift gewünscht, da sie persönlich sehr viel Interesse an diesem Thema haben und die Ergebnisse nachlesen wollen.

Die *Insiderrolle* hatte auch stellenweise Nachteile. So hatten einige wenige potenzielle Teilnehmer nach einem kurzen Vorgespräch kein Interesse mehr am Interview oder am Ausfüllen der Fragebögen, da sie wissen wollten, aus welchem Teil in der Türkei der Autor abstammt. Der Verfasser hatte das Gefühl, dass die Absagen aus ethnischen Gründen erfolgten. In der Türkei leben viele ethnische Völker zusammen und zwischen einigen existieren Spannungen, die auch zwischen den türkischen Migrantengruppen in Deutschland geführt werden. Des Weiteren nahm der Autor in vereinzelten Interviews wahr, dass besonders die Themen *Emotionen* oder *Pflege* zunächst von den Interviewten sehr vorsichtig besprochen wurden, was jedoch im Laufe der Interviews obsolet wurde.

Die persönliche Betroffenheit des Autors führte auch dazu, dass im gesamten Forschungsprozess die Erlebnisse und Erkenntnisse, welche gesammelt wurde, mit den Erfahrungen in der eigenen Familie bewusst oder unbewusst reflektiert wurden. Hinzu kamen auch die Erfahrungen, die der Autor mit befreundeten türkischen Familien und Verwandten gesammelt hatte, die ebenfalls im Hintergrund *indirekt gewirkt* haben. Damit diese Erlebnisse und Erkenntnisse keinen nachteiligen Effekt auf die Forschung hatten und den Forscher nicht auf bestimmte Themen fokussierten, führte der Autor ein Forschungstagebuch, in dem er seine Gefühle und die Verbindung mit seinen Erlebnissen sowie Erkenntnissen in der eigenen Familie und im eigenen Umfeld festhielt und reflektierte (Mayring 2002, S. 22).

7.3 Ergebnisvergleich mit ausgewählten Studien

7.3.1 Vorbemerkung

In diesem Kapitel werden einige Ergebnisse der vorliegenden Studie aus den Bereichen *assoziative Solidarität, affektive Solidarität* und *funktionale Solidarität* mit anderen Studienergebnissen verglichen, um Gemeinsamkeiten und Differenzen darzustellen und um weitere Erkenntnisse zu generieren. Der Vergleich mit anderen Studien ist nicht unproblematisch, da sich die Rahmenbedingungen, Zielgruppendefinition, Fragestellung, Forschungsausrichtung (qualitativ und quantitativ) etc. unterscheiden.

7.3.2 Assoziative Solidarität

Die Ergebnisse in anderen Studien zeigen, dass Eltern und ihre (erwachsenen) Kinder relativ oft miteinander Kontakt haben (Zentrum für Türkeistudien 1992, S. 94; Baykara- Krumme, Hoff 2006, S. 488 f.; Hubert et al. 2009, S. 53; Baykara-Krumme 2013a, S. 18). Zwar ist die tägliche Kontakthäufigkeit gegenüber den Einheimischen stärker (30,9 Prozent bei türkischstämmigen Familien; 24,5 Prozent bei einheimischen Familien), welche nicht im gleichen Haushalt wohnen, jedoch wird der Unterschied sehr gering, wenn die Kontakte von täglich bis einmal in der Woche betrachtet werden. Gegenüber Einheimischen und anderen Migrantengruppen haben türkische Migranten mit ihren Eltern insgesamt eine ähnliche hohe Kontaktrate. So haben beispielsweise 42,5 Prozent der türkischen und 42,0 Prozent der einheimischen Eltern mehrmals in der Woche Kontakt mit ihren erwachsenen Kindern (Baykara-Krumme 2007, S. 30; 2008, S. 345). Des Weiteren geben über 80 Prozent der Einheimischen an, dass sie mit ihren Eltern mindestens einmal in der Woche Kontakt haben (Szydlik 2000, S. 110; Mahne, Motel-Klingebiel 2010, S. 197). In den genannten Studien wurden alle Kontaktformen einbezogen (persönliche, telefonische und schriftliche Kontaktformen). Im europäischen Kontext dagegen zeigte sich, dass Nicht-Migranten im Schnitt öfter Kontakt zu ihren Eltern haben als Migranten (Bordone, de Valk 2016, S. 263).

Um ein differenziertes Ergebnis zu erhalten, wurde in dieser Studie die persönliche Kontaktform separat von den Elternteilen erhoben. Die persönliche Kontakthäufigkeit der zweiten Generation, welche nicht in derselben Wohnung oder in demselben Haus wohnen, beträgt mehrmals in der Woche mit Müttern 37,5 Prozent und 34,7 Prozent mit Vätern. Die persönliche Kontakthäufigkeit mindestens einmal in der Woche beträgt mit Müttern 51,6 Prozent und mit Vätern 51,0 Prozent. Wenn jedoch die fernmündlichen und schriftlichen Kontakthäufigkeiten zwischen der ersten und der zweiten türkischen Generation, welche nicht mit ihren Eltern zusammenwohnt, betrachtet werden, so ist sie relativ hoch und nähert sich an die Werte der Einheimischen. Beispielsweise haben über 80 Prozent der Mütter mit ihren Kindern einmal in der Woche fernmündlichen oder schriftlichen Kontakt, wenn sie in Deutschland leben. Die persönliche, aber auch die fernmündliche und schriftliche Kontakthäufigkeiten sinken, wenn die Eltern weiter weg wohnen oder sich in der Türkei aufhalten (pendeln). Insgesamt bestätigten diese Ergebnisse die Befunde anderer Studien:

Die Kontakthäufigkeiten zwischen (türkischen) Migranten und Einheimischen unterscheiden sich marginal und eine größere geografische Distanz wirkt sich negativ auf die Kommunikation aus. Des Weiteren verfestigen sich auch die Erkenntnisse aus anderen Studien, dass die Kontakthäufigkeit mit Müttern intensiver ist als mit Vätern und dass Mütter-Töchter-Dyaden am intensivsten sind (*kinkeeper*) (Szydlik 2000, S. 140; Baykara-Krumme 2007, S. 30 f.).

Die Koresidenzhäufigkeiten der Migranten zeigten in bisherigen Studien ein gegensätzliches Bild (Baykara-Krumme, Hoff 2006, S. 487). Während die Koresidenz mit den eigenen Eltern gering ist, ist sie mit ihren erwachsenen Kindern in der ersten Lebenshälfte hoch. 5,0 Prozent der Migranten und 10,9 Prozent der Einheimischen wohnen mit ihren Eltern in demselben Haushalt oder in demselben Haus. Dagegen geben 60,1 Prozent der türkischen Migranten und 35,5 Prozent der Einheimischen an, dass sie mit mindestens einem erwachsenen Kind zusammenwohnen (Baykara-Krumme 2008, S. 345). Dies wird damit begründet, dass die Eltern der älteren Migranten im Ausland wohnen und die Kinder auch im erwachsenen Alter aus kulturellen Gründen immer noch bei den Eltern wohnen (Zeman 2005, S. 52 f.; Babka von Gostomski 2010, S. 207).

In dieser Studie wurde die zweite türkische Generation betrachtet, welche im mittleren Alter ist. Ihre Eltern sind somit gegenüber der ersten Generation meist in Deutschland oder pendeln zwischen beiden Ländern. In früheren Studien wurde zwischen den Generationen teilweise nicht unterschieden. Die Befunde in dieser Studie zeigen, dass die zweite Generation, welche im mittleren Alter ist, nicht so häufig mit ihren Eltern im gleichen Haus oder in der gleichen Wohnung zusammenwohnen. Lediglich 26,1 Prozent leben mit ihren Müttern und 24,6 Prozent mit ihren Vätern zusammen. Somit geben diese Werte Hinweise und bestätigen die Ergebnisse vieler Studien, dass Mehrfamilienhaushalte bei Migrantenfamilien selten sind und die meisten, nachdem sie im jungen Erwachsenenalter das elterliche Zuhause verlassen haben, in einem getrennten Haushalt wohnen (Zeman 2005, S. 49; Baykara-Krumme, Hoff 2006, S. 484; Babka von Gostomski 2010, S. 177 ff.; BMFSFJ 2016, S. 65).

Zudem stellt sich in diesem Forschungsprojekt heraus – und dies stützt damit die Studie von Baykara-Krumme –, dass die erwachsenen Söhne (31,7 Prozent mit Müttern und 32,5 Prozent mit Vätern) öfter mit ihren Eltern in demselben Haus oder in derselben Wohnung wohnen als Töchter (18,1 Prozent mit Müttern und 14,8 Prozent mit Vätern) (2007, S. 28). Töchter wiederum wohnen häufiger als Söhne in der Nähe ihrer Eltern. Dies kann ein Indiz dafür sein, dass die Eltern von ihren Töchtern eine geringere Wohnentfernung erwarten (BMFSFJ 2000, S. 99 f.). Migranten wohnen insgesamt häufig in der Nähe ihrer Eltern, doch die Einheimischenfamilien wohnen noch häufiger in der Nachbarschaft oder im gleichen Ort (Matthäi 2004, S. 54; Baykara-Krumme, Hoff 2006, S. 486 f.). Beispielsweise wohnen 28,7 Prozent der erwachsenen Migrantenkinder in der Nachbarschaft oder im gleichen Ort wie die Eltern. Bei Einheimischenkindern beträgt die Häufigkeit 34 Prozent (Baykara-Krumme 2007, S. 25).

Auch die Befunde in dieser Studie geben Hinweise darauf, dass die türkischen Migranten häufig in der Nähe der Eltern wohnen. 26,1 Prozent wohnen weniger als 10 Geh-Minuten von ihren Müttern und 23,9 Prozent von ihren Vätern entfernt. 13,6 Prozent geben an, dass die zeitliche Distanz zu der Wohnung oder dem Haus ihrer Mutter zwischen 10 und 30 Minuten liegt. 16,7 Prozent geben diese Entfernung zum Wohnort des Vaters an. Somit wohnen 39,7 Prozent der zweiten türkischen Migrantengeneration maximal 30 Minuten von ihren Müttern und 40,6 Prozent von ihren Vätern entfernt.

7.3.3 Affektive Solidarität

Während ältere Studien bei Migrantenfamilien eine sehr enge Beziehung zwischen den Eltern und ihren Kindern beschrieben haben, zeigen aktuelle Studien, dass die Differenzen zwischen Einheimischen und Migrantenfamilien sich marginal unterscheiden und sich sogar angeglichen hat (Baykara-Krumme et al. 2011a, S. 268; BMFSFJ 2016, S. 66). Aus den Daten des *Deutschen Alterssurveys* geht hervor, dass 68,1 Prozent der türkischen Migranten und 59,9 Prozent der Einheimischen mit ihren erwachsenen Kindern, aus Sicht der Eltern, eine sehr enge Beziehung haben. Auch gegenüber anderen Migrantengruppen hatten die türkischen Migrantenfamilien eine engere Beziehung. 41,2 Prozent der Migranten dagegen gaben eine sehr enge Beziehung zu ihren Eltern oder zu einem Elternteil an. Bei den erwachsenen Einheimischenkindern betrug die Angabe 37,5 Prozent (Baykara-Krumme 2007, S. 31 f.).

Die Daten des *Sozioökonomischen Panels, Welle R* dagegen zeigten, dass einheimische Familien häufiger eine sehr enge Beziehung angeben (46,1 Prozent) als türkische Migranten (35,4 Prozent). Bei anderen Migrantengruppen sind die Werte sogar höher, z. B. bei italienischen Migranten (50,0 Prozent) (ebd., S. 33).

Die Daten der *pairfam, Welle 1* wiederum bestätigen, dass in türkischen Migrantenfamilien eine engere Beziehung herrscht als bei einheimischen Familien. So wurde bei türkischen Migrantenfamilien ein Mittelwert (MW) von 4,3 und bei einheimischen Familien und Aussiedlerfamilien jeweils 4,1 Punkte ermittelt (fünfstufige Skala, *1 = Stimme überhaupt nicht zu* bis *5 = Stimme voll und ganz zu*) (Baykara-Krumme et al. 2011a, S. 269). Beispielsweise zeigt sich auch in den Niederlanden, dass türkische (MW = 4,02; SD = 0,58) und marokkanische Migranten höhere Familiensolidarität aufweisen als niederländische Einheimische und andere Migrationsgruppen (Merz et al. 2009, S. 295).

Auch in der vorliegenden Studie wurde eine enge Beziehung zwischen der ersten und der zweiten Migrantengeneration ermittelt. Bei den Mitgliedern der zweiten türkischen Migrantengeneration, welche nicht mit ihren Eltern koresidieren, geben 58,9 Prozent (MW = 4,23) eine sehr enge Beziehung mit ihren Müttern und 45,9 Prozent (MW = 3,91) mit ihren Vätern an. Somit ähneln sich die Werte mit den *pairfam*-Daten und mit den Daten des *Deutschen Alterssurveys* und zeigen ebenfalls die starke Familienorientierung der türkischen Migranten und deuten auf nur leicht divergierende Beziehungswerte bei den Einheimischenfamilien hin (Baykara-Krumme et al. 2011a, S. 269).

Die Ergebnisse bestätigen weiterhin, dass die Beziehungen der erwachsenen Kinder, welche nicht bei ihren Eltern wohnen, zu den Müttern enger und freundschaftlicher sind als zu den Vätern und dass zwischen Müttern und Töchtern (62,1 Prozent) in vielen Fällen engere Beziehungen bestehen als zwischen Müttern und Söhnen (56,3 Prozent) (Baykara-Krumme 2007, S. 35; 2010a, S. 15 ff.). Die Beziehungen zu den Eltern ist deutlich enger, wenn die Eltern und ihre erwachsenen Kinder zusammenwohnen (Baykara-Krumme 2007, S. 33). Zudem unterstreichen die Ergebnisse, dass die Beziehungen zwischen den Eltern und deren Enkelkindern, zwischen der ersten und der dritten Generation, ebenfalls als eng beschrieben werden kann. Der Forschungsbedarf zum Thema Generationenbeziehung zwischen Großeltern und Enkeln ist jedoch nach wie vor hoch (Hamburger, Hummrich 2007, S. 119 f.).

Aktuelle Studien zeigen, dass auch die Konflikte in den (türkischstämmigen) Migrantenfamilien, insbesondere zwischen Eltern und ihren erwachsenen Kindern, gering sind (Baykara-Krumme 2008b, S. 259 ff.; Hubert et al. 2009, 70 f.; Baykara-Krumme et al. 2011b, S. 45). Beispielsweise geben türkische Migranten- (MW = 2,0) gegenüber Einheimischen- (MW = 2,3) und Aussiedlerfamilien (MW = 2,1) eine geringere Konflikthäufigkeit an (Baykara-Krumme et al. 2011a, S. 269). Jene Befunde deuten ebenfalls darauf hin, dass zwischen Einheimischen und Migrantenfamilien keine signifikanten Unterschiede herrschen.

Dies repliziert sich auch in dieser Studie, die Konflikte zwischen der ersten und zweiten türkischen Generation, die nicht mit ihren Eltern koresidieren, können eher gering eingeschätzt werden. Zwar sind die Werte der Meinungsunterschiede zwischen den Generationen im *mittleren Feld* (mit Müttern MW = 3,02; SD = 1,30; mit Vätern MW = 3,07; SD = 1,34), doch sind sie in Bezug auf Streitigkeiten deutlich geringer (mit Müttern MW = 1,97; SD = 1,16; mit Vätern MW = 2,08 SD = 1,21). Töchter haben leicht stärkere Meinungsunterschiede mit ihren Eltern als Söhne. Dies könnte darauf deuten, dass Töchter eine ambivalentere Beziehung zu ihren Eltern haben als Söhne (Baykara-Krumme 2010a, S. 15 ff.; Baykara-Krumme et al. 2011a, S. 276).

Die Ergebnisse in dieser Studie zeigen zudem tendenziell, dass sich die Beziehungen zwischen der ersten und der zweiten Generation im mittleren Alter verändert haben. Töchter beschreiben ihre Beziehungen zu ihren Eltern, insbesondere zu ihren Vätern, enger als im Jugend- und früheren Erwachsenenalter. Söhne dagegen geben häufiger an, dass ihre Beziehung zu ihren Müttern in der Vergangenheit emotional näher war als in der Gegenwart. Summa summarum ist die Beziehungsqualität zwischen der ersten und zweiten Generation gegenüber der Vergangenheit als leicht höher zu bewerten als in der Gegenwart und bestätigt damit die Ergebnisse der vorangegangenen Studien (Dietzel-Papakyriakou 1993, S. 54; Baykara-Krumme 2007, S. 11).

7.3.4 Funktionale Solidarität

Die Persistenz des traditionellen Familienkonzeptes und die damit einhergehende Verpflichtungs- und Loyalitätserwartung sowie utilitaristische Erwartungen sind bei türkischen Migranten und Türken in der Türkei häufig zu finden (Nauck 2000, S. 360 f.; Matthäi 2005, S. 65; Carnein, Baykara-Krumme 2013, S. 47). Dies kann Einfluss auf die gegenseitige Unterstützungsdichte nehmen.

Finanzielle Unterstützung: Die bisherigen Studienergebnisse zeigen, dass Migranten ihren Eltern und gleichzeitig ihren Kindern in der zweiten Lebenshälfte mehr finanzielle und materielle Unterstützung geben, als sie erhalten (Baykara-Krumme, Hoff 2006, S. 498; Nowossadeck et al. 2017, S. 18 f.). So gaben 15,7 Prozent Migranten im Jahr vor der Datenerhebung ihren Eltern finanzielle Unterstützung und nur 3,4 Prozent erhielten von ihnen finanzielle Unterstützung zurück. Ihren Kindern gaben 18,3 Prozent finanzielle Unterstützung und 3,1 Prozent der Befragten haben von ihren Kindern finanzielle Unterstützung erhalten (Baykara-Krumme 2007, S. 36). Bei Einheimischen dagegen ist die finanzielle Unterstützung abwärtsgerichtet (Borchers, Miera 1993, S. 117; Szydlik 2000, S. 129). Beispielsweise erhielten 8,2 Prozent der Einheimischen eine finanzielle Unterstützung durch ihre Eltern und 27,2 Prozent gaben ihren Kindern finanzielle Unterstützung im Jahr vor der Befragung. 9,2 Prozent der türkischen Migranten in der zweiten Lebenshälfte gaben ihren Eltern sowie 7,1 Prozent ihren Kindern finanzielle Unterstützung (Baykara-Krumme 2007, S. 36 f.).

In der vorliegenden Studie kristallisierte sich zunächst im Forschungsschritt 1 heraus, dass teilweise die Eltern die zweite Generation stärker finanziell unterstützen und umgekehrt die zweite Generation ihre Eltern. Im zweiten Forschungsschritt dagegen wurde sichtbar, dass die zweite Generation ihre Eltern, die nicht in derselben Wohnung oder in demselben Haus wohnen, häufiger finanziell unterstützen als sie erhalten. So geben 19,4 Prozent ihren Eltern und nur 8,1 Prozent erhalten regelmäßig finanzielle Unterstützung von ihnen. Auch zwölf Monate vor der Datenerhebung hat die zweite Generation mehr finanzielle oder materielle Hilfen geleistet, als sie von ihren Eltern erhalten hat. 30,1 Prozent erhielten von ihren Eltern in den vergangenen zwölf Monaten Unterstützung oder Geschenke im Wert von mindestens 500 Euro. Im Gegensatz dazu gaben 42,5 Prozent im gleichen Zeitraum an, dass sie ihre Eltern finanziell oder materiell mit mindestens 500 Euro unterstützt haben. Diese Ergebnisse bestärken die Studien, wonach die finanzielle Unterstützung bei türkischen Migranten aufwärtsgerichtet ist. Erwachsene Kinder im mittleren Alter unterstützen ihre Eltern stärker finanziell oder materiell, als sie ihrerseits von ihnen unterstützt werden. Des Weiteren konnte ermittelt werden, dass die gegensätzlichen finanziellen Unterstützungen eher höher einzuschätzen sind, als sie bisher in einigen Studien eruiert wurden. Die regelmäßige finanzielle Unterstützung (19,4 Prozent) der erwachsenen Kinder an die Eltern ist relativ höher als bisher angenommen.

Die erwachsenen Kinder, welche nicht mit ihren Eltern oder nicht mit mindestens einem Elternteil zusammenwohnen, sehen nach den Befunden der vorliegenden Studie die finanzielle Lage ihrer Eltern mittelmäßig bis gut. 41,7 Prozent der Befragten ordnen die finanzielle Lage ihrer Eltern als gut bis sehr gut ein, 47,5 Prozent im mittleren Bereich und lediglich 10,8 Prozent bewerten sie als schlecht. Die Befunde in diesem Forschungsprojekt zeigen, dass die Wahrnehmung der erwachsenen Kinder in Bezug auf die finanzielle Lage der Eltern eher positiv ist als die statistischen Daten dies belegen. Auch in anderen Studien haben die älteren Migranten subjektiv ihre finanziellen Ressourcen eher im mittleren Bereich eingeschätzt, aber nicht so positiv wie in dieser (Hafezi 2001, S. 134; Özcan, Seifert 2006, S. 15 f.). Migranten, insbesondere Senioren, sind jedoch gegenüber Einheimischen laut vielen Statistiken/Studien finanziell schlechter gestellt (Schimany et al. 2012, 180 ff.; BMFSFJ 2016, S. 43).

Instrumentelle Unterstützung: Die bisherigen Untersuchungsergebnisse im Kontext der instrumentellen Hilfe (Haushaltshilfe) zwischen Migranteneltern und deren erwachsenen Kindern ist widersprüchlich und lückenhaft. Während einige Studien von hohen (gegenseitigen) instrumentellen Hilfeleistungen und -erwartungen berichten (Zentrum für Türkeistudien 1992, S. 94 f.; Olbermann 2003, S. 183 ff.; Rooyackers et al. 2014, S. 576), konstatieren einige in Bezug auf einheimische Familien geringen oder gleichen Austausch (Baykara-Krumme, Hoff 2006, S. 498; Schans, Komter 2010, S. 198), der jedoch ausbalanciert ist (Baykara-Krumme 2007, S. 35 f.). Insgesamt ist die Forschungslücke in diesem Bereich groß (ebd. S. 46). 5,8 Prozent der Migranten, die zwischen 40 und 85 Jahre alt sind, haben ihren Eltern mindestens einmal im Jahr im Haushalt geholfen und nur 0,8 Prozent haben eine Haushaltshilfe in Anspruch genommen. Dagegen gaben 6,4 Prozent der Eltern in der genannten Altersgruppe ihren Kindern mindestens einmal im Jahr Haushaltshilfe und 8,1 Prozent bekamen Unterstützung von ihren Kindern zurück (ebd., S. 36). Bei den einheimischen Familien ist die instrumentelle Hilfe höher. So gaben 23,8 Prozent in der erwähnten Altersgruppe ihren Eltern und 4,1 Prozent erhielten von ihnen instrumentelle Hilfe. Dagegen gaben 7,4 Prozent der befragten Einheimischen ihren Kindern und 11,2 Prozent erhielten von ihnen Hilfe. In einer anderen Untersuchung aus den Niederlanden von Rooyackers et al. wurde ermittelt, dass 61 Prozent der Migranten in den vergangenen drei Monaten mindestens einmal instrumentelle Hilfe an die Eltern gegeben haben und 29 Prozent von ihnen erhalten haben (Rooyackers et al. 2014, S. 576).

Die Ergebnisse in diesem Forschungsprojekt zeigen eindeutig einen stärkeren instrumentellen Hilfeaustausch zwischen den Generationen als in der oben genannten Studie von Baykara-Krumme dargestellt (Baykara-Krumme 2007, S. 36). Die Ergebnisse ähneln eher der Studie von Rooyackers et al. (Rooyackers et al. 2014, S. 576). 75,3 Prozent der Befragten geben in Bezug auf ihre Mütter und 62,8 Prozent in Bezug auf ihre Väter an, welche nicht mit ihren Eltern koresidieren, dass sie ihre Eltern(teile) in ihrem Haushalt mehrmals im Jahr unterstützt haben. Im Gegenzug dazu geben sie an, dass 43,7 Prozent von ihren Müttern und 34,9 Prozent von ihren Vätern mehrmals im Jahr Haushaltsunterstützung bekommen haben. Wie im finanziellen Unterstützungsaustausch zeigt sich auch im instrumentellen Austausch, dass die erwachsenen Kinder ihre Eltern mehr unterstützen, als sie Unterstützung erhalten. Dieses Bild zeigt sich auch in den Einheimschenfamilien. So gaben die Kinder mehr instrumentelle Hilfe an ihre Eltern, als sie von ihnen erhalten haben (Borchers, Miera 1993, S. 117). Es soll nochmals betont werden, dass die Vergleichbarkeit mit anderen Studien schwierig ist, da in vorangegangenen Studien andere Rahmenbedingungen herrschten.

Kognitive und emotionale Unterstützung: In einheimischen Familien ist der kognitive und emotionale Hilfeaustausch (Ratschläge und Trost) nach den Daten des *Deutschen Altersurveys* höher als bei Migranten (Baykara-Krumme, Hoff 2006, S. 496). Auch in anderen Ländern, wie in den Niederlanden, ist die emotionale Unterstützung in Migrantenfamilien geringer als bei Einheimischenfamilien (Rooyackers et al. 2014, S. 576). Während 21,8 Prozent der Einheimischen sich an die eigenen Eltern wenden würden, wenn sie Rat benötigen, und 18,2 Prozent, wenn sie Trost brauchen, sind es bei den Migranten 11,8 Prozent, wenn sie Rat benötigen, und 10,6 Prozent, wenn sie Trost brauchen. Dagegen geben 39,0 Prozent der Einheimischen und 37,8 Prozent Migranten an, dass sie bei Bedarf Ratschläge von ihren Kindern einholen würden. Weiterhin geben 34,3 Prozent der Einheimischen und 32,7 Prozent der Migranten an, dass sie ihre Kinder aufsuchen würden, wenn sie Trost benötigen (Baykara-Krumme 2007, S. 38). Jedoch gab etwa die Hälfte der Migranten an, dass die Familienmitglieder die erste und wichtigste Anlaufstelle bei Problemen im alltäglichen Leben sind (Babka von Gostomski 2010, S. 189). Bei den türkischen Migrantenfamilien ist die Zustimmungsrate (40,8 Prozent) höher, einen Rat von ihren erwachsenen Kindern, welche nicht bei ihnen wohnen, einzuholen (Baykara-Krumme 2008, S. 348).

In diesem Forschungsprojekt wurden die Teilnehmer auch gefragt, wie oft die zweite türkische Generation im mittleren Alter Ratschläge sowie Trost von ihren Eltern in den vergangenen zwölf Monaten erhalten und ihnen gegeben hat. 49,6 Prozent der Teilnehmer, die nicht bei ihren Eltern in der gleichen Wohnung oder im gleichen Haus wohnen, haben ihren Müttern und 34,2 Prozent ihren Vätern täglich bis mehrmals im Monat Ratschläge gegeben. Hingegen haben 51,6 Prozent der Teilnehmer von ihren Müttern und 43,6 Prozent von ihren Vätern Ratschläge erhalten. Die Ergebnisse der gegenseitigen emotionalen Unterstützung in Bezug auf Trost sieht wie folgt aus: 50,3 Prozent der Befragten haben ihren Müttern und 24,5 Prozent ihren Vätern täglich bis mehrmals im Monat Trost gespendet. Währenddessen erhielten 46,4 Prozent der Befragten von ihren Müttern und 29,2 Prozent von ihren Vätern im erwähnten Zeitraum Trost. Diese Ergebnisse deuten darauf hin, dass die gegenseitige kognitive und emotionale Unterstützung ebenfalls intensiver ist, als dies in den oben genannten Studien festgestellt wurde.

Pflegerische Unterstützung: Beispielsweise zeigt die Studie *Special Eurobarometer 67.3*, dass europaweit am meisten Türken in der Türkei ihre hilfsbedürftigen Eltern selbst bei sich pflegen würden (75 Prozent Zustimmung) (Adam, Mühling 2014, S. 21 f.). Auch die Daten des *Netherlands Kinship Panel Study 2002/2003* und *Generations and Gender Survey 2005/2006* illustrieren eine hohe Verpflichtungs- und Loyalitätshaltung in türkischen Migrantenfamilien (de Valk, Schans 2008, S. 58; Carnein, Baykara-Krumme 2013, S. 38 f.). 44 Prozent der türkischen Migranten und weniger als 20 Prozent der Einheimischen sprechen sich eindeutig dafür aus, dass Kinder Verantwortung übernehmen müssen, wenn Eltern Hilfe brauchen. Die Aussage, dass Kinder ihre Eltern aufnehmen müssen, wenn diese nicht mehr selbst für sich sorgen können (Kohabitation), wird von türkischen Migranten ebenfalls stärker befürwortet als von Einheimischen (Carnein, Baykara-Krumme 2013, S. 38 f.). Gegenüber Familien in der Türkei (MW = 4,7; SD = 0,7) und transnationalen Familien (MW = 4,7; SD = 0,7) geben türkische Migrantenfamilien in Deutschland (MW = 4,6; SD = 0,9) eine marginal geringe Zustimmungsabweichung, dass Kinder alle notwendigen Opfer bringen sollten, um ihre Eltern zu pflegen (Baykara-Krumme 2013a, S. 16 ff.). Die Zustimmung bei der Aussage, dass Kinder ihr Arbeitsleben umorganisieren, um den Bedürfnissen ihrer Eltern nachkommen zu können, ist deutlich geringer. Knapp unter 20 Prozent der zweiten türkischen Generation und unter 10 Prozent der Einheimischen stimmen dieser Aussage ausdrücklich zu (Carnein, Baykara-Krumme 2013, S. 38 f.).

Die Daten in der vorliegenden Studie stärken die oben aufgeführten Ergebnisse. 73,3 Prozent der Befragten stimmen zu oder voll und ganz zu, dass die zweite Generation ihre Eltern pflegen sollten, wenn sie pflegebedürftig sind. Jedoch ist der Mittelwert leicht geringer (MW = 4,12; SD = 1,28) als im LineUp-Survey 2011 (Baykara-Krumme 2013a, S. 18). Aber dennoch ist ihr Verantwortungsbewusstsein hoch. So sprachen sich 81,9 Prozent voll und ganz gegen eine Alters- oder Seniorenheimunterbringung der Eltern im Pflegefall aus. Auch die Bereitschaft, die eigenen Eltern bei sich zu Hause zu pflegen (Kohabitation), ist größer, als sie im Elternhaus zu pflegen.

In der vorliegenden Studie zeigte sich im Forschungsschritt 1 und 2 weiterhin, dass die Pflege der Eltern ein Konfliktpotenzial darstellen kann und die Pflegevereinbarung möglicherweise mit Beruf, Wohnort und Familie schwer zu realisieren ist. 34,5 Prozent stimmen zu oder voll und ganz zu, dass dies zutreffen wird. 37,0 Prozent dagegen stimmen der Aussage nicht oder überhaupt nicht zu. Bei dieser Frage gab es auch viele Enthaltungen. Des Weiteren machen sich 61,3 Prozent der Befragten Sorgen, dass sie ihre Eltern im Pflegefall nicht ausreichend pflegen können. Die türkischen Migranten sprechen sich häufiger gegen eine Pflege im Alters- oder Seniorenheim aus als die Einheimischen, jedoch sinkt auch bei ihnen laut Aussage einiger Untersuchungen die Ablehnung (Zeman 2005, S. 65; Zimmermann 2012, S. 331).

7.4 Diskussion ausgewählter Ergebnisse

7.4.1 Erziehungsverhalten der Eltern

Im ersten Forschungsschritt wurden die Erkenntnisse generiert, dass einige Interviewpartner ihre Erziehung, die sie im Kindes- und Jugendalter von ihren Eltern erhalten haben, als suboptimal wahrnehmen. So wurden viele Aspekte, wie Mangel an Liebe und Zuneigung, Intoleranz oder Unterstützungsdefizite erläutert.

Um diese *Erziehungsdefizite,* wie sie die zweite Generation im Nachhinein beurteilt, nachvollziehen zu können, sollten die Erziehungsziele der türkischstämmigen – meist von bildungsfernen und traditionell-konservativen – Eltern, die besonders unter der ersten Generation (*Gastarbeitern*) anzutreffen waren, betrachtet werden. Viele Gastarbeiter kamen aus ländlichen Gebieten in der

Türkei, in denen einfache und bäuerlichen Verhältnisse herrschten (El-Mafaa-lani, Toprak 2011, S. 39). Es soll ausdrücklich an dieser Stelle betont werden, dass die (türkischen) Migrantenfamilien sehr heterogen sind und die unten auf-geführten Erziehungsziele nicht für alle Familien (im vollen Umfang und in gleicher Intensität) gelten. Besonders soll darauf hingewiesen werden, dass das stereotype Bild von der autoritär-patriarchalischen türkischen Familie, welche in der Vergangenheit oft in der Literatur postuliert wurde, nicht zutrifft und korrigiert werden muss (Nauck 1985, S. 452 f.; Sinus Sociovision 2009, S. 3 f.; Atabay 2011, S. 58).

Erziehungsziel Respekt vor Autorität: Dieses Ziel soll die Kinder zu Respekt, Höflichkeit und Gehorsam gegenüber älteren Familienmitgliedern (Eltern, ältere Geschwistern), aber auch gegenüber älteren Verwandten erziehen. Die Kinder dürfen nach diesem traditionellen Erziehungsstil ältere Familienmit-gliedern, Verwandte und sogar ältere fremde Personen nicht mit ihren Vor-namen ansprechen. Beispielsweise sollen Kinder ihre älteren Brüder mit *Abi* (großer Bruder), ihre älteren Schwestern mit *Abla* (große Schwester) anreden. Auch weibliche oder männliche Personen, welche erwachsen sind und nicht zur Familie oder Verwandtschaft gehören, sollen mit *Yenge* (Tante) oder *Amca* (Onkel) angesprochen werden. Älteren Familienmitgliedern und Verwandten sollen die Kinder nicht widersprechen, somit gehorsam und schweigsam sein. So stehen die Kinder auf, wenn die Eltern, insbesondere die Väter, den Raum betreten; sie rauchen nicht und trinken keinen Alkohol, wenn ältere Famili-enmitglieder anwesend sind. Dieses Erziehungsziel soll die Kollektivität in der Familie und in der Gesellschaft erhöhen, dabei steht die Selbstständigkeit und Individualität der Kinder nicht im Vordergrund, da dies den Zusammenhalt der Familie gefährden kann (Toprak 2008, S. 72 f.; 2016, S. 24; Uslucan 2011b, S. 253 f.). Das Erziehungsziel Respekt und Gehorsam sind auch in der Türkei relevante Ziele. Gut 60 Prozent der Eltern geben an, dass Respekt und Gehor-sam ein wichtiges Ziel ihrer Erziehung sind. Das Erziehungsziel Selbstständig-keit dagegen wird nur von etwa 18 Prozent angegeben (Kağıtcıbaşı, Sunar 1997, S. 153). Konservative türkische Migranten in Deutschland verfolgen das Ziel intensiver als in der Türkei (Toprak 2016, S. 24 f.).

Erziehungsziel Ehrenhaftigkeit: Dieses Erziehungsziel hat zwei Unterziele. Zum einen soll durch die Ehrenhaftigkeit (*Şeref*) eine Grenze zwischen *Innen-welt* und *Außenwelt* der Familie gezogen werden. Beispielsweise sollen ältere

Geschwister ihre jüngeren Geschwister schützen, beobachten und bei Grenz-
überschreitungen entsprechend reagieren. Da in Deutschland soziale Kon-
trollen und Koedukation (Nachbarn, Verwandte, Dorfgemeinschaft) geringer
sind oder sogar fehlen, wird dieses Ziel in der Migration wichtiger. Zum anderen soll dieses Erziehungsziel genderspezifische Ehre sicherstellen und schüt-
zen (*Namus*). Mädchen dürfen vor der Ehe keine sexuelle Beziehung und Ehefrauen keine außerehelichen Partnerschaften eingehen. Ist dies der Fall, so
könnten Töchter oder Ehefrauen als letzter Ausweg verstoßen werden (Pfluger-
Schindlbeck 1989, S. 36 ff.; Toprak 2016, S. 25 f.).

Erziehungsziel geschlechtsspezifische Rollen: Die genderspezifische Erziehung
in traditionell-konservativen türkischen Migrantenfamilien hat viele Facetten.
So werden Söhne, die als Stammhalter angesehen werden, zunächst von Müttern
und Großmüttern erzogen. Erst wenn sie ein bestimmtes Alter erreicht haben,
kümmern sich Väter verstärkt um sie. Sie erhalten mehr Toleranz und Freiheiten als die Töchter und sollen zu hohem Selbstbewusstsein erzogen werden. Bei
den Töchtern bleibt die Erziehung auch im *späteren Alter* bei den Müttern und
Großmüttern. Sie sollen zur Zurückhaltung, Bescheidenheit und stärker zum
Gehorsam erzogen werden. Töchter werden stärker ermahnt und sanktioniert,
wenn sie in der Öffentlichkeit Fehler begehen oder sich nicht unauffällig beneh-
men. Von ihnen wird schnell mehr Verantwortung und Selbstdisziplin eingefor-
dert, indem sie beispielsweise als älteste Tochter im Haushalt helfen und auf ihre
jüngeren Geschwister aufpassen müssen. Während tendenziell die Töchter mit
diesem Erziehungsziel zügig selbstständiger und reifer werden, aber auch mehr
Druck und Stress bewältigen müssen, bleiben im Vergleich Söhne unselbststän-
dig und dürfen mehr ausprobieren und Fehler begehen (BMFSFJ 2000, S. 108;
El-Mafaalani, Toprak 2011, S. 58 ff.; Toprak 2016, S. 31 ff.).

Erziehungsziel Zusammengehörigkeit: Um die familiale Kohäsion in der Migration zu erhöhen oder sicherzustellen, wird das Ziel der Zusammengehörigkeit in der Erziehung stark verfolgt. Dieses Ziel nimmt für türkische Migrantenfamilien im Vergleich zu türkischen Familien in der Türkei eine wichtigere
Rolle ein (Toprak 2016, S. 26).

Erziehungsziel Lernen und Leistungsstreben: Dieses Erziehungsziel hat historische sowie sozioökonomische Gründe. Historisch gesehen wurde im Osma-
nischen Reich die Kultur der Leistungsbestrebung internalisiert und gelebt, was
teilweise immer noch in der türkischen Kultur weitergeführt wird. Der sozio-

ökonomische und zugleich der Hauptgrund für das Leistungsbestreben ist, dass die große Breite der Bevölkerung durch die Industrialisierung in den 1950er und 1960er Jahren arbeitslos wurde und nur die qualifizierten und gebildeten Schichten davon verschont blieben. Somit erkannten viele den Wert des Lernens und der Leistungsbereitschaft, welche Einzug in die Erziehung der türkischen Familien hielt (Toprak 2016, S. 26 f.). Die türkischen Migranten haben gegenüber Einheimischen und anderen Migrantengruppen eine hohe Bildungsaspiration (BMFSFJ 2000, S. 109; Weiss 2007, S. 149).

Erziehungsziel Herkunftskultur und religiöse Identität: In der Türkei werden die Schüler in den Schulen zum Nationalstolz erzogen. Das bedeutet, dass der türkische Staat ein großes Interesse hat, die türkische Identität in der Bevölkerung zu schützen und Patriotismus zu fördern. Da dies in der Migration von den deutschen Schulen nicht durchgeführt werden kann, erziehen traditionelle Eltern ihre Kinder mit diesem Ziel selbst (intergenerative Transmission). Viele Kinder in der zweiten türkischen Migrantengeneration haben zudem zweisprachige Schulen besucht, in der Türkisch und türkische Geschichte unterrichtet wurden, damit sie ihre Herkunftskultur nicht *verlieren.* Auch die Erziehung der Kinder zur religiösen Identität wird vor allem in den konservativ-traditionellen Familien verfolgt. Hierzu gehören die fünf Säulen des Islam. Ein Moslem soll beispielsweise fünfmal am Tag beten, im Ramadan fasten und mindestens einmal im Leben nach Mekka pilgern. Da die Türkei sehr plural ist, sind auch die Erziehungsintentionen in den Migrantenfamilien zur Herkunftskultur und religiöser Identität sehr unterschiedlich. So verfolgen beispielsweise Kurden, Lasen, Armenier oder Sunniten und Aleviten unterschiedliche Erziehungsziele in Bezug auf ihre Herkunftskultur und religiöse Identität (Toprak 2016, S. 27 f.). Die Bedeutung der Religion ist in der zweiten Generation gegenüber der ersten weder geschwächt noch gestiegen (Diehl, Koenig 2009, S. 308).

Die Ergebnisse in dieser Forschungsstudie zeigen, dass die Themen *Respekt und Autorität* in der Erziehung der zweiten Generation eine wichtige Rolle gespielt haben und weiterhin spielen. Besonders ihren Vätern mussten und müssen die Kinder Respekt erweisen und ihre Autorität anerkennen. Die erste Generation erwartet derzeit auch von ihren Enkelkindern teilweise noch die genannten Verhaltensformen. Dies führt im Sinne des Dualismus zum einen zu einer Distanzierung von den Eltern und zum anderen zu einer engeren Verbindung, da die Erwartungen der Eltern erfüllt werden.

„Mein Vater hat auch eine enge Beziehung zu ihr, weil sie trotzdem sehr respektvoll zu ihm ist." (IP 5, Abs. 27)
„Meine Mutter spricht eigentlich öfter diesbezüglich mit uns, aber da mein Vater eine ernste Art und Weise hat sowie eine Respektsperson ist, ist das anders." (IP 10, Abs. 68)

Die Distanzierung ist beispielsweise dadurch gezeichnet, dass die zweite türkische Generation nicht genügend Liebe, Zuneigung oder Zärtlichkeit von ihren Eltern erhalten hat. Dadurch sollte die familiäre Kollektivität in der Migration gesteigert und somit die Autorität und der Respekt zu den Eltern gesichert werden (Pfluger-Schindlbeck 1989, S. 147). Insgesamt geben über die Hälfte der Befragten im Forschungsschritt 2 an, dass die erste Generation ihren Kindern weniger Liebe und Zuneigung gegeben hat als die Nachfolgegeneration ihren Kindern. Des Weiteren wurde auch im zweiten Forschungsschritt festgestellt, dass sich viele von ihren Eltern, insbesondere von ihren Vätern, mehr Liebe und Zuneigung in der Vergangenheit gewünscht hätten. Diese Distanz erfahren manche erwachsenen Kinder immer noch, was sie belastet. Sie verstehen nicht, dass ihre Eltern weiterhin ihre Emotionen nicht zeigen wollen und können, obwohl sie ihre Kinder lieben. So gaben etwa ein Drittel der Befragten im Forschungsschritt 2 an, dass sie von ihren Eltern, insbesondere von ihren Vätern, derzeit mehr Liebe und Zuneigung wünschen. Sie versuchen wiederum, ihren eigenen Kindern stärker Zuneigung, Nähe und Liebe zu geben.

„Das ist immer so. Wir lieben uns gegenseitig, aber wir zeigen uns das nicht. Es ist dieses Dilemma, würde ich sagen. Das machen wir bei unseren Töchtern nicht, wir sagen es auch, wenn wir sie lieben. Und die erste Generation zeigt es, glaube ich, nicht, sagt es nicht, aber die sind so. Vielleicht ein bisschen enttäuschend, würde ich mal sagen." (IP 9, Abs. 33)
„Die Erziehung von meinen Eltern hatte Lücken, ihre Liebe zu ihren Kindern war lückenhaft." (IP 5, Abs. 63)

Diese emotionale Distanz der Eltern hängt höchstwahrscheinlich auch mit der eigenen Erziehung zusammen (vgl. Kapitel 2.3, Werte- und Erziehungstransmission, genealogische Generation). Die erste Generation wurde sehr streng und kollektiv erzogen und hat ihrerseits Verhaltensmodi von ihren Eltern übernommen, die sie bei der Erziehung der eigenen Kinder anwandte. Die Beziehung zwischen Eltern und Kindern hat sich trotzdem über die Lebensspanne verändert und insgesamt ist die Beziehung, insbesondere zu den Vätern, nach den Ergebnissen beider Studien offener geworden als früher. Dies kann durch die Akkulturation und Assimilation der ersten und zweiten Generation (vgl. Kapitel 2.2), durch den Individualisierungsprozess der Gesellschaft (vgl. Kapitel 2.5, individualistisch-independente Werteorientierung), aber auch durch die Zunahme der Elternunabhängigkeit (Emanzipation) der Kinder und somit durch die veränderten Opportunitäts- und Bedürfnisstrukturen im erwachsenen Alter erklärt werden. Dies suggeriert auch weiterhin zwischen den Nachfolgegenerationen, dass ein Beziehungs- und Wertewandel stattgefunden hat. Über 60 Prozent der Befragten im zweiten Forschungsschritt geben an, dass die erste Generation gegenüber ihren Eltern mehr Respekt hatte als die Nachfolgegeneration, und fast 60 Prozent geben an, dass die erste Generation kollektiver denkt als die Nachfolgegeneration.

„Jetzt kann ich mit meinem Vater offener reden, weil ich jetzt auch ein bestimmtes Alter erreicht habe und deswegen nicht mehr zögere. Natürlich habe ich noch Respekt vor ihm, aber ich kann mit ihm jetzt offener und ohne Scheu reden. Früher war ich jünger und konnte nicht alles mit ihm besprechen, jetzt kann ich über alles, wenn ich will, mit ihm reden, aber, wie gesagt, ohne respektlos zu werden." (IP 4, Abs. 21)
„Wir hatten sehr viel Angst bzw. Achtung vor den Eltern. Meine Kinder sind nicht respektlos, aber sie sind anders als ich in ihrem Alter." (IP 2, Abs. 12)

Die Veränderung der ersten türkischen Migrantengeneration im Kontext der Kindererziehung ist auch zwischen den Geschwistern innerhalb der zweiten Generation sichtbar. So wurden die älteren Kinder strenger erzogen, bekamen weniger Unterstützung und ihnen wurde mehr Distanz auferlegt als später bei den jüngeren Kindern. Durch die hierarchischen Familienstrukturen wurden weiterhin die älteren Kinder zu mehr Verantwortung gedrängt. Dies führte auch in einigen Familien zu Spannungen in der Eltern-Kind-Beziehung, die derzeit immer noch anhalten. Gut ein Drittel der Befragten im Forschungsschritt 2 ist der Meinung, dass derzeit die jüngeren Geschwister mehr Verständnis und

Unterstützung von ihren Eltern erhalten. Dem stimmen ältere Altersgruppen etwas stärker zu als die jüngeren. Es wird auch deutlich, dass durch das Erziehungsziel *Respekt vor Autorität* das Erziehungsziel *Selbstständigkeit* der Kinder und das Bedürfnis nach Anerkennung und Individualität seitens der Eltern nicht ausreichend abgedeckt wurde und weiterhin nicht abgedeckt wird, um die familiäre Kollektivität und Kohäsion zu sichern. Diesbezüglich wünschen sich viele Befragte auch im zweiten Forschungsschritt, dass ihre Eltern in der Vergangenheit offener und toleranter gewesen wären, aber auch jetzt noch offener und toleranter (ca. 50 Prozent) werden.

„Da ich sehr lange gearbeitet habe und meinen Eltern mein gesamtes Geld überlassen habe, finde ich, dass ich mehr für sie und meine Familie geleistet habe, als meine (jüngeren) Geschwister. Meine Geschwister haben diese finanzielle Leistung für meine Eltern nicht erbracht. Somit ist meine Erwartung an meine Eltern unterschiedlich, zumal ich sie immer noch unterstütze." (IP 2, Abs. 11)

„Beide waren gleich. Sie haben mich so erzogen, dass ich ihnen sehr anhänglich war. Deswegen habe ich wegen ihnen auch meine Frau sehr verletzt. Es tut mir sehr leid und ich frage mich, warum ich manche Sachen gemacht habe." (IP 2, Abs. 35).

Des Weiteren zeigen die Ergebnisse in dieser Studie, dass die erste Generation ihre Kinder genderspezifisch erzogen hat. Dies führte stellenweise zu Spannungen zwischen den Generationen in der Vergangenheit und hat auch auf die derzeitige Eltern-Kind-Beziehung Einfluss. So durften im Kontext des Erziehungsziels *Ehrenhaftigkeit* (*Namus* und *Şeref*) Töchter einige Freiheiten gegenüber den Söhnen nicht erhalten, damit die elterliche Kontrolle nicht verloren ging. Die Eltern hatten Angst, dass ihre Töchter vor der Ehe einen Freund haben und eine sexuelle Beziehung mit ihm vor der Ehe eingehen könnten. Die elterliche Kontrollinstanz wird in der Migration wichtiger, da die soziale Kontrolle (Nachbarn, Verwandtschaft etc.) teilweise fehlt. Das Erziehungsziel *Ehrenhaftigkeit* implizierte auch das Erziehungsziel *religiöse Identität,* bei dem die Keuschheit vor der Ehe vorgeschrieben ist. Beispielsweise durften die Töchter in der Schule nicht mit auf Klassenfahrten oder sie durften keine Berufsausbildung beginnen, weil die Berufsschule in einer anderen Stadt war. Diesbezüglich ist es nachvollziehbar, was die

Ergebnisse im zweiten Forschungsschritt zeigen, dass sich vor allem die Töchter im Kindes- und Jugendalter mehr Unterstützung von ihren Eltern gewünscht hätten als die Söhne. Die genderspezifischen Erwartungen der Eltern nehmen weiterhin auch im Erwachsenenalter der Kinder eine wichtige Rolle ein. Töchter und Enkeltöchter, aber auch Schwiegertöchter werden mit diversen Erwartungen konfrontiert, wie Kleiderordnung, Aufgaben im Haushalt, Verhaltensweisen etc. Dies führte ebenfalls in manchen Familien zu Spannungen (vgl. Kapitel 2.5, religiös-kultureller Antagonismus). Die Ziele *Ehrenhaftigkeit* und *genderspezifische Erziehung* wurden mit der Zeit von der ersten türkischen Migrantengeneration offener und toleranter verfolgt. Die jüngeren Geschwister (Töchter) haben später gegenüber älteren Kindern mehr Freiräume erhalten. Sie durften beispielsweise eine Berufsausbildung anfangen. Die Gründe für den Paradigmenwechsel, welcher wahrscheinlich prozessual, bewusst sowie unterbewusst erfolgte, waren sehr unterschiedlich. Beispielsweise könnten einige Gründe dafür der Akkulturationszwang seitens der Mehrheitsgesellschaft, Akkulturation der Verwandten und Nachbarn, familiärer Einfluss durch Ehepartner und erwachsene Kinder und/oder persönliche Veränderung der Norm- und Moralvorstellung sein. Zwar haben manche Eltern ihre Entscheidungen oder ihr (Erziehungs-)Verhalten in der Vergangenheit bereut, doch gibt es auch Eltern, die dies später nicht eingesehen haben oder dies ihren Kindern nicht mitgeteilt haben.

„Wir haben die Freiheiten und finanziellen Mittel nicht gehabt wie meine Kinder. Wir durften nicht mit Freunden Kaffee trinken oder Eis essen. Oder wir durften nicht an Klassenfahrten teilnehmen, die mit Übernachtung waren. Die Lehrer kamen zu uns und fragten meinen Eltern, warum wir nicht mit auf Klassenfahrten durften. Meine Eltern sagten, dass das kein finanzielles Problem ist, sondern kulturelle Hintergründe hat. Sie sagten ab einem bestimmten Alter schicken wir unsere Töchter nicht auf Klassenfahrten." (IP 5, Abs. 61)

„Mein Vater hat sich sehr stark verändert. Früher haben sie oft gesagt, was würden die Bekannten sagen, sie hatten diese Befürchtungen. Jetzt haben sich sehr viele Leute verändert, nicht nur mein Vater. Die Einstellungen der Leute haben sich geändert. […] Mein Vater hat vor ein paar Jahren sogar zu mir gesagt, mache das, was du willst, ich zahle dir die Ausbildung bzw. Lehre. Jetzt ist es zu spät." (IP 10, Abs. 72)

Weiterhin kristallisierte sich in den Ergebnissen heraus, dass sich viele in der zweiten Generation in ihrer Kindheit und ihrem Jugendalter mehr Zeit, Interesse und Unterstützung von ihren Eltern gewünscht hätten. Besonders in den traditionell-konservativen Familien waren schwerpunktmäßig die Mütter für die Kindererziehung zuständig, die jedoch durch ihre vielfältigen Aufgaben im Haushalt, aber auch einige durch die Berufstätigkeit wenig Zeit für die Kindererziehung aufbringen konnten (Wilhelm 2011, S. 66 f.). Zudem war die Fertilität in den türkischen Familien hoch, sodass die Eltern ihre begrenzten Zeitressourcen auf die einzelnen Kinder aufteilen mussten. Die geringen Schulqualifikationen und die unzureichenden deutschen Sprachkenntnisse der Eltern, insbesondere in der Schriftsprache, führten zu geringen Unterstützungsmöglichkeiten in der Schul- und Berufsausbildung der Kinder. Dieser Interessen- und Unterstützungsmangel reichte sogar bis ins Erwachsenenalter. Ein weiteres Erziehungsziel der ersten Generation war, welches in dieser Studie festgestellt wurde, dass die zweite Generation ihre Herkunftskultur und religiöse Identität nicht verlieren sollte. Dieses Ziel wird von ihnen immer noch verfolgt. So werden nicht nur die zweite, sondern auch die dritte Generation beobachtet, angesprochen oder ermahnt, falls sie dies gefährdet sehen. 62,7 Prozent der Befragten stimmen zu oder stimmen voll und ganz zu, dass ihre Eltern sich wünschen, dass ihre Kinder die türkische und religiöse Identität nicht verlieren.

„In Bezug auf die Ausbildung oder Schule haben wir keine Unterstützung von den Eltern erhalten, d. h. wir waren auf uns angewiesen und meine Mutter hatte ja auch wenig Zeit durch die vielen Kinder. Das habe ich vermisst, dass wir wenig Interesse seitens der Familie gesehen haben." (IP 8, Abs. 113)

„Der einzige Druck, den ich von meinem Vater bekomme, ist, dass ich täglich beten soll. Auch wenn er in der Türkei ist, so ruft er mich an und sagt, dass ich beten soll. Seit ich mich erinnern kann, betet mein Vater täglich und will, dass ich auch bete. Sein Anliegen ist, dass auch seine Enkel ihren Vater, also mich, beten sehen. Sie wollen nicht, dass ihre Nachkommen ihre Religion, Kultur und Herkunft vergessen. Sie wollen zwar, dass ihre Enkelkinder sich hier integrieren und qualifizieren, aber ihre Wurzeln nicht verlieren." (IP 6, Abs. 19)

Die Sorge, dass die türkischen Migranten sich assimilieren und damit eventuell ihre Herkunftskultur und religiöse Identität in Deutschland verlieren, hat nicht nur die erste, sondern auch die zweite Generation in Bezug auf ihre Kinder. Somit werden die Sorgen der Eltern (derzeit) mit Verständnis betrachtet und in abgewandelter Form weitergeführt. Es zeigt sich, dass die zweite türkische Generation sehr viel Erziehungshabitus von ihren Eltern übernommen hat, obwohl einige in der Vergangenheit für Spannungen in den eigenen Eltern-Kind-Beziehungen sorgten.

> „Ich denke, dass sie uns in der Pubertät sehr unter Druck gesetzt haben, viele Sachen haben sie uns nicht erlaubt. Aber das gleiche mache ich mit meiner Tochter. Ich sage, gut, dass meine Eltern so waren wie sie waren. Früher hat das uns nicht gepasst, wie sie sich verhalten haben. Wir haben beispielsweise gesagt, dass sie uns nichts erlauben. Jetzt sagt meine Tochter das Gleiche zu mir. Ich sage dann zu ihr, dein Opa hat uns nie die Erlaubnis gegeben, dass wir wo anders übernachten durften. Als ich so alt war wie du, habe ich mich auch aufgeregt, aber jetzt weiß ich, er hatte Recht. Sie sagt daraufhin, mein Opa hat das vor zwanzig Jahren zu dir gesagt und du sagst das Gleiche zu mir. Ich erwidere dann, dass ich auch das damals falsch gesehen habe und jetzt als richtig betrachte. Ich führe die gleiche Erziehungsmaßnahme durch und bin im Nachhinein froh, dass meine Eltern so waren. Wenn ich die Wahl hätte, würde ich wieder meine Eltern nehmen." (IP 10, Abs. 84)

Zusammenfassend manifestierte sich, dass die erste türkische Migrantengeneration eher einen rigiden und traditionell-kulturellen Erziehungsstil bei ihren Kindern bevorzugt hat, was mit bisherigen Studien übereinstimmt (Alamdar-Niemann 1992; Merkens 1997; Toprak 2002). Dieser Erziehungsstil hat zwar phasen- und stellenweise zu Spannungen in den Eltern-Kind-Beziehungen geführt, jedoch zeigt sich, dass ernsthafte Konflikte in den meisten Familien nicht entstanden sind (vgl. Kapitel 6.3.7). Die Gründe für die Erziehungsform sind vielschichtig und komplex. So spielen beispielsweise nicht nur die eigene Erziehung der ersten Generation, die Bewahrung der Herkunftskultur und der Religion eine Rolle, sondern auch die Intention, die familiäre Kollektivität und Kohäsion zu stärken, insbesondere in der Migration. Auch fehlende

Ressourcen, Kenntnisse und die Rückkehrorientierung sowie die geschlechtsspezifische Aufgabenübernahme der Eltern führten zu *Erziehungsdefiziten,* welche teilweise die zweite Generation im Nachhinein moniert. Die Erziehung der
ersten Generation sollte jedoch nicht als etwas Statisches betrachtet werden. Sie
war dynamisch und veränderte sich teilweise mit der Zeit aus diversen Gründen, beispielsweise wegen des Akkulturationsdrucks von außen oder auf Grund
von veränderten Opportunitätsstrukturen in der Familie (Akgün 1993, S. 57 f.;
Boos- Nünning, Karakaşoğlu 2006, S. 97 ff.; Yıldız 2010, S. 459 ff.). Dies führte
auch dazu, dass die jüngeren Geschwister eine andere, meist offene, unterstüt-
zende und enge Beziehung zu ihren Eltern, insbesondere zu ihren Vätern, aufge-
baut haben. Dies wiederum führte auch teilweise zu Spannungen bei den älteren
Kindern, die vergleichsweise rigide erzogen worden waren. Es zeigt sich auch,
dass dieser Erziehungsstil der Eltern auf die Beziehung im späteren, erwachsenen Alter Einfluss hat. Einige haben als Erwachsene weiterhin eine gefühlte *Distanz* zu ihren Eltern, meistens zu ihren Vätern. Die Eltern-Kind-Beziehung ist
zwar häufig bei diesen Kindern offener und toleranter geworden, insbesondere
bei den Töchtern, doch eine enge Eltern-Kind-Beziehung, wie bei den jüngeren
Geschwistern, ist bei manchen trotzdem nicht entstanden. Spannungsreduzie-
rend wirkte wahrscheinlich neben der Änderung des Erziehungsstils, dass sie
Fürsorge und Schutz von ihren Eltern und besonders von ihren Müttern erhielten (Uslucan 2011b, S. 252). Dennoch sehen viele in der zweiten Generation die
Erziehung der Eltern positiv und die Bindung zu ihnen ist sehr eng. Sie können
viele Erziehungsziele und -maßnahmen der Eltern im Nachhinein im mittleren
Alter nachvollziehen und wenden diese sogar selbst an. Dies könnte ein Anzeichen für eine hohe generative Einstellungs- und Wertetransmission sein und
für *filiale Reife* (Dietzel-Papakyriakou 1993, S. 54; BMFSFJ 2000, S. 108). Sie
nehmen aber auch wahr, dass die Eltern-Kind-Beziehung mit ihren Kindern
offener, enger, kommunikativ-unterstützender, aber auch zugleich von weniger
Respekt und Autorität gekennzeichnet ist als die Beziehung mit ihren Eltern
in der Vergangenheit. Dieser Wandel des Erziehungsstils (Akkulturation) wird
ambivalent und somit als positiv und zugleich negativ angesehen. So wird die
mangelnde kollektivistische Einstellung oder das geringe Durchhaltevermögen
der dritten Generation bemängelt.

7.4.2 Trennungserfahrungen im Kindes- und Jugendalter

Im Forschungsschritt 1 wurde exploriert, dass viele der zweiten Generation im Kindes- und Jugendalter von ihren Eltern und insbesondere von ihren Vätern getrennt waren. Diese Trennungserfahrungen beeinflussen die Beziehung der zweiten Generation zu ihren Eltern und sie sind somit bei der Beschreibung der Eltern-Kind-Beziehung bedeutend.

> „Mit meiner Mutter sind wir sehr eng verbunden. Wir reden miteinander über alles. Zu meinem Vater, weil er vielleicht autoritärer ist oder, weil wir als Kind getrennt von ihm waren, ist der Abstand größer [...]." (IP 10, Abs. 4)

Auch in bisherigen Studien wird die Trennung im Kindes- und Jugendalter für den weiteren Lebenslauf als wichtig erachtet (Kreidt et. al. 1989, S. 351; Zentrum für Türkeistudien 1992, S. 39; Hajji 2009, S. 37).

Die erste Generation (*Gastarbeiter*) kam zunächst oft ohne die Ehepartner und Kinder nach Deutschland, um in der Fremde für einen bestimmten Zeitraum zu arbeiten (vgl. Kapitel 2.1). Dadurch entstanden Familienfragmentierungen, welche über Jahre anhielten. Dabei migrierten meistens die Väter zunächst allein nach Deutschland. In manchen Fällen waren beide Elternteile in Deutschland und ließen ihre Kinder oder zumindest einen Teil der Kinder in der Türkei zurück. Entweder wurden sie von einem Elternteil, der ebenfalls in der Türkei lebte erzogen (meist von Müttern), oder die Kinder blieben, wenn beide Elternteile in Deutschland waren, bei den nahen Verwandten, wie Großeltern oder Onkel und Tanten (meist väterlicherseits). Einige Kinder wurden auch zwischen den zwei Ländern hin- und hergeschickt und durchliefen so mehrere Trennungsphasen (*Pendelkinder* oder *Kofferkinder*). Andere dagegen blieben bis zum Erwachsenenalter und somit für immer getrennt von ihren Eltern (Kürşat 2007, S. 317 f.; Geisen 2010, S. 173; Wilhelm 2011, S. 9 f.). Die meisten wurden jedoch mit einem ihrer Elternteile nach Deutschland nachgeholt und somit sank mit der Zeit die Zahl der transnationalen Familien (Hajji 2009, S. 37; vgl. Kapitel 2.1, Kettenmigration). Die Entscheidung, ohne Kinder nach Deutschland zu migrieren, hatte mehrere Gründe (Hajji 2008, S. 6). So war es beispielsweise einerseits soziopolitisch und finanziell schwierig mit der gesamten Familie zu migrieren und zum anderen wollten die *Gastarbeiter* zügig eine Existenz aufbauen, um wieder in die Heimat zurückzukehren. Dabei wären weitere Familienmitglieder destruktiv, da sie in der Fremde mitfinanziert werden mussten.

Dieses Phänomen, dass die Kinder zeitweise von ihren Eltern oder von einem Elternteil getrennt waren, war kein Einzel-, sondern eher der Regelfall, (Zentrum für Türkeistudien 1992, S. 38 f.; Hajji 2008, S. 9; Wilhelm 2011, S. 29).

„Fast jedes türkische Kind, das hier in der Bundesrepublik Deutschland aufwächst, hat Zeiten der Trennung von einem Elternteil oder sogar von beiden Eltern erlebt" (Kreidt et al. 1989, S. 337).

Zwar kann keine genaue statistische Angabe über die Häufigkeit dieses Phänomens gemacht werden (Geisen 2010, S. 173), doch auch in diesem Forschungsprojekt wurde festgestellt, dass die Trennung der zweiten Generation von ihren Eltern keine Ausnahme war. 38,1 Prozent der Befragten waren von ihren Müttern und 62,8 Prozent von ihren Vätern im Kindes- und Jugendalter mehr als sechs Monate getrennt.

Die Trennungserfahrungen in den Gastarbeiterfamilien waren für die Kinder, aber auch für ihre Eltern schmerzhaft (Geisen 2010, S. 168). Die Eltern hatten durch die Trennung Schuldgefühle, Depressionen, psychosomatische Beschwerden sowie gespannte Ehebeziehungen (Ünal 2004, S. 61; Kocaman 2010, S. 133). Auch die Kinder litten stark, da sie nicht nur die Trennung von ihren Eltern oder von einem Elternteil ertragen mussten, sondern ebenfalls die Trennung von ihren Geschwistern. Hierbei entstanden sogar Spannungen zwischen den Geschwistern, da manche Kinder nach Deutschland mitfahren konnten und andere, meist ältere, im Herkunftsland bleiben mussten (Hajji 2008, S. 19; Wilhelm 2011, S. 71 f.).

In der Vergangenheit wurden diverse psychische Folgen und Störungen in der zweiten Generation untersucht. Es wurden in einigen Studien im Kontext der Trennungserfahrungen diverse Symptome bei den Migrantenkindern eruiert. Unter anderem zeigten sich Angst, unsicheres Verhalten, Konzentrationsstörungen, Bettnässen (Enuresis) etc. Diese jedoch wurden von anderen Studien widerlegt. In manchen Studien zeigte sich sogar, dass die psychische Stabilität bei den Migrantenkindern gegenüber Einheimischen sogar stärker ist. Auch im erwachsenen Alter der Migranten ist die Forschungslage in Bezug auf die psychischen Belastungen lückenhaft (Kreidt et al. 1989, S. 338 ff.; Akıncı 2009, S. 54 ff.; Schmidt 2010, 96 ff.; Dzajic-Weber 2016, S. 24 ff.).

Zwar sind die Studienergebnisse zu den (psychischen) Folgen von Trennungserfahrungen der Kinder nicht eindeutig und zum Teil widersprüchlich, doch sind viele Forscher sich einig, dass die Trennungen für viele Kinder schmerzhaft und stark belastend waren und ein kritisches Lebensereignis darstellen (Kreidt et al. 1989, S. 347).

Die Trennungserfahrung kann nicht nur negative, sondern auch positive Folgen mit sich bringen. So können Kinder aus der zweiten Generation, welche von ihren Eltern getrennt waren, ausgeprägte Selbstständigkeit, Selbstbewusstheit sowie hohe Belastbarkeit entwickeln (Wilhelm 2011, S. 34). Weiterhin kann die Trennungserfahrung zur Beziehungsverbesserung zwischen den Geschwistern führen, die gemeinsam ohne ihre Eltern in der Türkei bleiben mussten. Vielmals waren dann die älteren Kinder *Elternersatz* für die jüngeren. Auch die anschließende (gemeinsame) Migration nach Deutschland kann zur Bindungsfestigung zwischen den Geschwistern, aber auch zwischen den Eltern oder dem Elternteil führen (Dzajic-Weber 2016, S. 28).

Die Ergebnisse in diesem Forschungsprojekt zeigen, dass in der Vergangenheit einige Kinder in der zweiten Generation durch die Trennung keine enge Beziehung zu ihren Eltern oder zu dem getrennten Elternteil aufbauen konnten, was im mittleren Alter immer noch anhält. Da die Trennung in der Kindheit meist zu ihren Vätern bestand (BMFSFJ 2000, S. 91), entstand vor allem zu ihren Vätern eine distanzierte Beziehung. Die zweite Generation musste sich nach der Zusammenführung der Familie nicht nur in Deutschland integrieren (vgl. Kapitel 2.2, kognitive, strukturelle und soziale Assimilation oder Integration), sondern auch in der eigenen Familie. Die Familienkonstellation änderte sich nach der Zusammenführung schlagartig und musste neu austariert werden. Diese internen und externen familialen Bedingungen konnten zu einem multiplen Trauma, Stress, Diskriminierungserlebnis sowie zu einer Identifikationsstörung führen (Kürşat 2007, S. 316 ff.; Wilhelm 2011, S. 73). Einige Kinder mussten sich von ihren *Ersatz- oder Pflegeeltern* (meist nahen Verwandten) trennen, was zusätzlich für Anspannung sorgte (Wilhelm 2011, S. 69). Dadurch entstanden teilweise Konflikte und Spannungen zwischen der ersten und zweiten Migrantengeneration. Jüngere Geschwister haben teilweise gegenüber älteren eine engere Beziehung zu ihren Eltern und insbesondere zu ihren Vätern, da sie entweder nicht lange von ihnen getrennt waren oder in Deutschland geboren sind. Dies erzeugte Spannungen und Neid zwischen den Geschwistern, die ebenfalls im mittleren Alter der zweiten Generation vorhanden sind.

„Ich denke, ich bin auch schwierig durch die ganze Konstellation geworden, weil ich in meiner ganzen Kindheit alleine in der Türkei war." (IP 7, Abs. 25)

Neben den Ergebnissen aus dem Forschungsschritt 1 wurde auch im zweiten Forschungsschritt ermittelt, dass die Trennung der zweiten Generation, die im mittleren Alter ist, immer noch Spuren hinterlassen hat und dies ein wichtiges Thema darstellt. Deutlich über die Hälfte der Befragten (66,1 Prozent) stimmten zu oder stimmten voll und ganz zu, dass sie traurig darüber sind, in der Kindheit von ihren Eltern getrennt gelebt zu haben. Aus diesen Gründen wurde im Kapitel 6.3.9 die Trennung im Kindes- und Jugendalter (A5/A9) in der Regressionsanalyse berücksichtigt, um die derzeitige Eltern-Kind-Beziehung zu erforschen. Die Ergebnisse zeigen eindeutig keine signifikanten Zusammenhänge. Somit ist davon auszugehen, im Gegensatz zum Forschungsschritt 1, dass die Trennungserfahrungen allein keine Auswirkung auf die derzeitige Beziehungsenge oder auf den derzeitigen Wunsch nach Liebe und Zuneigung der Eltern haben. Es muss jedoch erwähnt werden, dass die Daten geringe Fallzahlen aufweisen und dass auch andere Variablen, die nicht berücksichtigt worden sind, für die Analyse wichtig gewesen wären, wie A6/A10 oder A8/A12.

Die Trennungsfolgen für die Kinder sowie deren Eltern konnten auch in bisherigen Studien nicht ausreichend elaboriert und erklärt werden, da in diesem Kontext sehr viele Faktoren einen wechselseitigen und komplexen Einfluss haben. Einige Kinder hatten durch die Trennung starke traumatisierte Erlebnisse, Vertrauensverlust und große Schwierigkeiten, die Trennung von ihren Eltern aufzuarbeiten; andere wiederum konnten sich mit dieser Situation arrangieren (Hajji 2008, S. 20 ff.; Wilhelm 2011, S. 34; Dzajic-Weber 2016, S. 28).

Daher werden einige mögliche Einflussfaktoren im Folgenden dargestellt, die die Trennungserfahrungen der Kinder und Jugendlichen sowie deren Eltern positiv oder negativ beeinflusst haben können.

Einer der Einflussfaktoren könnte, neben den psychisch-genetischen Veranlagungen der Kinder, der Grad der Isolierung von ihren (Kern-)Familien darstellen. So haben manche Kinder nur die Trennung von einem Elternteil (meist Vater) verkraften müssen und andere wiederum waren ganz allein zurückgeblieben. Des Weiteren könnten die Trennungsdauer und der -zeitpunkt bedeutend sein. Es ist nachvollziehbar, dass eine kurze Trennung und eine Trennung in einem ausgereiften psychologischen Entwicklungsstadium des Kindes oder Jugendlichen eher zu geringen psychischen Belastungen führen kann als bei längerer Trennungsdauer und in einem prekären Entwicklungsstadium. Manche Kinder waren nur in den ersten Lebensjahren von ihren Eltern oder von einem Elternteil getrennt, sodass sie sich nicht an die Trennungsphase erinnern können. Auch die Trennung von einem bestimmten Elternteil kann die genderspezifische Identifikationsentwicklung beeinflussen. Es zeigt sich zudem, dass die Trennungsvorbereitung, wie Gespräche mit und Informationen für das Kind, für die anschließende Trennungsverarbeitung relevant sein können. Einige Kinder wurden ohne *Vorwarnung* und über Nacht bei den Großeltern gelassen, ohne dass sich die Eltern von den Kindern verabschiedet haben. Ein weiterer Faktor für die Trennungsfolgen für die Kinder ist die Betreuungsqualität der *Pflegeeltern,* welche meist die nahen Verwandten waren. Diese können optimal und die Eltern *ersetzen* oder suboptimal sein, sodass der Trennungsschmerz bei den Kindern verstärkt wurden. Die Kontaktdichte zu den Eltern oder zum Elternteil wird ebenfalls als bedeutungsvoll erachtet. Kinder, die ihre Eltern jedes Jahr oder sogar öfters sehen konnten (beispielsweise im Urlaub), hatten es wahrscheinlich leichter als die, die einen längeren Zeitraum hinnehmen mussten. Des Weiteren kann die kollektive Denkweise der türkischen Familien die Deutung und Verarbeitung der Trennungserfahrung positiv beeinflusst haben (Kreidt et. al. 1989, S. 345; Kürşat 2007, S. 317 f.; Hajji 2009, S. 38 f.).

Ein weiterer Faktor, um die Trennungserfahrung verarbeiten zu können, kann der Erziehungsstil der Eltern sein. Ein traditionell-konservativer Erziehungsstil, welcher im vorherigen Kapitel erläutert wurde, kann die Elternbeziehung nach der Familienzusammenführung (negativ) beeinflussen (Schmidt 2010, 93 ff.). Die Beziehungsdistanz, die durch die Trennung entstanden ist, konnte mit Erziehungszielen wie Autorität, Respekt und Gehorsamkeit nicht verringert werden, sondern wurde wahrscheinlich sogar verstärkt. Dadurch könnte bei den Kindern die Wahrnehmung entstanden sein, dass sie nicht zur Familie gehören oder dass sie nicht von ihren Eltern oder Elternteil geliebt werden.

„Das Verhältnis meiner Geschwister zu meinen Eltern ist unterschiedlich. Ich und meine Schwester in Deutschland haben ein engeres Verhältnis, also enger als die restlichen drei. Ich glaube, dass der Grund darin liegt, weil die zwei ältesten Geschwister lange Zeit in der Türkei waren, so mit sechs, sieben Jahren, glaube ich kamen die dann hierher. Meine Mutter hat sie in der Türkei gelassen, weil sie hierher zum Arbeiten kam und meine Oma hat sie aufgezogen. Ich glaube das ist der Grund, weil sie meinen Eltern vorwerfen, dass sie nicht so geliebt werden wie wir zwei hier." (IP 8, Abs. 65)

Die Trennungszeit ist auch eine weitere Erklärungsmöglichkeit neben den traditionell-konservativen Erziehungszielen der Eltern, warum sich die zweite Generation relativ stark im Kindes- und Jugendalter Liebe, Zuneigung, Zeit, Unterstützung und Interesse von ihren Eltern gewünscht hat. Besonders in der Kindheit und somit in der Entwicklungsphase der Kinder werden diese Erziehungs- und Unterstützungsfaktoren benötigt, welche sie aus Gründen der örtlichen Trennung von ihren Eltern nicht erhalten konnten. 41,6 Prozent der Befragten wünschen sich von ihren Müttern und 52,3 Prozent von ihren Vätern, dass sie mehr Liebe und Zuneigung im Kindes- und Jugendalter gehabt hätten. Diese Annahme konnte in einer weiteren *bivariaten Korrelationsanalyse* im zweiten Forschungsschritt bestätigt werden. Zwischen der Zustimmung nach Liebe und Zuneigung im Kindes- und Jugendalter (J12/J13; *Ich wünsche mir, dass mein(e) Mutter/Vater, als ich im Kindes- und Jugendalter war, ihre/seine Liebe und Zuneigung deutlicher gezeigt hätte.*) und der Trennungserfahrung (A5/A9) besteht eine leicht signifikante Korrelation (p = 0,02/p = 0,005).

In vielen Familien wurde nicht über dieses Trennungsphänomen gesprochen und es gab daher keine Möglichkeit, Spannungen, Frust, Traumatisierungen und ähnlich schmerzhafte Emotionen aufzuarbeiten. Einige Kinder haben sich von ihren Eltern eine Entschuldigung gewünscht und Anerkennung für ihr Leiden, das sie ertragen mussten. Doch die Eltern hatten Angst und verdrängten dieses Thema, zumal sie sich auch als Opfer gesehen haben und nicht wussten, wie sie mit dieser Situation umgehen sollen. Sie haben in der Migration ebenfalls viel ertragen müssen (vgl. Kapitel 2.2, beispielsweise *race-relation-cycle-theory*), um für ihre Kinder eine Existenz aufzubauen (Kreidt et al. 1989, S. 347; Wilhelm 2011, S. 30 f.).

Zusammenfassend lässt sich festhalten, dass die Trennungserfahrung der zweiten Migrantengeneration in der Kindheit von ihren Eltern eine starke Belastung für die Kinder, aber auch für die Eltern darstellen kann. Die Trennung führte in einigen Fällen dazu, dass bei den Kindern viele Grundbedürfnisse von ihren Eltern nicht gestillt werden konnten, wie Liebe, Zuneigung oder Unterstützung. Dies wurde von anderen *Pflegepersonen* übernommen. Nach der Zusammenführung der Familien entstanden bei manchen Kindern eine Beziehungsdistanz zu ihren Eltern, welche im mittleren Alter weiterhin anhält. Es zeigt sich in diesem Forschungsprojekt, dass als Begründung nicht allein die Trennungserfahrung oder -zeit für eine anhaltende Beziehungsdistanz sein kann, sondern viele wechselseitige Faktoren entscheidend sein können. Beispielsweise kann die Art und Weise des Trennungsprozesses, des Erziehungsstils sowie die fehlenden Gespräche zwischen Eltern und Kindern über die Trennungserfahrungen entscheidend sein. Aus diesem Grund ist es nachvollziehbar, dass bisher die Folgen der Familientrennung hinsichtlich der Komplexität des Themas nicht hinreichend von der Forschung, insbesondere von der quantitativen Forschung, untersucht werden konnten und somit ist weiterhin eine Forschungslücke erkennbar (Dzajic-Weber 2016, S. 27). Wenn jedoch die Werte der Beziehungsenge und Konflikthäufigkeit der zweiten und ersten Generation in dieser Studie betrachtet werden, so kann abschließend konstatiert werden, dass die Trennungserfahrung in vielen Familien positiv aufgearbeitet wurde, was jedoch nicht bedeutet, dass die Spuren der Trennung von den Eltern nicht mehr existieren. So konnte festgestellt werden, dass eine leichte Korrelation zwischen Trennung in der Kindheit und Wunsch nach Liebe, Zuneigung, Interesse in der Vergangenheit besteht. Dieser positive Verlauf wird wahrscheinlich durch die *filiale Reife* (vgl. Kapitel 2.5) der zweiten Migrationsgeneration im mittleren Alter verstärkt. Bei Familien, welche immer noch Beziehungskonflikte diesbezüglich aufweisen, wären gezielte psychologisch-therapeutische Angebote für die erste und zweite Migrationsgeneration hilfreich, um gemeinsam die Trennungserfahrung aufzuarbeiten.

7.4.3   Gesundheit und Pflege der Eltern

In den qualitativen Interviews, wurde eruiert, dass *Gesundheit und Pflege der Eltern* häufig von den Befragten thematisiert wurde. Infolgedessen wurde dieses

Thema in mehreren Hauptkategorien als Subkategorie aufgenommen. Es wird davon ausgegangen, dass dies als ein substanzielles und aktuelles Thema von der zweiten Generation in Bezug auf die Eltern-Kind-Beziehung gesehen wird. Somit sollen diese Aspekte in diesem Kapitel diskutiert werden. Die Ergebnisse in dieser Studie zeigen, dass überwiegend die zweite türkische Migrantengeneration die Gesundheit ihrer Eltern als *mittelmäßig* einschätzen.

53,3 Prozent geben in Bezug auf die Gesundheit der Mütter und 46,7 Prozent in Bezug auf die der Väter einen Befund zwischen *sehr gut* und *schlecht* an. Dies bestätigten auch die Befunde anderer Studien, wonach die ehemaligen Arbeitsmigranten (*Gastarbeiter*) ihre subjektive Gesundheit eher mittelmäßig bewerten und somit schlechter beurteilen als die der Majoritätsgesellschaft in der gleichen Altersgruppe (Özcan, Seifert 2006, S. 26; Razum, Spallek 2012, S. 169 ff.; Nowossadeck et al. 2017, S. 31). Die gesundheitliche Situation jedoch ist aufgrund von unzureichenden und lückenhaften Datenlage nicht umfassend darstellbar (Brause et al. 2010, S. 13; Schimany et al. 2012, S. 245; Olbermann 2013, S. 370). In einigen Studien wurde generiert, dass Migranten und insbesondere Migrantinnen stärker unter psychischen Krankheiten leiden als Einheimische (Matthäi 2005, S. 216 f.; Hubert et al. 2009, 109 ff.). Auch im ersten Forschungsschritt dieser Studie wurde dies mehrmals erwähnt. Im zweiten Forschungsschritt stimmten 43,9 Prozent zu oder stimmten voll und ganz zu, dass die erste Generation oft psychische Leiden haben, vor allem Frauen.

„Naja sie kann zwar noch, aber mit Einschränkungen, da sie jetzt älter geworden ist und gesundheitliche Beschwerden hat. Aber bei Notfällen hilft sie uns." (IP 10, Abs. 13)

„Sehr viele Frauen in der Generation von meiner Mutter haben jetzt psychische Probleme. Sie hatten sehr viel Verantwortung. Die jetzigen Ehen dauern nicht lange, weil die Frauen nicht mehr alles akzeptieren und in sich reinwerfen. Die Frauen waren finanziell von ihren Männern abhängig und mussten alles hinnehmen. Jetzt tauchen die Folgen von dieser Zeit auf." (IP 5, Abs. 57)

Die physischen und psychischen Regressionen der Eltern werden von ihnen schwer akzeptiert, da sie ihre Autonomie teilweise verlieren und von ihren Kindern abhängiger werden. Diese gesundheitlichen Regressionen können zu

Repressionen führen, sodass die möglichen gemeinsamen Aktivitätsformen begrenzt werden, aber auch dazu, dass die Kontakthäufigkeiten zwischen Eltern und Kindern aufgrund des Unterstützungsbedarfs steigen. 43,3 Prozent der Befragten im Forschungsschritt 2 geben an, dass ihre Eltern sich von ihren Kindern mehr Besuche oder Anrufe wünschen. Dieser erhöhte Bedarf an Unterstützung und Kontaktdichte kann zu Konflikten zwischen den Generationen führen.

„Sie sind da natürlich sehr deprimiert, dass sie nichts mehr können, dass körperlich nichts mehr geht, geistig und körperlich nichts mehr. Deswegen sind sie auch etwas traurig. Sie können diesen Leistungsknick nicht einsehen. Das bedrückt sie sehr, das kränkt sie auch, dass es nicht mehr geht. Aber so ist es nun mal. Sie sind auch natürlich sehr besorgt, dass sie immer wieder zu meinen Lasten fallen, dass ich immer wieder für sie was erledigen muss, dass sie mir zu Lasten fallen. Das kränkt sie auch, dass sie sich nicht selbst helfen können, wie sie das vorher taten. Dafür sind die Kinder da, meine ich." (IP 8, Abs. 103)

„Es sind ältere Leute, also mit denen kann man sehr wenig Ausflüge machen oder irgendwohin spazieren gehen. Sie sind dafür gesundheitlich sehr angeknackst." (IP 8, Abs. 5)

Werden die Unterstützungsarten und -häufigkeiten im Kapitel 6.3.6 betrachtet, so sind die Unterstützungsleistungen der Kinder relativ gering. Dies kann ein Indiz dafür sein, dass die Selbstständigkeit und Autonomie der Eltern derzeit hoch sind oder dass die Pflege von Ehepartnern übernommen wird statt von ihren Kindern. 80,4 Prozent der Mütter und 88,6 Prozent der Väter haben derzeit keinen Pflegebedarf. Bei der Datenerhebung hatten die Mütter ein durchschnittliches Alter von 69 Jahren und die Väter von 72 Jahren. Diese Befunde geben zunächst den Hinweis, dass die erste Generation einen relativ vitalen Gesundheitszustand besitzt. Wenn jedoch die Prozentwerte mit der Gesamtbevölkerung in Deutschland verglichen wird, so zeigt sich, dass türkische Senioren häufiger pflegebedürftig sind. Während in der Mehrheitsgesellschaft die Pflegebedürftigkeit in der Altersgruppe zwischen 65 und 74 Jahren zwischen drei bis fünf Prozent liegt, ist sie bei den türkischen Migranten in dieser Studie deutlich über zehn Prozent (Kohls 2012, S. 60; BIB 2015, o. S.). Dies stärkt weiterhin die These, dass die erste Migrantengeneration in Deutschland einen schlechteren Gesundheitszustand und somit höhere Morbidität aufweist als die Autochthonen. Es wird angenommen, dass relativ viele Migranten ihre Pflegebedürftigkeit aus unterschiedlichen Barrieregründen, wie Scham oder Sprachdefizite, nicht bei den Institutionen melden und dass die Pflege in der Familie bleibt. Manche Senioren thematisieren dies nicht einmal mit ihren Kindern, um nicht enttäuscht zu werden. Daher gibt es keine aussagefähigen Zahlen über die Pflegebedürftigkeit von Migranten in Deutschland (Zimmermann 2012, S. 319 ff.).

In der Literatur werden mögliche Einflussfaktoren für den Gesundheitszustand der Migranten thematisiert. So können genetische Prädispositionen (wie Erbkrankheiten), Bedingungen im Heimatland (Gesundheitssystem, Ernährung), Bedingungen im Migrationsprozess (Trennung von der Familie) und Bedingungen im Zielland (soziale und berufliche Lage, Akkulturationsstress) Einfluss auf die Gesundheit des Migranten nehmen (Spallek, Razum 2008, S. 283). Da viele Gastarbeiter nur dann nach Deutschland einreisen durften, wenn sie psychische und physische Gesundheit vorweisen konnten (*Healthy-Migrant-Effect*), aber zugleich oft suboptimale Bedingungen im Migrationsprozess und im Zielland hatten, wird davon ausgegangen, dass der Grund für die hohe (subjektive) Multi-Morbidität der Gastarbeiter im Kontext der Migration zu sehen ist (Seeberger 1998, S. 80; Spallek, Razum 2008, S. 283; Schimany et al. 2012, S. 218 ff.). Auch in dieser Studie zeigt sich, dass die erste Migrantengeneration durch den Migrationsprozess viele Belastungen aufnehmen musste. Beispielsweise mussten viele getrennt von Ehepartnern und Kindern für viele Jahre in Deutschland arbeiten oder sie hatten Angst, dass ihre Kinder ihre kulturellreligiöse Identitäten verlieren.

Es bestätigte sich auch in dieser Studie, dass die zweite türkische Migrantengeneration ihren Eltern gegenüber eine allgemein hohe Verpflichtungs- und Loyalitätshaltung besitzt, welche auf die hohe *intergenerationale Transmission* (vgl. Kapitel 2.3, pädagogische Generation; Kapitel 2.5, Ko-Orientierung) zurückgeführt werden kann. 89,0 Prozent stimmen zu oder voll und ganz zu, ihre Eltern nicht in einem Seniorenheim pflegen zu lassen. 73,3 Prozent stimmen zu oder voll und ganz zu, dass die zweite Generation die erste pflegen sollte, wenn sie pflegebedürftig ist. Dieser Prozentsatz ist jedoch geringer als in einigen anderen Studien (Carnein, Baykara-Krumme 2013, S. 38., vgl. Kapitel 7.3.4). Die Zustimmungswerte sinken, aber sind dennoch relativ hoch, wenn konkret gefragt wird, wo die Eltern gepflegt werden sollen. 44,6 Prozent stimmen zu oder voll zu, dass sie ihre Eltern in deren Wohnung pflegen, und 63,3 Prozent sagen, dass sie ihre Eltern in der eigenen Wohnung pflegen würden. Auch in Bezug auf die Kohabitation ist die Zustimmungsrate geringer als in der oben genannten Studie (ebd., S. 38). 61,3 Prozent haben Sorge, dass sie die (anstehende) Pflege ihrer Eltern nicht ausreichend übernehmen können. Die Pflegebedürftigkeit der Eltern kann für einige somit einen Konflikt darstellen. So geben 34,5 Prozent der Befragten an, dass die Pflege der Eltern mit Beruf, Wohnort oder mit Familie schwer zu vereinbaren sein wird. Die zweite Generation weist zwar die Bereitschaft auf, die Eltern durch die hohe Bindungskultur zu pflegen (vgl. Kapitel 2.5; *emotional interdependence*), doch sie sehen auch die möglichen Barrieren, die die Pflege erschweren (vgl. Kapitel 2.4.4; hinderliche Opportunitätsstrukturen). Diese Ergebnisse könnten daher auch Hinweise darauf geben, dass die verinnerlichten Werte und Normen (Einstellungen, Transmissionen) in Bezug auf Pflege der Eltern einerseits und die (spätere) Umsetzung andererseits nicht ohne Schwierigkeiten zu verbinden sein werden und somit eine Ambivalenz darstellen (Zeman 2005, S. 64; Carnein, Baykara-Krumme 2013, S. 48). Auch in der bisherigen Forschung zeigt sich, dass die Eltern sich zwar eine familiäre Pflege wünschen, doch große Zweifel daran haben, ob ihre Kinder dies realisieren werden (Mattthäi 2005, S. 216).

„Ich mache mir Sorgen, wenn sie älter sind, wie wir uns um sie kümmern werden. Sie sind momentan relativ gesund, aber ich mache mir Gedanken, wenn sie plötzlich krank werden, wie wir sie pflegen werden." (IP6, Abs. 34)
„Ich wäre auch traurig (wenn ich meinen Beruf für die Pflege meiner Eltern aufgeben müsste), weil ich bin sogar mit den kleinen Kindern in die Arbeit gegangen, weil ich einfach nicht den Anschluss verlieren wollte. Das wäre schwierig. Aber ich will mir dann Gedanken darüber machen, wenn es eintritt, weil ich will keine Zukunftsängste ausbaden. Aber das ist unsere große Angst." (IP 8, Abs. 99)

Diese Unsicherheit kommt auch bei den Antworten der Frage zum Ausdruck, ob die Geschwister ihre Eltern pflegen würden. Nur 42,5 Prozent stimmen zu oder voll und ganz zu, dass ihre Geschwister die Eltern pflegen würden. Die meisten der Befragten (85,6 Prozent) haben nicht über das Thema Pflege der Eltern in der Familie gesprochen und haben daher auch keine Vorstellung davon, wie die Pflege zu organisieren wäre. Dies unterstützt die Erkenntnisse aus früheren Studien, dass in (türkischen) Migrantenfamilien heikle und problematische Themen oft verschwiegen werden (zum Beispiel Yıldız 2010, S. 486). 57,2 Prozent der Teilnehmer können sich jedoch vorstellen, sich die Pflege der Eltern mit ihren Geschwistern zu teilen. 52,2 Prozent würden auch von außen Unterstützung (ambulante Hilfe) bei der Pflege der Eltern einbeziehen. Besonders Frauen sind für Hilfe von außen offen, da sie wahrscheinlich am meisten von der Pflege betroffen sein werden. Häufiger als Männer müssen Frauen die Pflege der Eltern oder Schwiegereltern übernehmen (Kohls 2012, S. 37). Diese Befunde deuten darauf hin, im Gegensatz zu einigen bisherigen Forschungsergebnissen, dass die zweite Generation für ambulante Hilfe offen ist. Die meisten der Befragten (48,1 Prozent) gehen davon aus, dass die Pflege der Eltern in Deutschland stattfinden wird. Dies kann u. a. mit dem guten Gesundheitssystem in Deutschland, dem Wohnort der Kinder oder mit finanziellen Gründen erklärt werden. Auch hier scheint es, dass gewisse Unsicherheiten bestehen, da die erste Generation derzeit zwischen beiden Ländern hin- und herpendelt.

Umso wichtiger ist es, die erste und zweite Generation im Zusammenhang mit dem Pflegesystem aufzuklären und ihnen mehr spezifische Angebote und Maßnahmen zu bieten. Dieses Anliegen wurde zwar schon vor über zwanzig Jahren festgestellt, doch es wurde bisher unzureichend umgesetzt (Matthäi 2005, S. 216; Carnein, Baykara-Krumme 2013, S. 48; Olbermann 2013, S. 374; Marquardt et al. 2016, S. 28 f.). Weiterhin soll nochmals betont werden, dass relativ viele Fragen zur Gesundheit der Eltern und insbesondere zur Pflege der Eltern, entweder mit *keine Angabe* oder mit *weiß nicht* beantwortet wurden. Dies könnte ein Hinweis darauf sein, dass das Thema Pflege weiterhin ein Tabuthema bei den türkischstämmigen Migranten ist, dass keine Vorstellungen zu diesem Thema herrschen und dass die tatsächliche Pflegebereitschaft sogar geringer ausfällt als eruiert.

Abschließend und zusammenfassend kann festgestellt werden, dass die Gesundheit der ersten türkischstämmigen Migrantengeneration von ihren Kindern als *mittelmäßig* eingeschätzt wird. Die Ergebnisse unterstreichen die bisherigen Forschungsbefunde, dass die Gesundheitssituation der ersten türkischen

Migrantengeneration derzeit schlechter einzustufen ist als die der Mehrheitsgesellschaft. Viele Migranten, insbesondere Migrantinnen, haben neben physischen auch psychische Beschwerden. Diese relativ hohe Morbiditätsrate wird in
bisherigen Studien mit suboptimalen Migrationsprozessen und Bedingungen
im Zielland erklärt. Einige Erklärungsansätze, wie Identitätsverlustängste und
Trennungserfahrungen, wurden in diesem Forschungsprojekt ebenfalls festgestellt und thematisiert. Die Abnahme der Gesundheit von der ersten Generation
führt zu Autonomie- und Selbstständigkeitsverlusten, welche sie belasten und
die Aktivitätsformen zwischen den erwachsenen Kindern verringern können.
Die meisten jedoch sind selbstständig und nicht pflegebedürftig. Die zweite
Generation würde grundsätzlich ihre Eltern pflegen und lehnt daher auch
Pflegeheime ab, sind jedoch für ambulante Hilfe offen. Sie machen sich Sorgen,
dass sie ihre Eltern nicht ausreichend pflegen können. Dies könnte mit Überlas-
tung oder mit fehlender Vereinbarkeit von Familie und Beruf zusammenhängen. Viele haben sich keine Gedanken über die Pflege ihrer Eltern gemacht und
haben auch nicht in der Familie und somit mit ihren Eltern darüber gesprochen. Zudem glaubt die Mehrheit, dass die Pflege der Eltern in Deutschland
stattfinden wird. Die Ergebnisse manifestieren sowie avisieren, dass die derzeitige Pflegebereitschaft (potenzielle Unterstützung) der zweiten Generation
nicht unbedingt mit der tatsächlich späteren Übernahme der Pflege (faktischen
Unterstützung) gleichzusetzen ist.

7.5 Zusammenfassung

In diesem Hauptkapitel wurde zunächst der Methodeneinsatz reflektiert und
kritisch gewürdigt. Weiterhin wurden die persönlichen Erfahrungen des Autors
während des Forschungsprozesses erläutert. Abschließend wurden einige
Befunde mit verschiedenen Studien verglichen und reflektiert und es wurden
ausgewählte Ergebnisse interdisziplinär diskutiert.

Es zeigte sich, dass der Methodeneinsatz insgesamt erfolgreich war. In der
qualitativen Studie konnte mit Hilfe der Methode *problemzentriertes Interview*
explorativ und subjektzentriert vorgegangen werden, um eine breite und tiefe
Erkenntnisgewinnung zu erzielen. Dadurch konnte ein *quantitativer Fragebogen* entwickelt werden, der anschließend in der quantitativen Studie eingesetzt

wurde. Die quantitative Studie trug vor allem dazu bei, dass die Erkenntnisse standardisiert in größeren Fallzahlen überprüft werden konnten. Während die Methode der qualitativen Studie mit insgesamt gut bewertet wurde, wurde die Methode der quantitativen Studie mit befriedigend bewertet. Besonders der hohe Vorbereitungsaufwand ist in diesem Zusammenhang zu nennen.

Da der Autor selbst zur zweiten türkischen Migrantengeneration gehört, wurde hierzu ein Kapitel zur Reflexion persönlicher Erfahrungen aufgenommen. Die Erfahrungen des Autors waren überwiegend positiv im Zusammenhang mit seiner *Insiderrolle*. Durch sie konnte der Autor zügig potenzielle Befragungsteilnehmer akquirieren und vertrauensvolle Interviewbeziehungen aufbauen. Besonders vorteilhaft war die Beherrschung der türkischen Sprache. In einigen wenigen Situationen stellte sich der identische Migrationshintergrund wie bei den Zielpersonen jedoch als nachteilig heraus. Mittels eines Forschungstagebuches reflektierte der Autor regelmäßig seine Gedanken und Erkenntnisse im laufenden Forschungsprozess mit seinen personenbezogenen Erfahrungen, um die Transparenz und das Bewusstsein der Vorgehensweisen zu erhöhen.

Der Ergebnisvergleich mit anderen Studien in Bezug auf die *assoziative Solidarität* zeigt, dass die Befunde die bisherigen Studien bestätigen, wonach die Kontakthäufigkeit zwischen Eltern und Erwachsenen als eng beschrieben werden kann. Die Kontakthäufigkeit unterscheidet sich auch nach den Ergebnissen dieser Studie relativ gering gegenüber der Mehrheitsbevölkerung. Die zweite Generation hat einen stärkeren Kontakt zu ihren Müttern als zu ihren Vätern. Am stärksten ist der Kontakt in der Mutter-Tochter-Dyade vorhanden. Es bestätigt sich weiterhin auch, dass Söhne öfter bei ihren Eltern wohnen als Töchter. Die geringe Koresidenz der Kinder im mittleren Alter mit ihren Eltern wird ebenfalls bestätigt. Sie ist jedoch höher als bei den Einheimischen. Der Vergleich der Ergebnisse im Kontext der *affektiven Solidarität* unterstreicht die enge Beziehung zwischen den Migrantengenerationen in den bisherigen Forschungen. Die Beziehung zu Müttern wurde in dieser Studie ebenfalls als enger beschrieben als zu den Vätern. Eltern und erwachsene Kinder, welche zusammenwohnen, haben eine engere Beziehung. Die geringe Konflikthäufigkeit wurde zudem ebenfalls in diesem Forschungsprojekt bestätigt. Insgesamt ist die Konflikthäufigkeit im mittleren Alter gegenüber der Vergangenheit geringer geworden. Besonders Töchter berichten von der Verbesserung der Beziehung zu ihren Eltern. Die Gegenüberstellung der Ergebnisse aus dieser Studie mit anderen Studien im Hinblick der *funktionellen Solidarität* bestätigt, dass die finanzielle Unterstützung in türkischen Migrantenfamilien aufwärtsgerichtet ist. Erwachsene Kinder unterstützen ihre Eltern öfter finanziell als sie deren Unterstützung erhalten. Diese Unterstützungsleistung der Kinder ist höher als bisher angenommen. Auch die gegenseitige instrumentelle, emotionale und kognitive Unterstützung zwischen den Generationen ist höher als bisher angenommen. Der Forschungsstand zu diesem Themenkomplex ist derzeit nicht eindeutig und lückenhaft. Die Ergebnisse zeigen summa summarum, dass die Beziehungen der zweiten Generation im mittleren Alter zu ihren Eltern nach Höpflinger als überwiegend *positiv interdependent* (vgl. Kapitel 2.4.1) oder nach Szydlik als überwiegend *solidarisch* bezeichnet werden können (vgl. Kapitel 2.4.4).

Die zweite Generation beurteilt teilweise das Erziehungsverhalten ihrer Eltern suboptimal. Sie klagen über mangelnde Liebe, Zuneigung, Unterstützung der Eltern. Diese Erziehungsform, die oft traditionell-konservativ ausgerichtet war, diente der familiäre Kollektivität und dem Erhalt der Identität in der Migration. Des Weiteren können sich die Trennungserfahrungen der zweiten Generation von ihren Eltern oder von einem Elternteil negativ auf die Erziehung auswirken. Sie mussten in einem relativ langen Zeitraum ohne die Eltern oder ohne einen Elternteil auskommen. Die Erziehungsform sowie die Trennungserfahrungen können zu einer Eltern-Kind-Distanz führen, die derzeit teilweise immer noch besteht. Die Gesundheit der ersten Generation ist gegenüber der Einheimischen schlechter einzustufen. Die Quote der Pflegebedürftigkeit ist zwar gering, doch sie ist höher als in der Mehrheitsgesellschaft. Die zweite türkische Migrantengeneration würde mehrheitlich ihre Eltern pflegen, wenn sie pflegebedürftig wären. Die Ergebnisse zeigen jedoch, dass diesbezüglich die Sorge und Unsicherheit groß ist, die Pflege nicht ausreichend erfüllen zu können.

8 Ausblick

8.1 Zusammenschau

Diese Dissertation untersuchte qualitativ und quantitativ die Beziehung zwischen der ersten und zweiten türkischen Migrantengeneration in Deutschland. Insbesondere war es ein Anliegen aus Sicht der zweiten Generation, die Eltern-Kind-Beziehung zu beschreiben. Weiterhin war das Ziel in diesem Forschungsprojekt, Erkenntnisse über die Verantwortungsbereitschaft gegenüber den Eltern zu generieren. In diesem Kontext sollte die zweite Generation charakterisiert und beschrieben werden.

Die zentralen Ergebnisse in diesem Forschungsprojekt aus Sicht des Autors werden wie folgt zusammengefasst:

- Die Kontakthäufigkeit der zweiten Generation zu ihren Eltern kann als sehr intensiv beschrieben werden, jedoch unterscheidet sie sich kaum von der Mehrheitsgesellschaft. Die Kontaktfrequenz der zweiten Generation ist mit ihren Müttern intensiver als mit ihren Vätern. Sie ist stark von der örtlichen Distanz und dem Pendelverhalten der Eltern abhängig.
- Die Aktivitätsformen und -häufigkeiten mit den Eltern sind vielfältig. Die häufigste ist derzeit das Gespräch mit ihnen. Die zweite Generation hat insgesamt mit ihren Müttern stärkere Aktivitäten als mit ihren Vätern. Besonders Töchter haben mit ihren Vätern geringere Aktivitäten.
- Die zweite Generation hat derzeit eine sehr enge Beziehung zu ihren Eltern, insbesondere zu ihren Müttern. Dabei ist die Mütter-Töchter-Beziehung am engsten und Väter-Töchter-Beziehung am distanziertesten. Die Beziehung zwischen der ersten und zweiten Generation hat sich gegenüber der Vergangenheit leicht verbessert. Die Töchter geben häufig an, dass ihre Beziehung zu ihren Eltern und vor allem zu ihren Vätern gegenüber der Vergangenheit enger wurde. Die Konflikte mit ihren Eltern sind derzeit gering, jedoch war die Anzahl der Konflikte in der Vergangenheit leicht höher. Einige Befragungsteilnehmer aus der zweiten Generation geben an, dass sie derzeit zu ihren Eltern und insbesondere zu ihren Vätern eine Beziehungsdistanz wahrnehmen sowie von ihnen geringe Liebe und Zuneigung erhalten. Der Wunsch nach Liebe, Zuneigung und Interesse in der Vergangenheit (im Kindes- und Jugendalter) ist

relativ hoch. Dies kann mit der Trennungserfahrung und mit dem Erziehungsstil der Eltern begründet werden, jedoch scheint es, dass weitere Faktoren wichtig sind.

– Die erste wird von der zweiten Generation als sparsam deklariert. Sie nehmen weiterhin Generationsunterschiede im Kontext des Erziehungsstils wahr. So gibt die zweite Generation ihren Kindern mehr Liebe, Zuneigung, Aufmerksamkeit, Unterstützung sowie Freiräume, als sie in der Vergangenheit von ihren Eltern erhalten hat. Sie geben weiterhin an, dass die kollektivistische Denkweise, welche die erste Generation stark geprägt hat, in den Nachfolgenerationen abgenommen hat und stärker individualistisch geworden ist.

– Die Unterstützung zwischen den Generationen kann als intensiv, vielschichtig und reziprok bezeichnet werden. Derzeit unterstützt die zweite Generation überwiegend ihre Eltern finanziell und materiell stärker, als sie von ihnen Unterstützung erhält. Die kognitive und emotionale Unterstützung ist höher als in einigen vorherigen Studien angenommen. Die Gesundheit der ersten Generation ist gegenüber der autochthonen schlechter und die Pflegequote höher einzuordnen. Die Bereitschaft der zweiten Generation, ihre Eltern zu pflegen, ist relativ hoch. Es zeigt sich jedoch, dass die Sorge, die Eltern nicht genügend pflegen zu können, ebenfalls hoch ist und dass die Pflegebereitschaft nicht unbedingt die spätere tatsächliche Übernahme der Pflege bedeuten muss.

8.2 Limitationen

Die zweite türkische Migrantengeneration im mittleren Alter kann unterschiedlich definiert werden. Die Definition und somit die Konkretisierung der Forschungsgruppe in dieser Studie stellt einen Grad der Limitation dar. Beispielsweise wurden Personen, die nach ihrem 16. Lebensjahr nach Deutschland migriert sind, nicht berücksichtigt.

Weiterhin sind die Zugangsmethoden zum Forschungsfeld zu nennen. Im ersten Forschungsschritt wurden nur Datenerhebungen in der Metropolregion Nürnberg durchgeführt. Im zweiten Forschungsschritt dagegen wurden die Daten in diversen Städten und Landkreisen in Bayern, jedoch meist in Nürnberg und München erhoben. Die Stichprobe im zweiten Forschungsschritt ist aus unterschiedlichen Gründen keine repräsentative Stichprobe für Bayern. Beispielsweise ist die Stichprobe aus geografischer Sicht nicht bayernweit gleichmäßig verteilt, sie entspricht nicht der sozio-demografischen Abbildung der Grundpopulation und die Stichprobengröße ist relativ gering (Bias- Problematik).

Die Datenerhebung des ersten Forschungsschritts, dessen Schwerpunkt heuristisch angelegt war, kann nicht als abgeschlossen betrachtet werden. Eine theoretische Sättigung ist stark vom Forscher, Forschungsverlauf und den Forschungsergebnissen abhängig. Somit kann nicht ausgeschlossen werden, dass nicht alle wichtigen Teilbereiche vollständig vom Forscher betrachtet wurden.

Die quantitative Fragebogenkonstruktion deckt nicht alle Erkenntnisfacetten des ersten Forschungsschritts ab. Nur einige der Themen wurden im Fragebogen aufgenommen. Der entwickelte Fragebogen wurde einem Pre-Test unterzogen, eine spezielle tiefere Untersuchung auf die Gütekriterien erfolgte nicht. Die gewonnenen Daten aus dem zweiten Forschungsschritt wurden in dieser Studie nicht vollständig ausgewertet und diskutiert.

In dieser Studie wurde die Generationenbeziehung aus Sicht der zweiten Generation betrachtet, die Perspektive der Eltern und der Geschwister fehlt. Sie wäre jedoch für die Beschreibung der Eltern-Kind-Beziehung wichtig, um ein vollständiges Bild zu erhalten. Zudem fehlt in dieser Studie der *direkte* Vergleich zur autochtonen Bevölkerungsgruppe. Es wurde in diesem Forschungsprojekt keine Vergleichsgruppe der Mehrheitsgesellschaft berücksichtigt, um Differenzen und Gemeinsamkeiten zu eruieren.

8.3 Demografisch-gerontologischer Ausblick

Das Thema Generationenbeziehungen der Migranten wird aus demografischen Gründen in naher Zukunft eine deutlich höhere Bedeutung gewinnen. Diesbezüglich sind weitere Forschungen zu diesem Themenkomplex dringend nötig.

In dieser Studie wurde deutlich, dass die Generationenbeziehungen viele Facetten haben und dass bei der Beschreibung der Eltern-Kind-Beziehungen nicht nur die Gegenwarts- und Zukunftsperspektive entscheidend sein kann, sondern auch die Vergangenheitsperspektive. In diesem Zusammenhang konnte die Kritik bestätigt werden, dass das Modell der Generationensolidarität nach Bengtson und Roberts eine begrenzte Gültigkeit bei den Generationenbeschreibungen hat. Weitere Forschungsarbeiten sollten dabei nicht nur die erwähnten Eltern-Kind-Beziehungen in der Vergangenheit (beispielsweise Trennungserfahrungen) betrachten, sondern die Forschungsgruppen erweitern, sodass andere Familienmitglieder, wie Geschwister, Enkel, Schwiegertöchter und -söhne berücksichtigt werden. Auch zusätzliche Familien- und Freundschaftsnetzwerke könnten zur weiteren Erkenntnisgewinnung führen. Dabei sollten diverse Faktorengruppen, wie Opportunitäts- und Bedürfnisstrukturen stärker betrachtet werden.

Es zeigte sich auch in dieser Studie, wie von Lüscher und Kollegen beschrieben (vgl. Kapitel 2.4.3), dass sich die emotionale Bindung zu den Eltern im Laufe der Zeit veränderte und zum Teil ambivalent wurde und noch immer ist. Diese Aspekte der Generationenbeziehungen, auch im Kontext der Konflikte sowie der genderspezifischen Betrachtungen, wurden im mittleren Alter für Migrantenfamilien bisher zu wenig erforscht. Zudem wurde zwar in dieser Studie ein Beitrag zur Befundlage zur funktionalen Solidarität zwischen den ersten und zweiten türkischen Migrantengenerationen geleistet, doch es gibt noch eine deutliche Forschungslücke in diesem Bereich hinsichtlich der Opportunitäts- und Bedürfnisstrukturen. In diesem Zusammenhang ist auch das Thema Gesundheit und Pflege zu nennen. Zwar zeigte sich in diesem Forschungsprojekt, dass die Pflegetätigkeit für die Eltern derzeit als selten angenommen werden kann, doch in naher Zukunft wird dieses Thema eine höhere Relevanz erhalten. Nachfolgende Studien sollten den Prozess des bisherigen Pflegemanagements, also die Übernahme der Pflege von Familienangehörigen und/oder Einrichtungen, genauer untersuchen, um zukünftige Konzepte für (türkischstämmige) Migranten zu entwickeln und abzuleiten. In dieser Studie wurde eine relativ hohe Sorge der zweiten türkischen Migrantengeneration diesbezüglich festgestellt. Der Autor kann an dieser Stelle die Handlungsempfehlungen der bisherigen Studien, insbesondere zum Thema kulturspezifische Pflege, wiederholen, die, wie es scheint, noch nicht ausreichend umgesetzt wurden. Die zweite türkische Migrantengeneration benötigt Unterstützung seitens des Gesetzgebers und der Institutionen, um ihre Eltern bei Pflegebedürftigkeit adäquat pflegen zu können. Die zukünftigen Forschungsarbeiten sollten weiterhin qualitativ und quantitativ angelegt sein, um explorative und tiefgreifende Erkenntnisse zu generieren.

8.4 Nachgedanken

Die Eltern der zweiten türkischen Migrantengeneration kamen nach Deutschland, wie mehrmals erwähnt, als sogenannte *Gastarbeiter*. Sie wollten nur ein paar Jahre in der Fremde arbeiten, um eine Existenz aufzubauen und dann wieder in die Heimat zurückzukehren. Dabei wurden sehr oft die Kinder in der Heimat zurückgelassen. Die zweite Generation wuchs nicht selten ohne Eltern oder mit nur einem Elternteil, insbesondere ohne Väter, auf. Viele von ihnen wussten nicht, wann ihre Eltern für immer in die Türkei zurückkehren werden. So waren sie entweder alleine, nur mit ihren Geschwistern und/oder mit einem Elternteil in der Türkei. Manche wurden zeitweise beneidet, da sie schöne und teure Geschenke aus *Almanya* (Deutschland) bekamen, doch diese Geschenke verloren ihren Wert, als die Eltern oder Elternteile wieder in die Fremde gingen. Sie wurden auch von anderen Kindern gehänselt, da sie ohne Eltern oder Elternteil leben mussten. Die zurückgebliebenen Kinder erhielten durch die Trennungskonstellation von allem weniger als andere Kinder. So haben sie weniger Liebe, Zuneigung, Interesse, Anerkennung erhalten. Wenn sie Glück hatten, konnten die Verwandten diese Bedürfnisse stillen.

Als sie nach Deutschland kamen, mussten sie ebenfalls stark sein: Sie wurden mit einer neuen Sprache, Kultur, mit neuen Freunden konfrontiert. Sie mussten alles neu (kennen-)lernen, auch manchmal die eigenen Eltern. Dieser Akkulturationsdruck führte oft zu Hochleistungen, dabei durften sie ihre Herkunftskultur und Religion nicht vergessen. Sie mussten oft nicht nur für sich Verantwortung übernehmen, sondern auch für ihre Eltern und Geschwister. In Deutschland haben sie nicht immer eine *Willkommenskultur* genießen dürfen. Sie waren, auch wie in der Türkei, anders als die anderen. Sie beherrschen in *Almanya* die Sprache nicht korrekt und hatten ein anderes Aussehen. Dadurch wurden sie ebenfalls, zwar nicht von allen, bewusst oder unbewusst diskriminiert. Manchmal wurden sie jedoch diesbezüglich von der Mehrheitsgesellschaft unterstützt. Mit diesen schwierigen, aber auch schönen und abenteuerlichen Bedingungen wurde die zweite türkische Migrantengeneration erfolgreich in Deutschland erwachsen. Sie hat sich trotz vieler Schwierigkeiten und Herausforderungen integrieren und im Vergleich zu ihren Eltern weiter entwickeln können.

Im mittleren Alter begeht diese Generation weiter neue Wege. Sie wird in der neuen Heimat nicht nur für ihre Kinder Verantwortung übernehmen, sondern weiterhin auch für ihre Eltern. Wenn die zweite türkische Migrantengeneration eine charakteristische Bezeichnung erhalten würde, so käme der Begriff *Meritum* ihrer Würdigung ziemlich nahe, ohne eine Etikettierung zu generieren (vgl. Kapitel 2.3). Meritum bedeutet Verdienst oder Leistung. Der Autor schlägt daher für die untersuchte Forschungsgruppe den Generationennamen *Meritum* vor. Diese nicht zu unterschätzenden Belastungen sollten auch bei den aktuellen politischen Debatten im Hinblick auf (minderjährige) Flüchtlinge und Familiennachzug berücksichtigt werden.

> „Alle Stärke wird nur durch Hindernisse erkannt,
> die sie überwältigen kann."
>
> (Immanuel Kant)

Abbildungsverzeichnis

Abbildung 1:   Revised Model of Structural Relations between Parent-
               Child Solidarity Constructs in Older Families (eigene
               Darstellung nach Bengtson, Roberts, 1991, S. 859)   30
Abbildung 2:   Typen von Generationenbeziehungen
               (eigene Darstellung nach Lüscher, Heuft 2007, S. 235)   34
Abbildung 3:   Basisdesigns für die Integration von qualitativer und
               quantitativer Sozialforschung (Miles, Huberman 1994,
               S. 41; Flick 2008, S. 80, eigene Darstellung)   63
Abbildung 4:   Induktive Kategorienbildung
               (Mayring 2000, S. 4, eigene Darstellung)   69
Abbildung 5:   Kategorienbildung am Material
               (Kuckartz 2014b, S. 63 f., eigene Darstellung)   70
Abbildung 6:   Altersgruppenverteilung   93
Abbildung 7:   Anzahl der Kinder   95
Abbildung 8:   Kategoriebaum in MAXQDA (eigene Darstellung)   99
Abbildung 9:   Kategorie – Kontakt   99
Abbildung 10a: Kontaktdichte mit den Müttern   102
Abbildung 10b: Kontaktdichte mit den Vätern   102
Abbildung 11a: Wohnentfernung zu Müttern   103
Abbildung 11b: Wohnentfernung zu Vätern   103
Abbildung 12a: Telefonische und schriftliche Kontaktdichte zu Müttern
               in Deutschland   104
Abbildung 12b: Telefonische und schriftliche Kontaktdichte zu Müttern
               in der Türkei   104
Abbildung 13a: Telefonische und schriftliche Kontaktdichte zu Vätern
               in Deutschland   105
Abbildung 13b: Telefonische und schriftliche Kontaktdichte zu Vätern
               in der Türkei   105
Abbildung 14: Aktivitätshäufigkeit mit Elternteilen   109
Abbildung 15a: Beziehungsänderungen zu Müttern   114
Abbildung 15b: Beziehungsänderungen zu Vätern   114
Abbildung 16: Finanzielle Situation der Eltern   117
Abbildung 17: Generationsunterschied-Sparsamkeit   120

Abbildung 18: Generationsunterschied – Erziehungsaspekt Freiheiten   121
Abbildung 19: Generationsunterschied – Erziehungsaspekt Freiheiten
               (genderspezifisch)   122
Abbildung 20: Generationenunterschied – Erziehungsaspekt Liebe
               und Zuneigung   122
Abbildung 21: Generationenunterschied – Erziehungsaspekt
               Aufmerksamkeit und Unterstützung   123
Abbildung 22: Generationenunterschied – Respekt   123
Abbildung 23: Generationenunterschied-Kollektivismus und
               Individualismus   124
Abbildung 24a: Zuneigung und Nähe der Mütter   136
Abbildung 24b: Zuneigung und Nähe der Väter   136
Abbildung 25: Ehekonflikte der Eltern   137
Abbildung 26: Wunsch der Eltern nach stärkerer Religionsausübung
               der Kinder   138
Abbildung 27: Unterstützung und Verständnis gegenüber jüngeren
               Kindern   139
Abbildung 28a: Vergleich der Mütterbeziehung in Bezug auf Toleranz   140
Abbildung 28b: Vergleich der Väterbeziehung in Bezug auf Toleranz   140
Abbildung 29a: Liebe und Zuneigung der Mütter in der Vergangenheit   142
Abbildung 29b: Liebe und Zuneigung der Väter in der Vergangenheit   142
Abbildung 30: Traurigkeit wegen Trennungserfahrung   143
Abbildung 31: Sorge um die Pflege der Eltern   146
Abbildung 32a: Wunsch nach Liebe und Zuneigung im Kindes- und
               Jugendalter von den Müttern   149
Abbildung 32b: Wunsch nach Liebe und Zuneigung im Kindes- und
               Jugendalter von den Vätern   149

Tabellenverzeichnis

Tabelle 1: Constructing a Typology of Intergenerational Relations Using Five Solidarity Variables (Silverstein, Bengtson 1997, S. 442 ff.; Steinbach 2010, S. 29, eigene Darstellung)   31

Tabelle 2: Analysemethoden (Raithel 2008, S. 119, eigene Darstellung)   74

Tabelle 3: Soziodemografische Daten- Forschungsschritt 1   92

Tabelle 4: Soziodemografische Daten – Forschungsschritt 2   96

Tabelle 5: Persönlicher Kontakt   101

Tabelle 6: Häufigkeiten gemeinsamer Aktivitäten   110

Tabelle 7: Derzeitige Beziehung zu den Eltern   113

Tabelle 8: Eigenschaften – Eltern   116

Tabelle 9: Derzeitiger Gesundheitszustand der Eltern   117

Tabelle 10: Deutsche Sprachkenntnisse der Eltern   118

Tabelle 11: Unterstützungsleistung an Eltern in Prozent   129

Tabelle 12: Unterstützungsleistung von Eltern   131

Tabelle 13: Kommunalitätenanalyse – Unterstützung Mütter   154

Tabelle 14: Kommunalitätenanalyse – Unterstützung Väter   155

Tabelle 15: Erklärte Gesamtvarianzen – Unterstützung an Mütter gegeben/von Müttern erhalten   156

Tabelle 16: Erklärte Gesamtvarianzen – Unterstützung an Väter gegeben/von Vätern erhalten   157

Tabelle 17: Komponentenmatrizen – Unterstützung an Mütter gegeben/von Müttern erhalten   158

Tabelle 18: Komponentenmatrizen – Unterstützung an Väter gegeben/von Vätern erhalten   159

Tabelle 19: Omnibus-Tests und Modellzusammenfassung (D26/E26)   160

Tabelle 20a: Regressionsanalyse: Variablen nicht in der Gleichung – D26   161

Tabelle 20b: Regressionsanalyse: Variablen nicht in der Gleichung – E26   161

Tabelle 21a: Regressionsanalyse: Variablen in der Gleichung – D26   162

Tabelle 21b: Regressionsanalyse: Variablen in der Gleichung – E26   163

Tabelle 22: Methodenevaluation   182

Literaturverzeichnis

Abadan-Unat, N. (2005): Migration ohne Ende: vom Gastarbeiter zum Euro-türken. Berlin: Ed. Parabolis.

Adam, U.; Mühling, T. (2014): Familiale Pflege. Hilfe- und Unterstützungsleistungen von Erwachsenen für ihre Eltern in quantitativen Datenquellen. Ifb: Staatsinstitut für Familienforschung an der Universität Bamberg. https://www.ssoar.info/ssoar/handle/document/46975 (zuletzt abgerufen am 02.05.2018)

Akgün, L. (1993): Psychokulturelle Hintergründe türkischer Jugendlicher der zweiten und dritten Generation. In: Lajios, K. (Hg.): Die psychosoziale Situation von Ausländern in der Bundesrepublik. Integrationsprobleme ausländischer Familien und die seelischen Folgen. Opladen: Leske & Budrich, 55–70.

Akıncı, S. (2009): Psychosomatische Symptome und Depressivität bei Frauen und Männern türkischer Herkunft in Deutschland und in der Türkei. Justus-Liebig-Universität Gießen. Dissertation. http://geb.uni-giessen.de/geb/volltexte/2009/7176/pdf/AkinciSecil_2009_06_19.pdf (zuletzt abgerufen am 02.05.2018)

Alamdar-Niemann, M. (1992): Türkische Jugendliche im Eingliederungsprozess. Eine empirische Untersuchung zur Erziehung türkischer Jugendlicher in Berlin (West) und der Bedeutung ausgewählter individueller und kontextueller Faktoren im Lebenslauf. Hamburg: Kocač.

Aphorismen (2018): Zitat zum Thema „Stärke". https://www.aphorismen.de/zitat/5417 (zuletzt abgerufen am 03.06.2018)

Atabay, I. (2011): Die Kinder der Gastarbeiter. Familienstrukturen türkeistämmiger MigrantInnen zweiter Generation. Freiburg: Centaurus.

Atteslander, P. (2010): Methoden der empirischen Sozialforschung. Berlin: Erich Schmidt.

Attias-Donfut, C. (2000): Familialer Austausch und soziale Sicherung. In: Kohli, M.; Szydlik, M. (Hg.): Generationen in Familie und Gesellschaft. Opladen: Leske & Budrich, 222–237.

Attias-Donfut, C.; Cook, J. (2017): Intergenerational Relationships in Migrant Families. Theoretical and Methodological Issues. In: Bolzman, C.; Bernardi, L.; Le Goff, J.-M. (Hg.): Situating Children of Migrants across Borders and Origins. A Methodological Overview. Dordrecht: Springer, 115–133.

Auernheimer, G. (1988): Der sogenannte Kulturkonflikt. Orientierungsprobleme ausländischer Jugendlicher. Frankfurt a. M., New York: Campus.

Babka von Gostomski, C. (2010): Fortschritte der Integration. Zur Situation der fünf größten in Deutschland lebenden Ausländergruppen. Forschungsbericht 8. BAMF (Hg.). Im Auftrag des Bundesministeriums des Innern. Berlin. https://www.bamf.de/SharedDocs/Anlagen/DE/Publikationen/Forschungs berichte/fb08-fortschritte-der-integration.pdf?blob=publicationFile (zuletzt abgerufen am 02.05.2018)

Backhaus, K.; Erichson, B.; Plinke, W.; Weiber, R. (2016): Multivariate Analysemethoden. Eine anwendungsorientierte Einführung. Berlin, Heidelberg: Springer.

Baltes, P.-B.; Baltes, M.-M. (1994): Gerontologie: Begriffe, Herausforderungen und Brennpunkte. In: Baltes, P.-B.; Mittelstraß, J.; Staudinger, U.-M. (Hg.): Alter und Altern: Ein interdisziplinärer Studientext zur Gerontologie. Berlin: de Gruyter, 1–34.

Bamberg, G.; Baur, F.; Krapp, M. (2017): Statistik. Eine Einführung für Wirtschafts- und Sozialwissenschaftler. Berlin, Bosten: de Gruyter.

BAMF (2014): Glossar. http://www.bamf.de/DE/Service/Left/Glossary/_function/ glossar.html?lv2=1364178&lv3=1504494 (zuletzt abgerufen am 02.05.2018)

Baros, W. (2010): Innovative methodische Zugänge für qualitative Forschung im interkulturellen Kontext. In: Hagedorn, J.; Schurt, V.; Steber, C.; Waburg, W. (Hg.): Ethnizität, Geschlecht, Familie und Schule. Heterogenität als erziehungswissenschaftliche Herausforderung. Wiesbaden: VS, 375–402.

Baykara-Krumme, H.; Hoff, A. (2006): Die Lebenssituation älterer Ausländerinnen und Ausländer in Deutschland. In: Tesch-Römer, C.; Engstler, H.; Wurm, S. (Hg.): Altwerden in Deutschland. Sozialer Wandel und individuelle Entwicklung in der zweiten Lebenshälfte. Wiesbaden: VS, 447–518.

Baykara-Krumme, H. (2007): Gar nicht so anders: Eine vergleichende Analyse der Generationenbeziehungen bei Migranten und Einheimischen in der zweiten Lebenshälfte. Wissenschaftszentrum Berlin für Sozialforschung gGmbH (Hg.). Berlin. http://nbn-resolving.de/urn:nbn:de:0168-ssoar-110975 (zuletzt abgerufen am 02.05.2018)

Baykara-Krumme, H. (2008a): Reliable Bonds? A Comparative Perspective of Intergenerational Support Patterns among Migrant Families in Germany. In: Saraceno, C. (Hg.): Families, Ageing and Social Policy. Intergenerational Solidarity in European Welfare States. Northampton, Massachusetts: Edward Elgar Publishing, 285–312.

Baykara-Krumme, H. (2008b): Immigrant families in Germany. Intergenerational solidarity in later life. In: Kohli, M. (Hg.): Beiträge zur Alterns- und Lebenslaufforschung. Bd. 7. Berlin: Weissensee.

Baykara-Krumme, H. (2010a): Explaining family cohesion in an immigration context: patterns of intergenerational relationship quality among young adult Turks and their parents. Arbeitspapier des Beziehungs- und Familienpanels (pairfam) 20. TU Chemnitz. http://www.ssoar.info/ssoar/handle/document/36947 (zuletzt abgerufen am 02.05.2018)

Baykara-Krumme, H. (2010b): Die Berliner pairfam Studie – Ein Methodenbericht. Dokumentation der Vorstudie zur Befragung von Personen mit Migrationshintergrund im Rahmen des Familienpanels (pairfam) 16. TU Chemnitz. http://www.pairfam.de/fileadmin/user_upload/uploads/tx_sibibtex/arbeitspapier_16p.pdf (zuletzt abgerufen am 02.05.2018)

Baykara-Krumme, H.; Klaus, D.; Steinbach, A. (2011a): Generationenbeziehungen in Deutschland. Ein Vergleich der Beziehungsqualität in einheimischen deutschen Familien, Familien mit türkischem Migrationshintergrund und Aussiedlerfamilien. In: Brüderle, J.; Castiglioni, L.; Schumann, N. (Hg.): Partnerschaft, Fertilität und intergenerationale Beziehungen. Würzburg: Ergon, 259–286.

Baykara-Krumme, H.; Klaus, D.; Steinbach, A. (2011b): Eltern-Kind-Beziehungen in Migrantenfamilien. In: Bundeszentrale für politische Bildung (Hg.): Aus Politik und Zeitgeschichte (ApuZ). 50 Jahre Anwerbeabkommen mit der Türkei. Jg. 61, H. 43, 42–49. http://www.bpb.de/shop/zeitschriften/apuz/59727/50-jahre-anwerbeabkommen-mit-der-tuerkei (zuletzt abgerufen am 02.05.2018)

Baykara-Krumme, H. (2012): EinwanderInnen und ihre Familien: Generationenbeziehungen in der Lebensphase Alter. In: Heinrich-Böll-Stiftung (Hg.): Altern in der Migrationsgesellschaft DOSSIER. Berlin, 22–26. https://heimatkunde.boell.de/sites/default/files/dossier_altern_in_der_migrationsgesellschaft.pdf (zuletzt abgerufen am 22.04.2017)

Baykara-Krumme, H. (2013a): Generationenbeziehungen im Alter: Türkische Familien in der Türkei und in Westeuropa. In: Zeitschrift für Familienforschung. Jg. 25, H. 1, 9–28. https://nbn-resolving.org/urn:nbn:de:0168-ssoar-386534 (zuletzt abgerufen am 02.05.2018)

Baykara-Krumme, H. (2013b): Returning, Staying, or Both? Mobility Patterns Among Elderly Turkish Migrants After Retirement. In: Transnational Social Review, Vol. 3, Iss. 1, 11–29.

Baykara-Krumme, H. (2013c): Sind bilinguale Interviewer erfolgreicher? Interviewereffekte in Migrantenbefragungen. In: Soeffner, H.-G. (Hg.): Transnationale Vergesellschaftungen. Verhandlungen des 35. Kongresses der Deutschen Gesellschaft für Soziologie in Frankfurt am Main 2010. Bd. 1, Wiesbaden: Springer, 259–273.

Baykara-Krumme, H. (2015): Migrantenfamilien. In: Hill, B. P.; Kopp, J. (Hg.): Handbuch Familiensoziologie. Wiesbaden: Springer, 709–736.

Becker, G.; Beyene, Y.; Newsom, E.; Mayen, N. (2003): Creating continuity through mutual assistance: Intergenerational reciprocity in Four Ethic Groups. In: Journal of Gerontology: Social Sciences, Vol. 58 B, No. 3, 151–159.

Behnke, J. (2015): Logistische Regression. Eine Einführung. Wiesbaden: Springer.

Behr, D.; Braun, M.; Dorer, B. (2015): Messinstrumente in internationalen Studien. GESIS Survey Guidelines. Mannheim. http://www.gesis.org/file admin/upload/SDMwiki/Messinstrumente_internationale_Studien_Behr BraunDorer_08102015_1.1.pdf (zuletzt abgerufen am 02.05.2018)

Bengtson, V. L.; Roberts, R. A. (1991). Intergenerational solidarity in aging families. An example of formal theory construction. In: Journal of Marriage and the Family, Vol. 53, No. 4, 856–870.

Bengtson, V. L.; Harootyan, R. A. (1994): Intergenerational linkages: Hidden connections in American society. New York: Springer.

Berger, D. (2010): Wissenschaftliches Arbeiten in den Wirtschafts- und Sozialwissenschaften. Hilfreiche Tipps und praktische Beispiele. Wiesbaden: Gabler.

Bertelsmann Stiftung, Fondazione Cariplo (2008): Interkulturelle Kommunikation – Schlüsselkompetenz des 21. Jahrhunderts? http://www.bertels mann-stiftung.de/fileadmin/files/BSt/Presse/imported/downloads/xcms_b st_dms_30236_30237_ 2.pdf (zuletzt abgerufen am 02.05.2018)

BIB (2015): Zahlen und Fakten. Pflegebedarf vor allem bei hochaltrigen Frauen. Anteil pflegebedürftiger Personen an der Bevölkerung. https://www.demo grafie-portal.de/SharedDocs/Informieren/DE/ZahlenFakten/Pflegequote_ Alter_Geschlecht.html (zuletzt abgerufen am 02.05.2018)

Blohm, M.; Diehl, C. (2001): Wenn Migranten Migranten befragen. Zum Teilnahmeverhalten von Einwanderern bei Bevölkerungsbefragungen. In: Zeitschrift für Soziologie, Jg. 30, H. 3, 223–242. https://kops.uni-konstanz.de/bitstream/handle/123456789/26810/Blohm_268100.pdf? sequence=2 (zuletzt abgerufen am 02.05.2018)

BMFSFJ (2000): Sechster Familienbericht. Familien ausländischer Herkunft in Deutschland. Leistungen – Belastungen – Herausforderungen und Stellungnahme der Bundesregierung. Drucksache 14/4357. Berlin. https://www.BMFSFJ.de/blob/93186/98ca1cfb0a9f8ac0c64ece2634bf69de/6-familienbericht-data.pdf (zuletzt abgerufen am 02.05.2018)

BMFSFJ (2010): Ehe, Familie, Werte – Migrantinnen und Migranten in Deutschland. Monitor Familienforschung. Beiträge aus Forschung, Statistik und Familienpolitik. Ausgabe 24. Berlin. https://www.bmfsfj.de/blob/76216/2aeaddc89821f9a2627bf454bc7c8893/monitor-familienforschung-nr-24-data.pdf (zuletzt abgerufen am 02.05.2018)

BMFSFJ (2016): Familien mit Migrationshintergrund: Analysen zur Lebenssituation, Erwerbsbeteiligung und Vereinbarkeit von Familie und Beruf. Berlin. https://www.BMFSFJ.de/blob/93744/3de8fd035218de20885504ea2a6de8ce/familien-mit-migrationshintergrund-data.pdf (zuletzt abgerufen am 02.05.2018)

BMFSFJ (2017): Familienreport 2017. Leistungen, Wirkungen, Trends. Berlin. https://www.bmfsfj.de/blob/119524/f51728a14e3c91c3d8ea657bb01bbab0/familienreport-2017-data.pdf (zuletzt abgerufen am 02.05.2018)

BMI; BAMF (2012): Migrationsbericht 2012 des Bundesamtes für Migration und Flüchtlinge im Auftrag der Bundesregierung. Stand 2014. Berlin, Nürnberg: Bonifatius. http://www.bamf.de/SharedDocs/Anlagen/DE/Publikationen/Migrationsberichte/migrationsbericht-2012.pdf?blob=publicationFile (zuletzt abgerufen am 02.05.2018)

Bohnsack, R.; Marotzki, W.; Meuser, M. (2006): Hauptbegriffe Qualitativer Sozialforschung. Stuttgart: Verlag Barbara Budrich, Opladen & Farmington Hills.

Borchers, A.; Miera, S. (1993): Zwischen Enkelbetreuung und Altenpflege. Die mittlere Generation im Spiegel der Netzwerkforschung. Frankfurt a. M.: Campus.

Bordone, V.; de Valk, H. A. G. (2016): Intergenerational support among migrant families in Europe. In: European Journal of Ageing. Social, Behavioural an Health Perspectives. Vol. 13, Iss. 3, 259–270.

Bolten, J. (2012): Interkulturelle Kompetenz. Erfurt: Landeszentrale für politische Bildung. http://www.ikkompetenz.thueringen.de/downloads/1210bol ten_ik_kompetenz_vorversion_5aufl.pdf (zuletzt abgerufen am 03.01.2018)

Bortz, J.; Döring, N. (2006): Forschungsmethoden und Evaluation für Human- und Sozialwissenschaftler. Berlin, Heidelberg: Springer.

Bortz, J.; Schuster, C. (2010): Statistik für Human- und Sozialwissenschaftler. Berlin, Heidelberg: Springer.

Brandenburg, H. (2004): Altenheime der Zukunft – Zukunft der Altersheime!? In: Brandenburg, H. (Hg.): Altern in der modernen Gesellschaft. Interdisziplinäre Perspektiven für Pflege- und Sozialberufe. Hannover: Schlütersche, 49–82.

Brause, M.; Reutin, B.; Schott, T.; Aslan, Y. Y. (2010): Migration und gesundheitliche Ungleichheit in der Rehabilitation. Versorgungsbedarf und subjektive Bedürfnisse türkischer und türkischstämmiger Migrant(inn)en im System der medizinischen Rehabilitation. Abschlussbericht. Universität Bielefeld. https://www.uni-bielefeld.de/gesundhw/zfv/endbericht.pdf (zuletzt abgerufen am 02.05.2018)

Broszinsky-Schwabe, E. (2017): Interkulturelle Kommunikation. Missverständnisse und Verständigung. Wiesbaden: Springer VS.

Brückner, G. (2016): Bevölkerung mit Migrationshintergrund. In: Destatis, WZB (Hg.): Datenreport 2016: Ein Sozialbericht für die Bundesrepublik Deutschland. Bonn, 218–235. https://www.destatis.de/GPStatistik/servlets/MCRFileNodeServlet/DEHeft_derivate_00021684/Datenreport2016.pdf;jses sionid=E5C94A0A9F27899774E66A2BE50E59FF (zuletzt abgerufen am 02.05.2018)

Bryman, A. (1992): Quantitative and qualitative research: further reflections on their integration. In: Brannen, J. (Hg.): Mixing methods: Quantitative and qualitative research. Aldershot: Avebury, 57–80.

Burzan, N. (2005): Quantitative Methoden der Kulturwissenschaften. Eine Einführung. Konstanz: UVK.

Carling, J.; Erdal, M. B.; Ezzati, R. (2014): Beyond the insider–outsider divide in migration research. In: Migration Studies. Vol. 2, No. 1, 36–54. https://academic.oup.com/migration/article/2/1/36/2567545 (zuletzt abgerufen am 02.05.2018)

Carnein, M.; Baykara-Krumme, H. (2013): Einstellungen zur familialen Solidarität im Alter: Eine vergleichende Analyse mit türkischen Migranten und Deutschen. In: Zeitschrift für Familienforschung. Jg. 25, H. 1, 29–52. http://budrich-journals.de/index.php/zff/article/viewFile/12413/10797 (zuletzt abgerufen am 02.05.2018)

Denzin, N. K. (1978): Sociological Methods: A Sourcebook. New York: McGraw-Hill.

de Valk, H. A. G.; Liefbroer, A. C. (2007): Parental Influence on Union Formation Preferences among Turkish, Moroccan and Dutch Adolescents in the Netherlands. Journal of Cross-Cultural Psychology. Vol. 38, No. 4, 487–505.

de Valk, H. A. G.; Schans, J. M. D. (2008): 'They ought to do this for their parents': perceptions of filial obligations among immigrant and Dutch older people. In: Ageing & Society. Vol. 28, No. 1, Printed in the United Kingdom, 49–66.

Diehl, C.; Koenig, M. (2009): Religiosität türkischer Migranten im Generationsverlauf: Ein Befund und einige Erklärungsversuche. In: Zeitschrift für Soziologie. Jg. 38, H. 4, 300–319.

Diekmann, A. (2013): Empirische Sozialforschung. Grundlagen, Methoden, Anwendungen. Reinbek bei Hamburg: Rowohlt.

Dietzel-Papakyriakou, M. (1993): Altern in der Migration. Die Arbeitsmigration vor dem Dilemma: zurückkehren oder bleiben? Stuttgart: Enke.

Dietzel-Papakyriakou, M. (1999): Wanderungen alter Menschen. Das Beispiel der Rückwanderung älterer Arbeitsmigranten. In: Naegele, G.; Schütz, R. M. (Hg.): Soziale Gerontologie, Lebensalter im Alter und Sozialpolitik für ältere Menschen. Wiesbaden, Opladen: Westdeutscher, 141–156.

Dietzel-Papakyriakou, M. (2012): Ein Blick zurück nach vorn: Zwei Jahrzehnte Forschung zu älteren Migrantinnen und Migranten. In: Baykara-Krumme, H.; Motel- Klingebiel, A.; Schimany, P. (Hg.): Viele Welten des Alterns. Ältere Migranten im alternden Deutschland. Wiesbaden: Springer VS, 437–447.

Duben, A. (1982): The significance of family and kinship in urban Turkey. In: Kağıtcıbaşı, Ç. (Hg.): Sex roles, family & community in Turkey. Indiana: Indiana University, 73–100.

Durkheim, E. (1921): La famille conjugale. Revue philosophique 91–92, 1–24. In: Simpson, G. (1965): A Durkheim fragment. American Journal of Sociology. Vol. 70, No. 2, 527–536.

Durkheim, E. (1977): Über die Teilung der sozialen Arbeit. Original 1893. Frankfurt a. M.: Suhrkamp.

Dzajic-Weber, A. (2016): Kofferkinder und der schwierige Umgang mit Heimat. In: Rechenberg-Winter, P.; Langenmayr, A. (Hg.): Flucht vor der Heimat – ewige Trauer oder Aufbruch zu neuen Ufern? 5 Jg., H. 3, 24–29.

Edthofer, J.; Obermann, J. (2007): Familienstrukturen und Geschlechterrollen in der Migration: eine qualitative Analyse von Müttern und Töchtern türkischer Herkunft. In: SWS- Rundschau. Jg. 47, H. 4, 453–476. http://nbn-resol ving.de/urn:nbn:de:0168-ssoar-165106 (zuletzt abgerufen am 22.05.2018)

El-Mafaalani, A.; Toprak, A. (2011): Muslimische Kinder und Jugendliche in Deutschland. Lebenswelten – Denkmuster – Herausforderungen. Konrad-Adenauer-Stiftung (Hg.). Sankt Augustin, Berlin. http://www.kas.de/wf/doc/ kas_28612-544-1-30.pdf?110928101139 (zuletzt abgerufen am 22.05.2018)

El-Menouar, Y. (2014): Befragung von Migranten. In: Baur, N.; Blasius, J. (Hg.): Handbuch Methoden der empirischen Sozialforschung. Wiesbaden: Springer, 787–797.

Esser, H. (1980): Aspekte der Wanderungssoziologie: Assimilation und Integration von Wanderern, ethnischer Gruppen und Minderheiten. Eine handlungstheoretische Analyse. Darmstadt, Neuwied: Luchterhand.

Fahrmeir, L.; Künstler, R.; Pigeot, I.; Tutz G. (2003): Statistik. Der Weg zur Datenanalyse. Berlin: Springer.

Feskens, R.; Hox, J.; Lensvelt-Mulders, G.; Schmeets, H. (2006): Collecting Data among Ethnic Minorities in an International Perspective. In: Field methods, Vol. 18, Iss. 3, 284–304.

Fincke, G. (2008): Abgehängt, chancenlos, unwillig? Eine empirische Reorientierung von Integrationstheorien zu MigrantInnen der zweiten Generation in Deutschland. FU Berlin. Dissertation. https://refubium.fu-berlin.de/bit stream/handle/fub188/6880/Dissertation_Gunilla_Fincke_081124.pdf?se quence=1&isAllowed=y (zuletzt abgerufen am 22.05.2018)

Flick, U. (2008): Triangulation. Eine Einführung. Wiesbaden: VS.

Flick, U. (2009): Sozialforschung. Methoden und Anwendungen. Ein Überblick für die BA- Studiengänge. Reinbek bei Hamburg: Rowohlt.

Flick, U. (2012): Qualitative Sozialforschung. Eine Einführung. Reinbek bei Hamburg: Rowohlt.

Freie und Hansestadt Hamburg (2012): Älter werden in Hamburg. Bilanz und Perspektiven. https://www.hamburg.de/contentblob/3734038/e99b2085851 fb1fc319541e49750a332/data/bericht-aelter-werden-in-hamburg.pdf;jse ssionid=4EB696822ED105E97775A20600E7F007.liveWorker2 (zuletzt abgerufen am 22.05.2018)

Frick, J. R.; Grabka, M. M.; Groh-Samberg, O.; Hertel F. R.; Tucci, I. (2009): Alterssicherung von Personen mit Migrationshintergrund. Endbericht zum Auftrag des Bundesministeriums für Arbeit und Soziales, Projektgruppe „Soziale Sicherheit und Migration". DIW Berlin. http://www.bmas.de/Sha redDocs/Downloads/DE/PDF-Publikationen/forschungsbericht-f398. pdf?__blob=publicationFile (zuletzt abgerufen am 22.05.2018)

Fritzsche, A. (2011): Methodische Aspekte der Steuerung und Regelung heuristischer Suchverfahren in der Mehrzieloptimierung. In: Wenger, W.; Geiger, M. J.; Kleine, A. (Hg.): Business Excellence in Produktion und Logistik. Wiesbaden: Gabler, 3–23.

Geis, M. (2005): Migration in Deutschland. Interregionale Migrationsformen. Wiesbaden: DUV.

Geisen, T. (2010): „Sie wollten nur das Beste für uns!" Intergenerationale Transmissionsprozesse in Migrantenfamilien mit Trennungserfahrungen von Eltern und Kindern. In: Weiss, H.; Schnell, P.; Ateş, G. (Hg.): Zwischen den Generationen. Transmissionsprozesse in Familien mit Migrationshintergrund. Wiesbaden: Springer, 167–192.

Geißler, R. (2008): Lebenslagen der Familien der zweiten Generation. In: Bade, K. J.; Bommes, M.; Oltmer, J. (Hg.): Nachholende Integrationspolitik – Problemfelder und Forschungsfragen. IMIS-Beiträge. H. 34, Bad Iburg: Grote Druck, 13–25. https://www.imis.uni-osnabrueck.de/fileadmin/4_Publikati onen/PDFs/imis34.pdf (zuletzt abgerufen am 22.05.2018)

Goebel, D.; Pries, L. (2003): Transnationale Migration und die Inkorporation von Migranten. In: Swiaczny, F.; Haug, S. (Hg.): Migration-Integration-Minderheiten. Neuere interdisziplinäre Forschungsergebnisse. Wiesbaden: BiB, H. 107, 35–48. https://www.ssoar.info/ssoar/handle/document/33399 (zuletzt abgerufen am 22.05.2018)

Göhl, R. (2018): Zitate zum Stichwort „Eltern". http://www.ralf-goehl.de/eltern. html (zuletzt abgerufen am 03.06.2018)

Gordon, M. M. (1964): Assimilation in American Life: The Role of Race, Religion and National Origins. New York: Oxford University Press.

Gresser, A.; Schacht, D. (2015): Methodological Report. Causes and Consequences of Socio-Cultural Integration Processes among New Immigrants in Europe. SCIP Survey. https://www.uni- goettingen.de/de/document/down load/12d6e7d09988190847189a902e8509d0.pdf/SCIP-MethodsReport-final-20151015.pdf (zuletzt abgerufen am 22.05.2018)

Grünendahl, M.; Martin, M. (2005): Intergenerative Solidarität und praktische Implikationen. In: Otto, U.; Bauer P. (Hg): Mit Netzwerken professionell zusammenarbeiten. Bd. I: Soziale Netzwerke in Lebenslauf- und Lebenslagenperspektive. Tübingen: DGVT, 239–265.

Häder, M. (2015): Empirische Sozialforschung. Eine Einführung. Wiesbaden: Springer.

Hafezi, W. (2001): Lebens- und Bedürfnislagen älterer werdender Einwohner in Bonn – eine Fallstudie über 45–59 Jahre alte Deutsche, Griechen, Spanier und Türken. Fernuniversität Hagen. Dissertation. https://ub-depo sit.fernuni-hagen.de/receive/mir_mods_00000036 (zuletzt abgerufen am 22.05.2018)

Hajji, R. (2008): Transnationale Familien: Zur Entstehung, zum Ausmaß und zu den Konsequenzen der migrationsbedingten Eltern-Kind-Trennung in Familien aus den klassischen Gastarbeiterländern in Deutschland. In: WZB, No. SP IV 2008-704. https://www.ssoar.info/ssoar/handle/document/23396 (zuletzt abgerufen am 22.05.2018)

Hajji, R. (2009): Abschied auf ungewisse Zeit. Viele Gastarbeiter mussten Kinder zurücklassen – zu deren Schaden. WZB, No. 124, 37–39. https://biblio thek.wzb.eu/artikel/2009/f-14623.pdf (zuletzt abgerufen am 11.03.2018)

Hajnal, J. (1965): European Marriage Patterns in Perspective. In: Glass, D. V.; Eversley, D. E. C. (Hg.): Population in History. London, 101–143.

Halm, D.; Sauer, M. (2009): Erfolge und Defizite der Integration türkeistämmiger Einwanderer. Entwicklung der Lebenssituation 1999 bis 2008. Stiftung Zentrum für Türkeistudien (Hg.). Wiesbaden: Springer.

Hamburger, F.; Hummrich, M. (2007): Familie und Migration. In: Ecarius, J. (Hg.): Handbuch Familie. Wiesbaden: Springer, 112–134.

Hämmig, O. (2000): Zwischen zwei Kulturen. Spannungen, Konflikte und ihre Bewältigung bei der zweiten Ausländergeneration. Opladen: Leske & Budrich.

Han, P. (2000): Soziologie der Migration. Erklärungsmodelle, Fakten, Politische Konsequenzen, Perspektiven. Stuttgart: UTB.

Hanhörster, H. (2014): Türkeistämmige Eigentümer in Migrantenvierteln. Soziale und räumliche Mobilität der zweiten Generation. Wiesbaden: Springer.

Hank, K. (2015): Intergenerationale Beziehung. In: Hill, B. P.; Kopp, J. (Hg.): Handbuch Familiensoziologie. Wiesbaden: Springer, 463–486.

Haug, S. (2000): Klassische und neuere Theorien der Migration. Arbeitspapiere – Mannheimer Zentrum für Europäische Sozialforschung. Nr. 30. Mannheim. http://www.mzes.uni-mannheim.de/publications/wp/wp-30.pdf. (zuletzt abgerufen am 22.05.2018)

Heitmeyer, W.; Anhut, R. (2000): Desintegration, Konflikt und Ethnisierung. Eine Problemanalyse und theoretische Rahmenkonzeption. In: Heitmeyer, W.; Anhut, R. (Hg.): Bedrohte Stadtgesellschaften. Soziale Desintegrationsprozesse und ethnisch-kulturelle Konfliktkonstellationen. Weinheim, München: Juventa, S. 17–75.

Heitmeyer, W. (2007): Individuelle Desintegrationsprozesse und gruppenbezogene Menschenfeindlichkeit. Ihre Relevanz für sozialräumliche Entwicklungen. In: vhw, FW 4, 171–176. https://bagkr.de/wp-content/uploads/2018/07/IKG_2007_Heitmeyer_Sozialraum_Desintegration_GMF.pdf (zuletzt abgerufen am 22.05.2018)

Helfferich, C. (2011): Die Qualität qualitativer Daten. Manual für die Durchführung qualitativer Interviews. Wiesbaden: Springer.

Henning, M. (2014): Familienbeziehungen über Haushaltsgrenzen hinweg – Familie als Netzwerk. In: Steinbach, A.; Henning, M.; Arránz Becker, O. (Hg.): Familie im Fokus der Wissenschaft. Wiesbaden: Springer, 141–172.

Herwartz-Emden, L. (2000): Datenerhebung und Datenanalyse: das Forschungsprojekt FAFRA. In Einwandererfamilien: Geschlechterverhältnisse, Erziehung und Akkulturation. Osnabrück: Rasch, 53–83.

Hirschle, J. (2015): Soziologische Methoden. Eine Einführung. Weinheim und Basel: Beltz Juventa.

Hoesch, K. (2018): Migration und Integration. Eine Einführung. Wiesbaden: Springer.

Hoffmann, E.; Gordo Romeu, L. (2016): Lebenssituation älterer Menschen mit Migrationshintergrund. In: Destatis, WZB (Hg.): Datenreport 2016: Ein Sozialbericht für die Bundesrepublik Deutschland. Bonn, 64–73. https://

www.destatis.de/DE/Publikationen/Datenreport/Downloads/Datenre
port2016.pdf?blob=publicationFile (zuletzt abgerufen am 22.05.2018)

Hoffmann-Nowotny, H.-J. (1970): Migration. Ein Beitrag zu einer soziologischen Erklärung. Stuttgart: Ferdinand Enke.

Hofstede, G. (2001): Culture´s Consequences: Comparing Values, Behaviours, Institutions, and Organizations Across Nations. Thousand Oaks, CA: Sage.

Hopf, C. (2013): Forschungsethik und qualitative Forschung. In: Flick, U.; Kardorff, E.; Steinke, I. (Hg): Qualitative Forschung. Ein Handbuch. Reinbek bei Hamburg: Rowohlts, 589–600.

Höpflinger, F. (1999): Generationenfrage – Konzepte, theoretische Ansätze und Beobachtungen zu Generationenbeziehungen in späteren Lebensphasen. http://www.hoepflinger.com/fhtop/Generationenfrage.pdf (zuletzt abgerufen am 22.05.2018)

Höpflinger, F. (2015): Generationenfrage: Konzepte und theoretische Ansätze. http://www.hoepflinger.com/fhtop/Generationen-Konzepte.pdf (zuletzt abgerufen am 22.05.2018)

Hubert, S.; Althammer, J.; Korucu-Rieger, C. (2009): Soziodemografische Merkmale und psychophysisches Befinden älterer türkischer Migrantinnen und Migranten in Deutschland. Eine Untersuchung auf Basis der Haupt- und Zusatzbefragung des Generations and Gender Survey der ersten Welle. Bd. 39, Berlin: Pro Business.

Hug, T.; Poscheschnik, G. (2010): Empirisch Forschen. Wien: Huter & Roth.

Hullen, G. (2007): Konstanz und Wandel des generativen Verhaltens – Längsschnittauswertung des Generations and Gender Surveys (GGS). http://www.g-hullen.de/manuskripte/ggs_results2007.pdf (zuletzt abgerufen am 22.05.2018)

Hussy, W.; Schreier, M.; Echterhoff, G. (2013): Forschungsmethoden in Psychologie und Sozialwissenschaften für Bachelor. Berlin, Heidelberg: Springer.

Igel, C. (2012): Großeltern in Europa. Generationensolidarität im Wohlfahrtsstaat. Wiesbaden: Springer.

info research group (2012): Deutsch-Türkische Lebens- und Wertewelten 2012. Ergebnisbericht zu einer repräsentativen Befragung von Türken in Deutschland. Berlin. http://soerenkern.com/pdfs/islam/Wertewelten2012.pdf (zuletzt abgerufen am 22.05.2018)

Jelden, E. (2008): Heuristik. In: Prechtel P.; Burkhard F.-P. (Hg.): Metzler Lexikon Philosophie. Stuttgart, Weimar: J. B. Metzler, 240.

Kağıtcıbaşı, Ç. (1996): Family and human development across cultures: A view from the other side. Mahwah, New Jersey: Lawrence Erlbaum Associates.

Kağıtcıbaşı, Ç.; Sunar, D. (1997): Familie und Sozialisation in der Türkei. In: Nauck, B.; Schönpflug, U. (Hg.): Familien in verschiedenen Kulturen. Stuttgart: Lucius & Lucius, 144–161.

Kaya, M. (2009): Verfahren der Datenerhebung. In: Albers, S.; Klapper, D.; Konradt, U.; Walter, A.; Wolf, J. (Hg.): Methodik der empirischen Forschung. Wiesbaden: Gabler, 49–64.

Kelle, U. (2007): Die Integration qualitativer und quantitativer Methoden in der empirischen Sozialforschung. Theoretische Grundlagen und methodologische Konzepte. Wiesbaden: Springer.

Klaus, D.; Baykara-Krumme, H. (2016): Die Lebenssituationen von Personen in der zweiten Lebenshälfte mit und ohne Migrationshintergrund. In: Mahne, K.; Wolff, J. K.; Simonson, J.; Tesch-Römer, C. (Hg.): Altern im Wandel: Zwei Jahrzehnte Deutscher Alterssurvey (DEAS). Berlin: DZA, 377–398.

Kleining, G.; Witt, H. (2000): Qualitativ-heuristische Forschung als Entdeckungsmethodologie für Psychologie und Sozialwissenschaften: Die Wiederentdeckung der Methode der Introspektion als Beispiel. In: Forum Qualitative Sozialforschung. Vol. 1, No. 1., Art. 13. http://www.qualitative-research.net/index.php/fqs/article/view/1123/2494 (zuletzt abgerufen am 22.05.2018)

Kleining, G. (2001): Offenheit als Kennzeichen entdeckender Forschung. In: Kontrapunkt: Jahrbuch für kritische Sozialwissenschaft und Philosophie 1, 27–36. http://nbn-resolving.de/urn:nbn:de:0168-ssoar-8518 (zuletzt abgerufen am 22.05.2018)

Kleining, G. (2010): Qualitative Heuristik. In: Mey, G.; Mruck, K. (Hg.): Handbuch Qualitativer Forschung in der Psychologie. Wiesbaden: Springer, 65–78.

Kobi, S. (2008): Unterstützungsbedarf älterer Migrantinnen und Migranten. Eine theoretische und empirische Untersuchung. Bern: Peter Lang.

Kocaman, S. (2010): Die älteren türkischen Migranten in Deutschland. Eine Sekundäranalyse und empirische Erhebung zu Lebenslagen und -perspektiven dieser Gruppe. In: Goßmann, H.-C.; Özdil, A.-Ö. (Hg.): Veröffentlichungen des Islamischen Wissenschafts- und Bildungsinstitut. Bd. 8, Nordhausen: Traugott Bautz.

Kohli, M. (1999): Private and public transfers between generations. Linking the Family and the State. In: European societies. Vol. 1, Iss. 1. Routledge, 81–104. https://www.eui.eu/Documents/DepartmentsCentres/SPS/Profiles/Kohli/PrivatePublicTransfers.pdf (zuletzt abgerufen am 29.12.2019)

Kohls, M. (2012): Pflegebedürftigkeit und Nachfrage nach Pflegeleistungen von Migrantinnen und Migranten im demografischen Wandel. BAMF (Hg.), Forschungsbericht 12. Nürnberg. https://www.demografie-portal.de/SharedDocs/Downloads/DE/Studien/Pflegebeduerftigkeit_Pflegeleistungen_Migranten.pdf?__blob=publicationFile&v=3 (zuletzt abgerufen am 29.12.2019)

Kreidt, U.; Wolf, R.; Harald, G. (1989): Trennungserfahrung und Lebenslauf. Folgen von „Familienfragmentierung" bei türkischen Migranten der Zweiten Generation. In: Zeitschrift für Pädagogik. Jg. 35. H. 3, 337–355. http://www.pedocs.de/volltexte/2017/14517/pdf/ZfPaed_1989_3_Kreidt_Leenen_Wolf_Grosch_Trennungserfahrung_und_Lebenslauf.pdf (zuletzt abgerufen am 29.12.2019)

Kronthaler, F. (2016): Statistik angewandt. Datenanalyse ist (k)eine Kunst mit R Commander. Berlin, Heidelberg: Springer.

Krumme, H. (2004): Fortwährende Remigration: Das transnationale Pendeln türkischer Arbeitsmigrantinnen und Arbeitsmigranten im Ruhestand. In: Zeitschrift für Soziologie. Jg. 33, H. 2, Stuttgart: Lucius & Lucius, 138–153. https://www.degruyter.com/downloadpdf/j/zfsoz.2004.33.issue-2/zfsoz-2004-0203/zfsoz-2004-0203.pdf (zuletzt abgerufen am 29.12.2019)

Kruse, J. (2015): Qualitative Interviewforschung. Ein integrativer Ansatz. Weinheim, Basel: Beltz Juventa.

Kuckartz, U.; Dresing, T.; Rädiker, S.; Stefer, C. (2008): Qualitative Evaluation. Der Einstieg in die Praxis. Wiesbaden: Springer VS.

Kuckartz, U.; Grunenberg, H. (2013): Qualitative Daten computergestützt auswerten: Methoden, Techniken, Software. In: Friebertshäuser, B.; Langer, A.; Prengel, A. (Hg.): Handbuch qualitative Forschungsmethoden in der Erziehungswissenschaft. Weinheim, Basel: Beltz Juventa, 501–514.

Kuckartz, U. (2014a): Mixed Methods. Methodologie, Forschungsdesign und Analyseverfahren. Wiesbaden: Springer.

Kuckartz, U. (2014b): Qualitative Inhaltsanalyse. Methoden, Praxis, Computerunterstützung. Weinheim, Basel: Beltz Juventa.

Kühnel, S.-M.; Krebs, D. (2001): Statistik für die Sozialwissenschaften. Grundlagen, Methoden, Anwendungen. Reinbek bei Hamburg: Rowohlt.

Kürşat, E. (2007): Drei Generationen Migrationserfahrungen. In: Bildung und Erziehung, Jg. 60, H. 3., 315–328.

Lamnek, S. (2010): Qualitative Sozialforschung. Weinheim, Basel: Beltz.

Lettke, F.; Lüscher, K. (2002): Generationenambivalenz – Ein Beitrag zum Verständnis von Familie heute. In: Soziale Welt. Jg. 53, H. 4, 437–465.

Liebau, E. (1997): Generation – ein aktuelles Problem? In: Liebau, E. (Hg.): Das Generationenverhältnis. Über das Zusammenleben in Familie und Gesellschaft. Weinheim: Juventa, 15–37.

Lüneburg, A. (2006): Gesundheitliche Situation und zukünftiger Versorgungsbedarf von älteren türkischen Arbeitsmigranten – Darstellung anhand einer Expertenbefragung in Hamburg. HS Hamburg. Diplomarbeit. http://edoc. sub.uni-hamburg.de/haw/volltexte/2007/175/pdf/ges_y_90.pdf (zuletzt abgerufen am 22.05.2018)

Lüscher, K.; Pillemer, K. (1998): Intergenerational ambivalence. A new approach to the study of parent-child relations in later life. In: Journal of Marriage and the Family. Vol. 60, No. 2, 413–425.

Lüscher, K.; Liegle, L. (2003): Generationenbeziehungen in Familie und Gesellschaft. Konstanz: UVK.

Lüscher, K.; Heuft, G. (2007): Ambivalenz – Belastung – Trauma. In: Psyche. Jg. 61, H. 3, 218–251.

Mahne, K.; Motel-Klingebiel, A. (2010): Familiale Generationenbeziehungen. In: Motel- Klingebiel, A.; Wurm, S.; Tesch-Römer, C. (Hg.): Altern im Wandel. Befunde des Deutschen Alterssurveys (DEAS). Stuttgart: Kohlhammer, 188–214.

Mannheim, K. (1964): Das Problem der Generationen. In: Wolff, K. H. (Hg.): Wissenssoziologie: Auswahl aus dem Werk. Neuwied. Berlin: Luchterhand, 509–565.

Marquardt, G.; Delkic, E.; Motzek, T. (2016): Wenn Migranten alt werden – Das Altenpflegesystem zwischen Versorgungslücken und Entwicklungspotenzialen. In: ifo Dresden berichtet. Vol. 23, Iss. 1, 26–32.

Mathilde, J. (1999): Fremde Heimat. Zur Geschichte der Arbeitsmigration aus der Türkei. In: Motte, J.; Ohliger, R; von Owald, A. (Hg.): 50 Jahre Bundesrepublik. 50 Jahre Einwanderung. Nachkriegsgeschichte als Migrationsgeschichte. Frankfurt: Campus, 145–164.

Matthäi, I. (2004): Lebenssituationen der älteren alleinstehenden Migrantinnen. BMFSJ (Hg.). Berlin. https://www.bmfsfj.de/blob/84626/3e41710822ddfba ee15ac98b9fc5eca5/aeltere- migrantinnen-lang-data.pdf (zuletzt abgerufen am 22.05.2018)

Matthäi, I. (2005): Die „vergessenen" Frauen aus der Zuwanderergeneration. Zur Lebenssituation von alleinstehenden Migrantinnen im Alter. Wiesbaden: Springer.

Matthäi, I. (2009): Vielfältige Lebensstile und prekäre Lebenslagen alleinstehender Frauen aus der Zuwanderergeneration. In: Zeitschrift für Gerontopsychologie & -psychiatrie. Vol. 22, No. 4, 159–168.

Mayer, H. O. (2004): Interview und schriftliche Befragung. Entwicklung, Durchführung und Auswertung. München, Wien: R. Oldenbourg.

Mayring, P. (2000): Qualitative Content Analysis. Forum Qualitative Sozialforschung. Vol. 1., No. 2., Art. 20. http://www.qualitative-research.net/index. php/fqs/article/view/1089/2386 (zuletzt abgerufen am 14.08.2017)

Mayring, P. (2001): Kombination und Integration qualitativer und quantitativer Analyse. Forum Qualitative Sozialforschung. Vol. 2., No. 1., Art. 6. http:// www.qualitative-research.net/index.php/fqs/article/view/967/2111. (zuletzt abgerufen am 30.08.2015)

Mayring, P. (2002): Einführung in die Qualitative Sozialforschung. Weinheim, Basel: Beltz.

Mayring, P. (2007): Qualitative Inhaltsanalyse. Grundlagen und Techniken. Weinheim: Beltz.

Menne, A. (1984): Einführung in die Methodologie: elementare allgemeine wissenschaftliche Denkmethode im Überblick. Darmstadt: Wissenschaftliche Buchgesellschaft.

Menning, S.; Hoffmann, E. (2009): Ältere Migrantinnen und Migranten. GeroStat Report Altersdaten. Deutsches Zentrum für Altersfragen (Hg.). Heft 1. Berlin. https://www.dza.de/fileadmin/dza/pdf/GeroStat_Report_Altersdaten_ Heft_1_2009.pdf (zuletzt abgerufen am 22.05.2018)

Merkens, H. (1997): Familiale Erziehung und Sozialisation türkischer Kinder in Deutschland. In: Merkens, H.; Schmidt, F. (Hg.): Sozialisation und Erziehung in ausländischen Familien in Deutschland. Hohengehren: Schneider, 9–100.

Merz, E.-M.; Oort, F. J.; Özeke-Koçabaş, E.; Schuengel, C. (2009): Intergenerational family solidarity: Value differences between immigrant groups and generations. Journal of Family Psychology. Vol. 23, No. 3, 291–300.

Mey, G. (1999): Adoleszenz, Identität, Erzählung: theoretische, methodologische und empirische Erkundungen. Berlin: Köstler.

Micheel, H.-G. (2015): Quantitative Forschung. In: Otto, H.-U.; Thiersch, H. (Hg.): Handbuch soziale Arbeit. Grundlagen der Sozialarbeit und Sozialpädagogik. München: Ernst Reinhardt, 1300–1311.

Miles, M. B.; Huberman, A. M. (1994): Qualitative data analysis: an expanded sourcebook. Newbury Park, CA: Sage.

Misoch, S. (2015): Qualitative Interviews. Berlin, München, Boston: de Gruyter.

Motel-Klingebiel, A. (2000): Alter und Generationenvertrag im Wandel des Sozialstaats. Alterssicherung und private Generationenbeziehungen in der zweiten Lebenshälfte. Berlin: Weißensee.

Moustakas, C. (1990): Heuristic Research. Design, Methodology and Applications. Newbury Park, London, New Delhi, CA: Sage Publications.

Myllymäki-Neuhoff, J. (2006): Migration. In: Oswald, W. D.; Lehr, U.; Sieber, C.; Kornhuber, J. (Hg.): Gerontologie. Medizinische, psychologische und sozialwissenschaftliche Grundbegriffe. Stuttgart: Kohlhammer, 248–253.

Nauck, B. (1985): „Heimliches Matriarchat" in Familien türkischer Arbeitsmigranten? Empirische Ergebnisse zu Veränderungen der Entscheidungsmacht und Aufgabenallokation. In Zeitschrift für Soziologie, Jg. 14, H. 6, 450–465.

Nauck, B.; Özel, S. (1986): Erziehungsvorstellungen und Sozialisationspraktiken in türkischen Migrantenfamilien. Eine individualistische Erklärung interkulturell vergleichernder empirischer Befunde. In: Zeitschrift für Sozialisationsforschung und Erziehungssoziologie. Jg. 6., H. 2, 285–312.

Nauck, B. (1988): Inter- und intragenerativer Wandel in Migrantenfamilien. In: Soziale Welt. Jg. 39, H. 4, 504–521. https://www.researchgate.net/publication/260479222_Inter-_und_intragenerativer_Wandel_in_Migrantenfamilien (zuletzt abgerufen am 22.05.2018)

Nauck, B. (1994): Erziehungsklima, intergenerative Transmission und Sozialisation von Jugendlichen in türkischen Migrantenfamilien. In: Zeitschrift für

Pädagogik. Jg. 40, H. 1, 43–62. http://www.pedocs.de/volltexte/2016/10827/pdf/ZfPaed_1994_1_Nauck_Erziehungsklima_integrative_Transmission_und_Sozialisation.pdf (zuletzt abgerufen am 22.05.2018)

Nauck, B.; Kohlmann, A. (1998): Verwandtschaft als soziales Kapital – Netzwerkbeziehungen in türkischen Migrantenfamilien. In: Wagner, M.; Schütze, Y. (Hg.): Verwandtschaft. Sozialwissenschaftliche Beiträge zu einem vernachlässigten Thema. Stuttgart: Enke, 203–235.

Nauck, B. (2000): Eltern-Kind-Beziehungen in Migrantenfamilien – ein Vergleich zwischen griechischen, italienischen, türkischen und vietnamesischen Familien in Deutschland. In: Sachverständigenkommission 6. Familienbericht (Hg.): Familien ausländischer Herkunft in Deutschland. Empirische Beiträge zur Familienentwicklung und Akkulturation. Band I. Opladen: Leske & Budrich, 347–392.

Nauck, B. (2002): Innenansichten – Grundlegendes zum Bericht – Migration und familiäres Binnenklima. In: Diakonische Akademie. Familien ausländischer Herkunft in Deutschland. Der 6. Familienbericht der Bundesregierung und seine Bedeutung für die Arbeit der Diakonie. Fachtagung des Diakonischen Werkes der EKD 28. bis 29. November 2000. Berlin, 8–18. http://docplayer.org/storage/40/21477144/1495963293/AflFoa9UzQ8Qai4fQpzhDQ/21477144.pdf (zuletzt abgerufen am 28.05.2017)

Nauck, B. (2004): Kinder als Objekte individuellen und kollektiven Nutzens. Anmerkungen zur familien- und sozialpolitischen Diskussion. In: Zeitschrift für Sozialreform, Jg. 50, H. 1- 2, 60–80.

Nauck, B. (2007): Integration und Familie. In: Bundeszentrale für politische Bildung (Hg.): Aus Politik und Zeitgeschichte (ApuZ). Integration. H. 22–23, Mörfelden-Walldorf: Frankfurter-Societäts-Druckerei GmbH, 19–25. http://www.bpb.de/shop/zeitschriften/apuz/30443/integration (zuletzt abgerufen am 22.05.2018)

Nohl, A.-M. (2001): Migration und Differenzerfahrung. Junge Einheimische und Migranten im rekonstruktiven Milieuvergleich. Opladen: Leske & Budrich.

Nowicka, M.; Ryan, L. (2015): Beyond Insiders and Outsiders in Migration Research: Rejecting A Priori Commonalities. Introduction to the FQS Thematic Section on "Researcher, Migrant, Woman: Methodological Implications of Multiple Positionalities in Migration Studies". Forum Qualitative

Sozialforschung. Vol. 16, No. 2, Art. 18. http://www.qualitative-research.net/index.php/fqs/article/view/2342 (zuletzt abgerufen am 22.05.2018)

Nowossadeck, S.; Klaus, D.; Gordo, L. R.; Vogel, C. (2017): Migrantinnen und Migranten in der zweiten Lebenshälfte. In: Deutsches Zentrum für Altersfragen (DZA) (Hg.): Report Altersdaten. H. 2. Berlin. https://www.dza.de/fileadmin/dza/pdf/Report_Altersdaten_Heft_2_2017.pdf (zuletzt abgerufen am 22.05.2018)

Okken, P.-K.; Spallek, J.; Razum, O. (2008): Pflege türkischer Migranten. In: Bauer, U.; Büscher, A. (Hg.): Soziale Ungleichheit und Pflege. Beiträge sozialwissenschaftlich orientierter Pflegeforschung. Wiesbaden: Springer, 396–422.

Olbermann, E. (2003): Soziale Netzwerke, Alter und Migration: Theoretische und empirische Explorationen zur sozialen Unterstützung älterer Migranten. Universität Dortmund. Dissertation. https://eldorado.tu-dortmund.de/bitstream/2003/2914/1/olbermannunt.pdf (zuletzt abgerufen am 23.04.2018)

Olbermann, E. (2013): Aktiv altern unter Migrationsbedingungen: Restriktionen und Chancen. In: Bäcker, G.; Heinze, R. G. (Hg.): Soziale Gerontologie in gesellschaftlicher Verantwortung. Wiesbaden: Springer, 369–380.

Ottenschläger, M. (2004): „Da spürt man irgendwie Heimat". Eine qualitative Studie zur Mediennutzung von Türken und Deutsch-Türken der Zweiten Generation in Deutschland. Münster: Lit.

Özcan, V. (2004): Aspekte der sozio-ökonomischen und sozio-kulturellen Integration der türkischstämmigen Bevölkerung in Deutschland. In: Bundesamt für Migration und Flüchtlinge (Hg.): Die Situation der türkischstämmigen Bevölkerung in Deutschland. Gutachten im Auftrag des Sachverständigenrates für Zuwanderung und Integration. Berlin, 7–51. http://www.bamf.de/SharedDocs/Anlagen/DE/Downloads/Infothek/Zuwanderungsrat/exp-oezdemir-zuwanderungsrat.pdf?blob=publicationFile (zuletzt abgerufen am 22.05.2018)

Özcan, V.; Seifert, W. (2006): Lebenslage älterer Migrantinnen und Migranten in Deutschland. In: Deutsches Zentrum für Altersfragen (Hg.). Gutachten für den 5. Altenbericht der Bundesregierung. Berlin. http://www.familien-wegweiser.de/RedaktionBMFSFJ/Abteilung3/Pdf-Anlagen/oezcan-lebenslage-aelterer-migrantinnenmigranten,property%3Dpdf,bereich%3D,sprache%3Dde,rwb%3Dtrue.pdf (zuletzt abgerufen am 06.09.2015)

Özkara, S. (1988): Zwischen Lernen und Anständigkeit. Erziehungs- und Bildungsvorstellungen türkischer Eltern. Frankfurt a. M.: Dağyeli.

Park, R. P.; Burgess, E. W. (1921): Introduction to the Science of Sociology. Chicago: University of Chicago Press.

Park, R. P. (1928): Human Migration and the Marginal Man. In: American Journal of Sociology. Vol. 33, No. 6, 881–893.

Paß, R. (2006): Altern(s)vorstellungen älterer Migrantinnen. Eine explorative Studie über deren biografische Lebensentwürfe. Hamburg: Dr. Kovač.

Perrig-Chiello, P. (2007): In der Lebensmitte. Die Entdeckung des mittleren Lebensalters. Zürich: Verlag Neue Züricher Zeitung Libro.

Pfluger-Schindlbeck, I. (1989): „Achte die Älteren, liebe die Jüngeren". Sozialisation türkisch-alevitischer Kinder im Heimatland und in der Migration. Frankfurt a. M.: Athenäum.

Pohl, R. (2007): Das autobiographische Gedächtnis. Die Psychologie unserer Lebensgeschichte. Stuttgart: Kohlhammer.

Portes, A.; Rumbaut, R. G. (2001): Legacies. The story of the Immigrant Second Generation. Berkeley: University of California Press.

Pöttker, H. (2005): Soziale Integration. Ein Schlüsselbegriff für die Forschung über Medien und ethnische Minderheiten. In: Geißler, R.; Pöttker, H. (Hg.): Massenmedien und die Integration ethnischer Minderheiten in Deutschland. Problemaufriss – Forschungsstand – Bibliographie. Bielefeld: Transcript, 25–43.

Porst, R. (2014): Fragebogen. Ein Arbeitsbuch. Wiesbaden: Springer

Rabold, S.; Diehl, S. (2003): Migration und familiale Konflikte. In: Zeitschrift für Bevölkerungswissenschaft. Jg. 28, H. 2–4, 355–368.

Raithel, J. (2008): Quantitative Forschung. Ein Praxisbuch. Wiesbaden: Springer.

Ramsenthaler, C. (2013): Was ist „Qualitative Inhaltsanalyse?" In: Schnell, M.; Schulz, C.; Kolbe, H.; Dunger, C. (Hg.): Der Patient am Lebensende. Eine Qualitative Inhaltsanalyse. Wiesbaden: Springer VS, 23–42.

Ravenstein, E. G. (1972): Die Gesetze der Wanderung I und II. engl. Original 1885, 1889 In: Széll, G. (Hg.): Regionale Mobilität. München: Nymphenburger, 41–94.

Razum, O.; Spallek, J. (2012): Erklärungsmodelle zum Zusammenhang zwischen Migration und Gesundheit im Alter. In: Baykara-Krumme, H.; Motel-

Klingebiel, A.; Schimany, P. (Hg.): Viele Welten des Alterns. Ältere Migranten im alternden Deutschland. Wiesbaden: Springer VS, 161–180.

Renner, K.-H.; Heydasch, T.; Ströhlein, G. (2012): Forschungsmethoden der Psychologie. Von der Fragestellung bis zur Präsentation. Wiesbaden: Springer.

Reuband, K.-H. (2014): Schriftlich-postalische Befragung. In: Baur, N.; Blasius, J. (Hg.): Handbuch Methoden der empirischen Sozialforschung. Wiesbaden: Springer, 643–660.

Riesenhuber, F. (2009): Großzahlige empirische Forschung. In: Albers, S.; Klapper, D.; Konradt, U.; Walter, A.; Wolf, J. (Hg.): Methodik der empirischen Forschung. Wiesbaden: Gabler, 1–16.

Robert Koch-Institut (2008): Schwerpunktbericht der Gesundheitsberichterstattung des Bundes. Migration und Gesundheit. Berlin. http://www.gbe-bund.de/pdf/migration.pdf (zuletzt abgerufen am 22.05.2018)

Roberts, R. E. L.; Richards, L. N.; Bengtson, V. L. (1991): Intergenerational Solidarity in Families: Untangling the Ties that Bind. In: Marriage and Family Review: Families. Intergenerational and Generational Connections. New York, London: Haworth Press, Vol. 16. No. 1–2, 11–46.

Ryder, N. B. (1965): The Cohort as a Concept in the Study of Social Change. In: American Sociological Review. Vol. 30, No. 6, 843–861.

Sackmann, R. (2004): Institutionalisierte Generationsanalyse sozialer Ungleichheit. In: Szydlik, M. (Hg.) Generation und Ungleichheit. Wiesbaden: Springer. http://www.ssoar.info/ssoar/handle/document/12112. (zuletzt abgerufen am 22.05.2018)

Sauer, M. (2008): Methodik und Durchführung von standardisierten Befragungen türkeistämmiger Migranten in Deutschland durch die Stiftung Zentrum für Türkeistudien. In: Rehberg, K.-S. (Hg.): Die Natur der Gesellschaft: Verhandlungen des 33. Kongresses der Deutschen Gesellschaft für Soziologie in Kassel 2006. Teilbd. 1 u. 2. Frankfurt a. M.: Campus, 3901–3907 http://nbn-resolving.de/urn:nbn:de:0168-ssoar-155287 (zuletzt abgerufen am 22.12.2018)

Sauer, M. (2011): Partizipation und Engagement türkeistämmiger Migrantinnen und Migranten in Nordrhein-Westfalen. Ergebnisse der elften Mehrthemenbefragung 2010. Eine Analyse im Auftrag des Ministeriums für Arbeit, Integration und Soziales des Landes Nordrhein-Westfalen. Wiesbaden: Springer. http://www.zfti.de/downloads/down_mehrthemenbefra gung-2010_langfassung.pdf (zuletzt abgerufen am 22.05.2018)

Schans, J. M. D.; Komter, A. E. (2010): Ethnic differences in intergenerational solidarity in the Netherlands. In: Journal of Aging Studies, Vol. 24, Iss. 3, 194–203.

Schendera, C. F. G. (2008): Regressionsanalyse mit SPSS. München: de Gruyter Oldenbourg.

Schenk, L. (2002): Migrantenspezifische Teilnahmebarrieren und Zugangs-möglichkeiten im Kinder- und Jugendgesundheitssurvey. In: Das Gesund-heitswesen, Jg. 64 (Sonderh.), 59–68.

Schimany, P.; Rühl, S.; Kohls, M. (2012): Ältere Migrantinnen und Migranten. Entwicklungen, Lebenslagen, Perspektiven. Forschungsbericht 18, BAMF (Hg.). Nürnberg. https://www.bamf.de/SharedDocs/Anlagen/DE/Publika tionen/Forschungsberichte/fb18-aeltere-migranten.pdf?blob=publication File. (zuletzt abgerufen am 22.05.2018)

Schirmer, D. (2009): Empirische Methoden der Sozialforschung. Grundlagen und Techniken. Paderborn: Wilhelm Fink.

Schmid, S.; Kohls, M. (2011): Generatives Verhalten und Migration. Eine Bestandsaufnahme des generativen Verhaltens von Migrantinnen in Deutschland. Forschungsbericht 10. BAMF (Hg.). Nürnberg. http://www. bamf.de/SharedDocs/Anlagen/DE/Publikationen/Forschungsberichte/fb fb10-generativesverhaltenundmigration.pdf?blob=publicationFile (zuletzt abgerufen am 22.05.2018)

Schmidt, D. (2010): Die Bedeutung früher Trennungsereignisse im Hinblick auf psychogene Erkrankungen im Erwachsenenalter bei türkischen Patien-tinnen. FU Berlin. Dissertation. http://www.diss.fu-berlin.de/diss/receive/ FUDISS_thesis_000000019384 (zuletzt abgerufen am 18.03.2018)

Schnell, R.; Hill, P. B.; Esser, E. (2013): Methoden der empirischen Sozialfor-schung. München: de Gruyter Oldenbourg.

Scholl, A. (2003): Die Befragung: sozialwissenschaftliche Methode und kom-munikationswissenschaftliche Anwendung. Konstanz: UVK / UTB

Scholz, C. (2012): Generation Z: Willkommen in der Arbeitswelt. Und was andere Generationen von ihr lernen können. Der Standard.at. http://der standard.at/1325485714613/Future-Work-Generation-Z-Willkommen-in-der-Arbeitswelt. (zuletzt abgerufen am 07.05.2014)

Schrader, A.; Nikles, B. W.; Griese, H. M. (1979): Die Zweite Generation. Sozialisation und Akkulturation ausländischer Kinder in der Bundesrepublik. Königstein: Athenäum.

Schroer, W. (2014): Generations X, Y, Z and the Others – Cont'd. http://www.socialmarketing.org/newsletter/features/generation3.htm. (zuletzt abgerufen am 07.05.2014)

Schultze, G. (1991): Berufliche Integration türkischer Arbeitnehmer. Vergleich der ersten und zweiten Generation. Bonn: J.H.W. Dietz.

Schumann, S. (2000): Repräsentative Umfrage. Praxisorientierte Einführung in empirische Methoden und statistische Analyseverfahren. München, Wien: R. Oldenbourg.

Seeberger, B. (1995): Alternde türkische Gastarbeiter – Heimweh ohne Rückkehr. Migration und Altern. Universität Kassel. Dissertation.

Seeberger, B. (1998): Altern in der Migration – Gastarbeiterleben ohne Rückkehr. Köln: Kuratorium Deutsche Altershilfe.

Seeberger, B. (2003): Ältere türkische Gastarbeiter/-innen in Deutschland. In: Seeberger, B., Braun, A. (Hg.): Wie die anderen altern. Zur Lebenssituation alter Menschen am Rande der Gesellschaft. Frankfurt a. M.: Mabuse, 231–260.

Seeberger, B. (2013): Generationen im Wandel. In: Tertianum Gruppe; Stäger, L. (Hg.): Impulse. Die Babyboomer kommen. H. 3, 10–11.

Silverstein, M.; Bengtson, V. L. (1997): Intergenerational Solidarity and the Structure of Adult Child – Parent Relationship in American Families. In: American Journal of Sociology. Vol. 103, No. 2, 429–460.

Silverstein, M.; Attias-Donfut, C. (2010): Intergenerational relationships of international migrants in developed nations: The United States and France. In: Dannefer, D.; Phillipson, C. (Hg.). The SAGE handbook of social gerontology. Los Angeles: Sage Publications, 177–189.

Sinus Sociovision (2009): Migranten-Milieus in Deutschland. https://www.sinus-institut.de/veroeffentlichungen/downloads/download/migranten-milieus-in-deutschland/download-file/131/download-a/download/download-c/Category/ (zuletzt abgerufen am 13.03.2018)

Spallek, J.; Razum, O. (2008): Erklärungsmodelle für die gesundheitliche Situation von Migrantinnen und Migranten. In: Bauer, U.; Bittlingmayer, U. H.; Richter, M. (Hg.): Health Inequalities. Determinanten und Mechanismen gesundheitlicher Ungleichheit. Wiesbaden: Springer, 271–288.

Spohn, M. (2002): Türkische Männer in Deutschland: Familie und Identität. Migranten der ersten Generation erzählen ihre Geschichte. Bielefeld: Transcript.

Stadler, B. (2010): Herausforderungen der Befragung von Migrantinnen und Migranten im Mikrozensus. In: Austrian Journal of Statistics. Vol. 39, No. 1 & 2, 139–145. http://www.ajs.or.at/index.php/ajs/article/viewFile/vol 39%2C%20no1%262%20-%2015/173 (zuletzt abgerufen am 22.12.2018)

Statistisches Bundesamt (2015): Bevölkerung und Erwerbstätigkeit. Bevölkerung mit Migrationshintergrund. Ergebnisse des Mikrozensus 2015. Fachserie 1., Reihe 2.2., Wiesbaden. https://www.destatis.de/DE/Publika tionen/Thematisch/Bevoelkerung/MigrationIntegration/Migrationshin tergrund2010220157004.pdf?blob=publicationFile (zuletzt abgerufen am 31.05.2017)

Statistisches Bundesamt (2017): Ausländische Bevölkerung nach ausgewählten Staatsangehörigkeiten. https://www.destatis.de/DE/ZahlenFakten/Gesell schaftStaat/Bevoelkerung/MigrationIntegration/AuslaendischeBevolkerung/ Tabellen/StaatsangehoerigkeitJahre.html (zuletzt abgerufen am 23.04.2018)

Steinbach, A. (2010): Generationenbeziehungen in Stieffamilien. Der Einfluss leiblicher und sozialer Elternschaft auf die Ausgestaltung von Eltern-Kind-Beziehungen im Erwachsenenalter. Wiesbaden: Springer.

Strübing, J. (2008): Grounded Theory: Zur sozialtheoretischen und epistemologischen Fundierung des Verfahrens der empirisch begründeten Theoriebildung. Wiesbaden: VS.

Sürig, I.; Wilmes, M. (2011): Die Integration der zweiten Generation in Deutschland. Ergebnisse der TIES-Studie zur türkischen und jugoslawischen Einwanderung. Herausgegeben vom Vorstand des Instituts für Migrationsforschung und Interkulturelle Studien (IMIS) der Universität Osnabrück (Hg). IMIS-Beiträge. H. 39. https://www.imis.uni-osnabrueck.de/fileadmin/4_ Publikationen/PDFs/imis39.pdf (zuletzt abgerufen am 31.05.2017)

Süßmuth, R. (2006): Migration und Integration: Testfall für unsere Gesellschaft. München: DTV.

Szydlik, M. (2000): Lebenslange Solidarität? Generationenbeziehungen zwischen erwachsenen Kindern und Eltern. Opladen: Leske & Budrich.

Thelen, S. (2013): Migranten aus der Türkei. In: Meier-Braun, K.-H.; Weber, R. (Hg.): Deutschland Einwanderungsland: Begriffe – Fakten – Kontroversen. Stuttgart: Kohlhammer, 64–67.

Tönnies, F. (2005): Gemeinschaft und Gesellschaft. Grundbegriffe der reinen Soziologie. Original 1887. Darmstadt: WBG.

Toprak, A. (2002): „Auf Gottes Befehl und mit dem Worte des Propheten …". Auswirkungen des Erziehungsstils auf die Partnerwahl und die Eheschließung türkischer Migranten der zweiten Generation in Deutschland. Herbolzheim: Centaurus.

Toprak, A. (2008): Erziehungsstile und Erziehungsziele türkischer Eltern. In: Kjug. Kinder- und Jugendschutz in Wissenschaft und Praxis. Jg. 53., H. 3. München, Basel: Ernst Reinhardt, 72–75. http://www.kjug-zeitschrift.de/kjug-53-jg-s-72-32008-ahmet-toprak-erziehungsstile-und-erziehungsziele-tuerkischer-eltern/ (zuletzt abgerufen am 22.05.2018)

Toprak, A. (2016): Jungen und Gewalt. Die Anwendung der Konfrontativen Pädagogik mit türkischstämmigen Jungen. Wiesbaden: Springer.

Treibel, A. (2011): Migration in modernen Gesellschaften. Soziale Folgen von Einwanderung, Gastarbeit und Flucht. Weinheim, München: Juventa.

Tufan, I. (2013): Gerontologie in der Türkei. In: Bäcker, G.; Heinze, R.-G. (Hg): Soziale Gerontologie in gesellschaftlicher Verantwortung. Wiesbaden: Springer, 357–368.

Tufan, Y. (2009): Altersbilder aus der Perspektive des Islam. Vortrag gehalten beim Workshop der Sechsten Altenberichtskommission: Altersbilder in Religion und Kirche. Hannover: 28. Mai 2009.

Ulusoy, N.; Gräßel, E. (2010): Türkische Migranten in Deutschland. Wissens- und Versorgungsdefizite im Bereich häuslicher Pflege – ein Überblick. Zeitschrift für Gerontologie und Geriatrie. Jg. 43, H. 5, Springer, 330–338.

Ünal, A. (2004): Die Lebenssituation von Migranten aus Sicht der Praxis. Entwicklungen, Probleme und wichtige Zielgruppen. In: Landesinstitut für den Öffentlichen Gesundheitsdienst des Landes Nordrhein-Westfalen (lögd) (Hg.): Migration und öffentlicher Gesundheitsdienst. 7. Jahrestagung, Bd. 19, 55–66. https://www.lzg.nrw.de/_media/pdf/service/Pub/wr/wr19_migration.pdf (zuletzt abgerufen am 16.03.2018)

Urban, D.; Mayerl, J. (2008): Regressionsanalyse: Theorie, Technik und Anwendung. Wiesbaden: VS.

Uslucan, H.-H. (2011a): Generationenbeziehungen und ihre Ausformung in Migrantenfamilien. In: Kollewe, C.; Schenkel, E. (Hg.): Alter: unbekannt.

Über die Vielfalt des Älterwerdens Internationale Perspektiven. Bielefeld: Transcript, 133–150.

Uslucan, H.- H. (2011b): Eltern-Kind-Beziehungen in (türkischen) Migranten-familien. In: Fischer, V; Springer, M. (Hg.): Handbuch Migration und Familie. Schwalbach/Ts: Wochenschau, 250–260.

van Zantwijk, T. (2009): Heuristik und Wahrscheinlichkeit in der logischen Methodenlehre. Paderborn: Mentis.

Vogel, C. (2012): Generationenbeziehungen der (Spät-) Aussiedler. Forschungs-stand und exemplarische Befunde zu Einstellungen in Bezug auf familiale Unterstützungsleistungen. In: Baykara-Krumme, H.; Motel-Klingebiel, A.; Schimany, P. (Hg.): Viele Welten des Alterns. Ältere Migranten im alternden Deutschland. Wiesbaden: Springer VS, 289–314.

Weichbold, M. (2014): Pretest. In: Baur, N.; Blasius, J. (Hg.): Handbuch Methoden der empirischen Sozialforschung. Wiesbaden: Springer, 299–304.

Wettich, J. (2007): Migration und Alter. Kulturelle Altersbilder im Wandel. Saarbrücken: VDM Verlag Dr. Müller.

Wilhelm, G. (2011): Generation Koffer. Die zurückgelassenen Kinder. Berlin: Orlanda.

Winzel, A. (1982): Verfahren der qualitativen Sozialforschung. Überblick und Alternativen. Frankfurt a.M.: Campus.

Winzel, A. (2000): Das problemzentrierte Interview. Forum: qualitative Sozi-alforschung. Forum Qualitative Sozialforschung. Vol. 1, No. 1, Art. 22. http://www.qualitative-research.net/index.php/fqs/article/view/1132/2520 (zuletzt abgerufen am 06.09.2015)

Wunderlich, T. (2005): Die neuen Deutschen. Subjektive Dimensionen des Ein-bürgerungsprozesses. Stuttgart: Lucius & Lucius.

Yıldız, Y. (2010): Migration - Familie - Alter. Altern und Generationsbeziehun-gen im Migrationskontext. Hamburg: Dr. Kovač.

Yılmaz, Y.; Glodny, S.; Razum, O. (2009): Soziale Netzwerkarbeit als alterna-tives Konzept für die Rekrutierung türkischer Migranten zu wissenschaftli-chen Studien am Beispiel des Projektes saba. In: Behrens, J. (Hg.): Hallesche Beiträge zu den Gesundheits- und Pflegewissenschaften. 8. Jg., Halle/Saale. http://digital.bibliothek.uni-halle.de/pe/content/titleinfo/487503 (zuletzt ab-gerufen am 23.12.2017)

Zeman, P. (2005): Ältere Migranten in Deutschland. Befunde zur soziodemografischen, sozioökonomischen und psychosozialen Lage sowie zielgruppenbezogene Fragen der Politik- und Praxisfeldentwicklung. Expertise im Auftrag des Bundesamtes für Flüchtlinge und Migration. Deutsches Zentrum für Altersfragen (DZA) (Hg.). Berlin. https://www.ssoar.info/ssoar/handle/document/37894 (zuletzt abgerufen am 06.06.2017)

Zeman, P. (2012): Ältere Migrantinnen und Migranten in der Altenhilfe und kommunalen Alternspolitik. In: Baykara-Krumme, H.; Motel-Klingebiel, A.; Schimany, P. (Hg.): Viele Welten des Alterns. Ältere Migranten im alternden Deutschland. Wiesbaden: Springer VS, 449–466.

Zeman, P. (2014): Generationenbeziehungen im Sozialstaat. In: Hammerschmidt, P.; Pohlmann, S.; Sagebiel, J. (Hg): Gelingendes Alter(n) und Soziale Arbeit. Schriftenreihe Soziale Arbeit der Fakultät für angewandte Sozialwissenschaften der Hochschule München. Neu-Ulm: AG SPAK Bücher, 59–76.

Zentrum für Türkeistudien (1992): Zur Lebenssituation und spezifischen Problemlage älterer ausländischer Einwohner in der Bundesrepublik Deutschland. Bonn: Bundesministerium für Arbeit und Sozialordnung.

Zhou, M. (2001): Straddling Different Worlds: The Acculturation of Vietnamese Refugee Children. In: Portes, A.; Rubaut, R. G. (Hg.): Ethnicities: Children of Immigrants in America. Berkeley: University of California Press, 187–227.

Zimmermann, H.-P. (2012): Altersbilder von türkischen Migrantinnen und Migranten in Deutschland im Vergleich Islamische Grundsätze – alltägliche Sichtweisen. In: Baykara- Krumme, H.; Motel-Klingebiel, A.; Schimany, P. (Hg.): Viele Welten des Alterns. Ältere Migranten im alternden Deutschland. Wiesbaden: Springer VS, 315–338.

Wissenschaft bei Mabuse

Demenz, Kranken- & Altenpflege, Gesundheit &Politik,
Schwangerschaft & Geburt, Public Health, Medizingeschichte ...

Sie planen die Veröffentlichung ...

• Ihrer wissenschaftlichen Abschlussarbeit?
• eines Beitrags- oder Tagungsbandes?
• eines Sach- oder Fachbuchs?

Unser Angebot für Sie:

Gut vernetzt und sichtbar: Unser Verlag hat ein
klares inhaltliches Profil und ein in Fachkreisen
gut eingeführtes Programm.

Stark im Vertrieb: Wir garantieren Ihnen eine aktive Ver-
triebs- und Pressearbeit. Unser Programm verkaufen wir nicht nur
über den klassischen Buchhandel und als E-Book, sondern richten auch Bü-
chertische auf Fachkongressen aus.

Fair und transparent: Sie erhalten einen Kostenvoranschlag, der alle Posten
detailliert aufführt – und können entscheiden, ob Sie z. B. Korrektorat und
Layout lieber selbst organisieren möchten.

Sie möchten Ihr Projekt bei uns einreichen?

Um prüfen zu können, ob Ihr Projekt in unser Profil passt, benötigen wir
• Ihr **Manuskript** (soweit es vorliegt, auf jeden Fall eine Textprobe),
• ein **Exposé**,
• den geplanten **Umfang** Ihrer Publikation (Zeichenzahl inkl. Leerzeichen)

Mabuse-Verlag

Postfach 900647 • 60446 Frankfurt am Main
Tel.: 069 – 70 79 96-13 • Fax: 069 – 70 41 52
lektorat@mabuse-verlag.de • www.mabuse-verlag.de

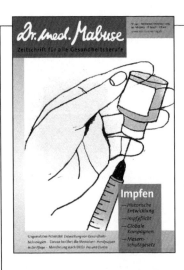